黄怀军 / 著

文化研究与文学研究

知识产权出版社

全国百佳图书出版单位

图书在版编目（CIP）数据

文化研究与文学研究／黄怀军著. —北京：知识产权出版社，2015.12
ISBN 978 - 7 - 5130 - 3950 - 5

Ⅰ. ①文… Ⅱ. ①黄… Ⅲ. ①文化研究 ②文学研究
Ⅳ. ①G0 ②I0

中国版本图书馆 CIP 数据核字（2015）第 304252 号

内容提要

本书上篇"何谓文化研究"在梳理文化研究历史的基础上，探讨西方马克思主义、后现代理论和社会学等理论资源对文化研究的启示，考察大众文化、亚文化、大众传媒和视觉文化等文化研究的主要涉猎范畴，分析文化研究的当下性、日常性、政治性和跨学科性等基本特征。下篇"文化研究视域中的文学研究"既从理论上探讨文化研究对文学研究和比较文学研究的冲击与推动，又考察受文化研究影响的文学研究和比较文学研究在研究视角、领域和方法诸方面的突破，从而开拓了流行文学、网络文学、儿童文学和前殖民地文学、流散文学和海外华文文学等新的领域，开始关注文学经典建构、文学与亚文化的关系等新问题。

责任编辑：蔡　虹　　　　　　责任出版：孙婷婷　　　　　　封面设计：何睿烨

文化研究与文学研究

黄怀军　著

出版发行：知识产权出版社 有限责任公司　　网　　址：http://www.ipph.cn
社　　址：北京市海淀区马甸南村 1 号　　　　天猫旗舰店：http://zscqcbs.tmall.com
责编电话：010 - 82000860 转 8324　　　　　责编邮箱：caihongbj@163.com
发行电话：010 - 82000860 转 8101/8102　　发行传真：010 - 82000893/82005070/82000270
印　　刷：北京中献拓方科技发展有限公司　经　　销：各大网上书店、新华书店及相关专业书店
开　　本：720mm×1000mm 1/16　　　　　印　　张：14.5
版　　次：2015 年 12 月第 1 版　　　　　　印　　次：2015 年 12 月第 1 次印刷
字　　数：180 千字　　　　　　　　　　　　定　　价：45.00 元
ISBN 978 - 7 - 5130 - 3950 - 5

本书获湖南省重点学科湖南师范大学
中国语言文学一级学科资助

目　录

上篇　何谓文化研究

下篇　文化研究视域中的文学研究

文化研究与文学研究

WENHUA YANJIU YU WENXUE YANJIU

上篇　何谓文化研究

1 文化研究的兴盛

本书所说的文化研究（Cultural Studies），是以 1964 年伯明翰大学当代文化研究中心（Center for Contemporary Cultural Studies，CCCS）的成立为诞生标志、20 世纪 80 年代以后主要流行于英语国家的一种学术思潮，是一门游走在文学、社会学、人类学、历史学、语言学、心理学和哲学等学科之间的边缘学科。它不同于"文化的研究"（the study of culture），后者涉及多种思想运动与学术传统，如马克思主义、女性主义、心理分析等对文化问题的研究。

20 世纪 60 年代在英国勃兴的文化研究所称的"文化"（culture），是取其现代含义。西语中，"文化"一词的含义颇为复杂。美国当代两位文化人类学家克洛依伯（A. Kroeber）和克拉克洪（C. Kluckhohn）在《文化：概念和定义的批评性分析》（*Culture：A Critical Review of Concepts and Definitions*，1952）一书中，梳理了西方学术史上百余条有关"文化"的定义，将它们归为哲学、艺术学、教育学、心理学、历史学、人类学、社会学、生物学 8 类。前 5 类是"文化"的古典意义，均与"文化"的本义"培育"（cultivation）有关。该词的拉丁语词根 colo 的意思是农作物和动物的"培育"，16 世纪到 19 世纪则由动植物的"培育"逐步转化为个人才智和心灵的修养。其中，英国文学批评家马修·阿诺德（Matthew Arnold，1822—1888）关于"文化"的定义是其古典含义的代表。在《文化与无政府状态》（*Culture and Anarchy*，1869）一书中，阿诺德称文化是一种追求甜美（艺术）和光明（教育）

的激情，文化是肉体和精神两相和谐的心灵状态。他说："文化即对完美的追寻。它的动力并非只是或首先是追求纯知识的科学热情，而且也是行善的道德热情和社会热情。"❶ "追求完美就是追求美好与光明。"❷ "伟大的文化使者怀着大的热情传播时代最优秀的知识和思想，使之蔚然成风，使之传到社会的上上下下、各个角落。伟大的文化使者努力将一切粗糙、难懂、抽象、专业的和生僻的内容从知识中剥离出来，使知识变得富有人情，即使在受过良好文化教育、有学问的小团体之外也行之有效，却仍不失为时代最优秀的知识和思想，因此也成为美好与光明的真正源泉。"❸ 克洛依伯和克拉克洪归纳的后 3 类是"文化"的现代含义，其中以英国人类学家 E. B. 泰勒（E. B. Tylor）的观点最具代表性意义。他在《文化的起源》（*The Origins of Culture*，1871）一书中称："据人种志学的观点来看，文化或文明是一个复杂的整体，它包括知识、信仰、艺术、伦理道德、法律、风俗和作为一个社会成员的人通过学习而获得的任何其他能力和习惯。"❹ 一般认为，泰勒开启的人类学"文化"定义具有转折点和里程碑式的意义。此类定义正是后来发端于英国的文化研究所采纳的含义的先声。

　　文化研究兴起于 20 世纪 60 年代英国的伯明翰学派，20 世纪 80 年代传播到美国、澳大利亚等其他英语国家，形成所谓的"三 A 轴心"（Triple—A Axis），20 世纪 90 年代播及全球。所谓"三 A"，即英国（Anglo-Saxon）、澳大利亚（Australia）和美国（America）。

---

　　❶ ［英］马修·阿诺德：《文化与无政府状态》，韩敏中译，生活·读书·新知三联书店 2002 年版，第 8 页。

　　❷ ［英］马修·阿诺德：《文化与无政府状态》，韩敏中译，生活·读书·新知三联书店 2002 年版，第 30 页。

　　❸ ［英］马修·阿诺德：《文化与无政府状态》，韩敏中译，生活·读书·新知三联书店 2002 年版，第 31～32 页。

　　❹ E. B. Tylor, *The Origins of Culture*, New York：Harper and Row, 1958, p. 1.

1.1 文化研究的兴起

文化研究的主要源头是英国的伯明翰学派。此外，英国卡迪夫大学的文化研究即卡迪夫学派也对文化研究提供了一定的学术资源。

（1）伯明翰学派。

伯明翰学派（Birmingham School），是指聚集在伯明翰大学英文系"当代文化研究中心"（1964—2002）周围的一批学者。该中心由理查德·霍加特（Richard Hoggart）于1964年创立，第二任主任是1968年接手的斯图亚特·霍尔（Stuart Hall），第三任主任是1979年接手的理查德·约翰逊（Richard Johnson），第四任主任是乔治·洛伦（Jorge Lorrain）。当代文化研究中心的宗旨是研究"文化形式、文化实践和文化机构及其与社会和社会变迁的关系"，研究内容涉及大众文化以及与大众文化密切相关的大众日常生活，分析和批评的对象涉及电视、电影、广播、报刊、广告、畅销书、儿童漫画、流行歌曲，乃至室内装修、休闲方式等，其中大众媒介之电视始终是研究焦点。其研究方法最初受美国传播学研究的影响，但在霍尔领导时期，吸收了两位西马学者即法国的阿尔都塞（Louis Althusser）和意大利的葛兰西（Antonio Gramsci）的观点，转向媒介的意识形态功能分析。中心起初培养研究生，1972年脱离英文系，与社会学系合并为文化研究与社会学系，开始培养本科生，所授学位是传媒、文化与社会、社会学。中心的成立为文化研究在西方学术体制内部寻找到一个立足点。2002年6月，该系因为上一年的研究考评未获"优秀"等级而被关闭（尽管该系上年度教学评估为最高等级分24分）、重组，社会学被合并到社会政策和社会工作系，传媒、文化和社会专业则被并入应用社会研究所。

伯明翰学派早期的文化研究活动遭到一些批评，如被指责秉持狭隘的盎格鲁中心主义，强调阶级现象而忽略性别、种族问题，强调大城市而忽略其他地区，过度关注大众生活范式、青年亚文化等。

随着20世纪60年代后期女权主义和民权运动的兴起、左翼思想界兴趣的转移，性别和种族的文化再现问题在文化研究中逐渐引起重视。20世纪70年代，斯图亚特·霍尔执掌下的伯明翰当代文化研究中心成功进行学术转向，成为举世瞩目的新理论中心。此后，英国文化研究有两个重要发展：一是性属研究得到重视，女性主义成为文化研究最重要的组成部分；二是种族研究受到关注，黑人文化、移民文化与后殖民文化等被广泛研究。20世纪70年代后期，伯明翰中心出版的研究工人阶级文化的著作如《工人阶级文化》（1979）、《仪式抵抗》（1976）、《学习劳动》（1979）、《制服危机》（1979）等，也受到性别和种族问题的影响。这些著作一方面继承了霍加特、汤普森以及英共历史学家对工人阶级文化关怀的传统；另一方面又与前者有重大区别。前者假定工人阶级文化具有某种共同的本质，并致力于发现这一本质；而这些著作则"强调工人阶级文化的异质性和复杂性"，突出工人阶级内部因种族、性别、年龄、地域及分工等多种因素而构成的异质性，声称并不存在具有统一本质的工人阶级文化和工人阶级意识，只存在各种工人阶级亚文化（subculture）及其"独特的生活方式"。

首先，介绍一下伯明翰学派的代表人物。

伯明翰学派的代表人物由3位奠基人和第二代传人的核心组成。3位奠基人是理查德·霍加特、雷蒙·威廉斯（Raymond Williams）、爱德华·汤普森（Edward Thompson）。第二代传人的核心是伯明翰当代文化研究中心第二任主任斯图亚特·霍尔。霍加特的《文化的用途》（*The Use of Literary*，或译《识字的用途》，1957），威廉斯的《文化与社会》（*Culture and Society*，1958）、《漫长的革命》（*The Long Revolution*，1961），以及汤普森的《英国工人阶级的形成》（*The Making of the English Working Class*，1963）等，则成为早期伯明翰学派文化研究的4部经典。

理查德·霍加特（1918—2014），是伯明翰大学英国文学教授、当代文化研究中心第一任主任。他先后担任过赫尔大学远程教育讲师、莱斯特大学英语系高级讲师、伯明翰大学教授、联合国教科文组织副主任（20 世纪 70 年代）和伦敦大学戈德史密斯学院院长。霍加特的主要著作《文化的用途》（*The Use of Literary*，1957），根据作者的经验和回忆再现了第二次世界大战（以下简称二战）以前工人阶级的生活与文化，并将它与二战后受美国大众文化影响的英国当代的生活与文化做了比较。霍加特指出，二战后受美国文化影响的英国大众文化缺乏有机性和生活根基，诸如美国电视、流行音乐、犯罪小说等，都是文化赝品，新式杂志强调金钱权威、热衷表现变态人格，二战后在英国各地涌现的奶吧是种种花里胡哨小玩意的大杂烩，成为 15 岁到 20 岁之间青少年的出没之地和颓废之地，这些都是典型的"现代坏文化"。霍加特眼中的"过去的好文化"指二战以前的工人阶级文化，如工人小酒馆、工人俱乐部以及工人期刊、通俗故事、体育活动、语言习惯等各种文化现象，都有自己的内涵与价值，因为它们忠实记录了日常生活的细节与普通人的情感："这些故事描写的是一个有限的纯朴的世界，以几种公认并信奉已久的价值为基础，它往往是一个幼稚而华美的世界，感情的迸发形成巨大的热情"；它们"不是鼓励人们去逃避日常生活，而是强化人们对日常生活的热爱和兴趣"❶。

雷蒙·威廉斯（1921—1988），是剑桥大学的戏剧教授，是伯明翰学派的精神领袖和理论家。他出生在威尔士边境一个铁路信号员家庭，18 岁入剑桥大学，1939 年加入共产党；二战后至 1961 年任教于牛津大学，1974 年起担任剑桥大学教授，被誉为"战后英国最重要的社会主义思想家"。他的主要著作有《戏剧：从易卜生到艾略特》（1952）、《马克思主义与文学》（1977）以及《文化与社会》

---

❶ Richard Hoggart, *The Use of Literary*, London：Chatto and Windus, 1957, p. 146.

（1958）、《漫长的革命》（1961）、《电视、科技与文化形式》（1974）、《关键词》（1976）等。威廉斯文化研究方面的代表作《文化与社会》一书，追溯了从工业革命时期起直到当代，"文化"一词的内涵的变化，概括了"文化"的4种含义：一指心灵的普遍状态或习惯，与人类追求完美的理念密切相关；二指整个社会中知识发展的普遍状态；三指各种艺术的普遍状态；四指物质、知识与精神所构成的整个生活方式。威廉斯赞同第四种含义，因此对工人阶级文化赞赏有加："工人阶级因其地位的缘故，在工业革命以来，并没有生产出哪一种狭义上的文化。……放到它的语境中来思考，工人阶级文化可被视为一个非常具有创造性的成就。"❶ 威廉斯在另一部代表作《漫长的革命》中指出，文化研究探讨和分析一个特定时代和地域的文化记录，以重建它的"情感结构"、共享的价值观和世界观，而这类记录是有选择地保留并被阐释的"传统"的组成部分。"漫长的革命"形容过去200年间欧洲发生的工业革命、民主革命和文化革命，威廉斯认为民主革命和文化革命并不是经济发展的自发的结果，而是社会整体进程的一部分。他概括了"文化"的3种定义："有一个特定时代和地域的活的文化，只有生活在彼时彼地的人，才能充分享有它。有各种各样的记录下来的文化，从艺术到大多数日常生活的事迹，那是阶段文化。还有选择性传统的文化，那是连接活的文化和阶段文化的因素。"❷ 第一种是"社会的"文化定义，将文化描述为一种特定的生活方式，它的价值和意义不仅见于艺术和知识之中，也见于日常生活之中。第二种是"文献的"文化定义，将文化视为知识的和想象的作品总体，它用细节记述了人类形形色色的思想和经验。第三种是"理想的"文化定义，将文化表

---

❶ Raymond Williams, *Culture and Society*, Harmondsworth：Penguin, 1963, p. 314.

❷ Raymond Williams, *The Long Revolution*, London：Penguin, 1965, p. 63.

述为人类经验的一种状态，追求绝对的普遍价值。威廉斯本人提倡第一种定义。后来，威廉斯在《关键词：文化与社会的词汇》(1976)再次认同"文化"的"用来表示一种特殊的生活方式（关于一个民族、一个时期、一个群体或全体人类）"这一含义。❶威廉斯的这一定义奠定了英国文化研究的基础。

爱德华·汤普森（1924—1993），是英国诗人、马克思主义历史学家。他毕业于剑桥大学，大学期间参加了英国共产党。二战后，他在约克郡的西雷丁厄居住17年，从事大学和工人协会的成人教育工作，因不满1956年苏联干涉匈牙利事件而退党。他的代表作《英国工人阶级的形成》一书批评那种把工人阶级的出现看作经济力量的反映的消极决定论观点，提出：阶级是一种关系，而不是"一样东西"（a thing）；阶级是一个历史现象，而不是一种"结构"和"范畴"。既然是关系，阶级就是流动不居的，因为关系必然总是表现在活生生的民众和语境之中。该书第16章《阶级意识》着重分析了工人阶级形成过程中的文化因素。汤普森认为，在英国工人阶级意识的形成过程中，作家、革命者、工会组织者，特别是宪章派思想家发挥过重大而直接的作用。他颇有好感地称19世纪20年代以来直至第一次世界大战（以下简称一战）后英国工人阶级"在书摊周围、酒馆、工场和咖啡屋里辩论的文化"为"工匠文化"。

斯图亚特·霍尔（1932— ），是出生在英属殖民地牙买加的中产阶级黑人后裔，后移民英国。1951年，他到英国牛津大学学习并取得文学硕士学位。他于20世纪50年代参与创办了两份重要左派刊物《大学和左派评论》及《新左派评论》，并担任《新左派评论》首任主编；1968年，接替霍加特出任伯明翰大学当代文

---

❶ ［英］雷蒙·威廉斯：《关键词：文化与社会的词汇》，刘建基译，北京三联书店2005年版，第106页。

化研究中心主任；1979—1997 年任英国开放大学社会学系教授，1997 年荣休后任英国拉尼美德委员会委员，任两个流散文化团体"署名"和"国际视觉艺术中心"的主席。霍尔主张"文化平等、种族公正"，终身致力于大众传媒特别是电视的研究。他的著作主要有《文化身份问题》（1996）、《文化表征与指意实践》（1997）、《视觉文化》（1999）等。他写于 1973 年、收入 1980 年出版的《文化、传媒、语言》一书中的《电视话语：制码和解码》一文，是电视研究的经典之作。霍尔认为传播从信息的原始创作即制码到被解读和理解即解码，每一环节都有其自身的决定因素与存在条件。电视话语"意义"的生产和传播包括 3 个阶段：第一阶段是电视话语"意义"的生产，是电视工作者对原材料的加工，即"制码"阶段。这一阶段占主导地位的是加工者对世界的看法。第二阶段是"成品"阶段。这里占主导地位的是赋予电视作品意义的语言和话语规则。第三阶段即最重要的阶段，是观众的"解码"阶段。霍尔提出 3 种"解码"立场：第一种与权力密切联系，是从葛兰西霸权理论中生发出的"主导/支配—霸权的立场"（dominant-hegemonic position）。它假定观众的解码立场与电视制作者的"制码"立场完全一致。第二种是"协商代码或立场"（negotiated code or position），即观众与主导意识形态始终处于一种充满矛盾的商议过程。第三种是"对抗代码"（oppositional code），观众选择自己的解码立场。

其次，谈谈伯明翰学派兴起的历史背景。

伯明翰大学当代文化研究中心由成人教育起步，中心成立的初衷是为亚文化群体特别是工人阶级文化和青年亚文化做辩护。20世纪 60 年代后期风起云涌的社会和政治运动，给中心提供了大量批判资源。伯明翰学派在政治和思想上各有其传统。

第一个方面，即在政治立场上，伯明翰学派与英国"新左派"有密切关系。

　　"新左派"并非一个有组织的政治团体，而是指20世纪50～70年代在英美等发达资本主义国家出现的各种"左"翼激进思潮与政治运动，因自命同共产主义运动中的"老左派"有别，故名。"新左派"的中坚力量是团结在《新理性主义者》（*The New Reasoner*）和《大学与左派评论》（*Universities and Left Review*）两个刊物周围的前共产党知识分子（核心是一批历史学家）、左翼文化人士和激进的大学生。1960年，两个刊物合并为《新左派评论》（*New Left Review*），首任主编是霍尔；两年后，继任主编佩里·安德森（Perry Anderson）引入更为严谨的大陆学术规范，使该刊迅速成为"西方左翼知识分子的旗帜"。"新左派"在理论上和政治上挑战传统马克思主义，认为它无法解释资本主义后期的社会现象，如殖民主义、帝国主义的新发展，民主社会中的种族主义，与权力密切相关的文化与意识形态问题，消费资本主义对工人阶级及其文化的影响等。英国文化研究的精神领袖威廉斯，以及奠基人霍加特、汤普森、霍尔等，都是新左派的核心成员。新左派在文化问题上的重要观点，如对经济化约论的批判，视文化为社会过程本身而经济、政治仅是这一过程的构成要素等，都对文化研究产生了深刻影响。霍加特的主要著作《文化的用途》与"新左派"理论有直接关系。当时自由主义知识分子普遍认为，随着福利国家的建立，工人阶级正在逐渐中产阶级化，传统的工人阶级正在消失，"新左派"则力图在新的历史条件下重新确认工人阶级的政治与文化身份，认为工人阶级的生活既有连续性，又有变化性。

　　第二个方面，即在思想传统方面，伯明翰学派秉承利维斯主义，以及通过它传承了阿诺德的思想。

　　19世纪英国诗人和批评家马修·阿诺德将"文化"和"文明"截然分开。他在《文化与无政府状态》（*Culture and Anarchy*，1869）一书里指出，文化是人们所思、所言的最好的东西，是甜美（艺术）和光明（教育），但它只是少数人的专利；与文化相对的是文明，后者指人类的物质生活，是外在的、机械的东西，其典型状态是"无政府状态"即工人阶级文化。

利维斯继承了阿诺德将"文化"和"文明"截然分开的做法。F. R. 利维斯（F. R. Levis，1895—1978），是英国文学批评家、剑桥大学文学教授，主要著作有《大众文明与少数人文化》（1930）、《英国诗歌新方向》（1930）、《伟大的传统》（1948）等。他在《大众文明与少数人文化》一书中将"文化"定位为优秀的文学传统，认为文化是少数人的专利，并指出："在任何一个时代，明察秋毫的艺术和文学鉴赏常常只能依靠很少的一部分人。"❶ 利维斯进一步指出，至少17世纪以前，英国有一种生机勃勃的共同文化，是工业革命将这种"共同文化"分为"少数人文化"与"大众文明"两个部分，广播、电影、流行小说、流行出版物、广告等属于大众文明，它们是商业化的产物，是低劣和庸俗的代名词；"大众文明"的冲击给"少数人文化"带来前所未有的危机，如，20世纪初期逐渐流行的电影作为当今文明世界的主流娱乐形式，使人在催眠状态下向最廉价的情感俯首称臣，高雅文学被各种畅销书和平庸之作抢占阵地。利维斯这样描述自己所处时代的文化困境："和华兹华斯一起长大的读者是行走在有限的一些符号之间，变体也不是铺天盖地，因此他一路前行的时候，他能够获得辨别力。但是现代读者面临的是一个庞大的符号群，它们的变体和数量如此多到叫人不知所措，以至于他除非才具过人，或者有格外的爱好，委实是难于来作甄别。这就是我们面临的总的文化困境。"❷ 利维斯总的观点是：大众文明或大众文化缺乏"道德的严肃性"和"审美价值"，为了拯救现代社会，必须借

---

❶ F. R. Levis, *Mass Civilization and Minority Culture*, Cambridge：Minority Press，1930, p. 3.

❷ F. R. Levis, *Mass Civilization and Minority Culture*, Cambridge：Minority Press，1930, p. 30.

助伟大的文学艺术作品，即"少数人文化"。

利维斯的夫人 Q. D. 利维斯的《小说和阅读公众》（1932），则集中揭示了传统文学面临的危机。她指出，在大众文化的冲击下，文学的前景已经非常渺茫，一般读者对诗歌和文学批评不屑一顾，戏剧已经死了，独有小说在苟延残喘，文学的传统读者现在在电影院里消磨时光，要不就在翻阅报纸和流行杂志、听爵士乐。她感叹说："一代又一代过得有声有色的乡村的居民们，除了《圣经》没有任何书籍相助。但是他们拥有真正的社会生活，他们追随着大自然节奏的生活方式，赋予他们真正的……兴趣：乡村艺术、传统手工艺、游戏和歌唱，完全不似那些打发和消磨时光的兴趣诸如听收音机和留声机，一字不漏读报读杂志，看电影和商业足球赛，以及泡在汽车和自行车上，这是现代城市居民懂得的唯一消遣方式。"❶

伯明翰学派对利维斯主义既有所继承，又有所突破。如，霍加特继承了利维斯"过去的好文化"和"现代的坏文化"的二分对立，但两人的看法又有很大的不同。一是两人所指的"过去的好文化"的内涵不同：利维斯用它指称 17 世纪以前"有机社群"里的共同文化，霍加特则用它指称 20 世纪 30 年代的工人阶级文化，因此，霍加特所说的"好文化"实际上包括了利维斯所说的部分"坏文化"。二是霍加特反对利维斯视工人阶级为大众文化的被动牺牲品的观点，认为"大多数工人阶级的乐趣趋向于一种大众快感"❷。威廉斯既同意利维斯认为传统文化最精致的部分体现在语言和文学中的看法，但又不同意其认为全部文化遗产都是由语言和文学承载因而夸大文学的作用、忽略其他知识形式、制度、风

❶ Q. D. Leavis, *Fiction and the Reading Public*, London：Chatto and Windus, 1932, p. 209.

❷ Richard Hoggart, *The Use of Literary*, London：Chatto and Windus, 1957, p. 146.

俗、习惯的做法。相反，威廉斯主张文化是普通人的文化，而不仅仅是少数人的专利。他明确提出："文化是普通平常的（culture is ordinary）：这是首要的事实。"❶ 总体而言，霍加特、威廉斯等人在文化观念和批评方法上受到利维斯的影响，如，坚持精英文化或主流文化与大众文化的二分，强调文化经验主义的研究方法，主张采用文学批评的方法，兼以社会学、政治学等多重视角，对通俗报纸、杂志、流行音乐等大众文化文本进行细致分析。不过，伯明翰学派对待大众文化的肯定态度与利维斯对待大众文化的鄙视态度截然不同。

关于伯明翰学派的文化研究，美国学者本·阿格尔（Ben Agger）在《作为批评理论的文化研究》（*Cultural Studies as Critical Theory*，1992）一书里指出它的 4 个特征：一是跨学科。早期伯明翰中心的代表人物多来自文学、历史学和社会学等领域；二是强调广义的文化定义，即主张文化是"人类生活的全部方式"，"文化研究是一个人们用来将他们对大众文化的迷恋合法化的技术性词汇"❷；三是拒绝高雅文化与低俗文化的二分，试图建立一个包括所有文化的共同领域，将所有的文化看成是"连续统一"（continuum）的文化表现；四是认为文化既是经验又是实践，文化研究不仅研究艺术品如电影、小说、音乐，也研究艺术品的生产、流通和消费的过程。此外，伯明翰学派的文化研究政治倾向强，充分关注文化在社会阶级关系再生产中所扮演的角色，强调文化和权力的关系。

（2）卡迪夫学派。

20 世纪 90 年代以后，一批具有影响力的文化研究史专著问世。澳大利亚文化理论家格瑞姆·特纳（Graeme Turner）出版了

---

❶ Raymond Williams, "Culture is Ordinary", Am Gray ed. , *Studying culture: An Introductory*, London: Arnold, 2002, p. 6.

❷ Ben Agger, *Cultural Studies as Critical Theory*, London: The Falmer Press, 1992, p. 5.

英语世界的第一本文化研究史专著《英国文化研究导论》（*British Cultural Studies：An Introduction*，1990），英国学者汤姆·斯蒂尔（Tom Steele）的《文化研究的诞生，1945—1965：文化政治、成人教育与英语问题》（*The Emergence of Cultural Studies*，1945—1965：*Cultural Politics*，*Adult Education and the English Questions*）于1997年出版。这些著述的共同特点是只聚焦伯明翰当代文化研究中心，在伯明翰学派、文化研究或英国文化研究之间画上了等号。21世纪之初，文化研究地形图发生了根本性改变，随着英国马克思主义批评家伊格尔顿（Terry Eagleton）的《理论之后》（*After Theory*，2003），尤其是曾经任职于卡迪夫大学的澳大利亚文化研究学者哈特利（John Hartley）的《文化研究简史》（*A Short History of Cultural Studies*，2003）等新著的面世，卡迪夫学派的文化研究逐渐进入人们的视线。

首先，介绍一下卡迪夫学派的起源与代表性学者。

卡迪夫学派的主要创始人是在20世纪四五十年代任教于威尔士地区的卡迪夫大学的利维斯主义者贝舍尔，以及在卡迪夫大学任教40余年（20世纪50年代中期到90年代末期）的霍克斯。该派的奠基性文本是贝舍尔的《莎士比亚与通俗戏剧传统》（*Shakespeare and the Popular Dramatic Tradition*，1944）。

贝舍尔（S. L. Bethell）在《莎士比亚与通俗戏剧传统》（*Shakespeare and the Popular Dramatic Tradition*，1944）一书中认为，由于"欣欣向荣的戏剧是欣欣向荣的、有机的民族文化的伴生现象"，在文化上排斥通俗大众的行为无异于非人化行为；民族文化的繁荣之所需并非智识文化，而是通俗戏剧传统。❶ 他首先考察和分析了20世纪40年代英国的通俗戏剧艺术，包括哑剧、时事

---

❶ S. L. Bethell, *Shakespeare and the Popular Dramatic Tradition*, London：Staples, 1944, p. 28.

讽刺剧、音乐喜剧、纯商业性好莱坞电影等，并在此基础上提出了著名的"多元意识原则"（The principle of multi – consciousness），即"一个通俗观众，倘若没有受到抽象的、带倾向性的戏剧理论影响，会同时注意到一种情势的诸多不同维度，且不会发生任何混乱"❶。换言之，多元意识原则主张兼容性，主张向通俗观众及通俗艺术学习。基于当代电影与伊丽莎白时代戏剧的内在关联，贝舍尔将电影尤其是好莱坞电影置于未来之希望的位置上："喜剧与悲剧在莎士比亚戏剧之中的融合非常明显，无须现代例证的阐释，但有趣的是，看到好莱坞电影依旧保留了大众传统的这一面向。风格化、非自然主义的纯轻喜剧段落仍出现在十分严肃的戏剧之中；侦探电影（侦探小说）的爱好者一定会记住那个极为滑稽的无能警察，他可能闯入惨遭横死或者暴毙而亡的场景。电影批评家经常指责这类事件，他们的正确的'高度严肃性'要求语气一致。然而，老套的商业娱乐世界中的残存物至少都暗示了一种希望，即真正的艺术品质可能潜伏在虚假艺术的光鲜外表之下，或许会在时运更佳时显现出来。"❷显然，贝舍尔通过在观众中、在最低级的当代大众艺术形式中寻找希望，最终完成了对利维斯主义的超越，他所期盼的"时运更佳"最终随着电视的出现而到来。

霍克斯（Terence Hawkes）是卡迪夫学派的第二代传人。当作为通俗戏剧新载体的电视出现之后，他接过贝舍尔探讨通俗戏剧传统的重任。在《莎士比亚的能言善道的动物：社会的语言与戏剧》（*Shakespeare's Talking Animals*: *Language and Drama in Society*，1973）一书中，霍克斯断言电视乃是伊丽莎白时代戏剧的"嫡系传人"："［伊丽莎白时代的］观众及其戏剧是真正'通俗的'，是

---

❶ S. L. Bethell, *Shakespeare and the Popular Dramatic Tradition*, London: Staples, 1944, p. 29.

❷ S. L. Bethell, *Shakespeare and the Popular Dramatic Tradition*, London: Staples, 1944, p. 112.

文化诸要素融合的结晶，是在艺术上对文化的真实'投射'。一旦融合分崩离析，可以在戏剧中感觉到的'普遍性'随之消失……当我们把王朝复辟时期的戏剧与伊丽莎白时期的戏剧、詹姆士一世时期的戏剧并置时，它的缺席就会强力凸显自己。虽然这种戏剧绝无再生的可能，但它在我们文化中的嫡系传人只能是电视。电视构成了我们这个社会可能拥有的唯一真正的'民族'戏剧。"❶虽然电视经常遭遇学院派的蔑视，但由于它充满活力地联系着社会，长期将它排除于学术讨论与考察之外无疑会让人尴尬，所以，霍克斯指出："更为广义地看，电视一如一切公共艺术，其作用是关照社会。这可以说是戏剧的最终目的……因为我们的社会与伊丽莎白时期的英国大相径庭，是一个分散、衍射的社会，一致性于其间难得成为一种被感知的现实性。电视对这样一个社会的影响立刻被证明具有诊断性与补救性……因此，电视最重要的品质就是我们的社会最需要的品质。它把自己呈现为一种普遍能力，聚合四分五裂的个体、创造一致性、赋予生活以整体性。"❷

其次，扼要比较一下卡迪夫学派与伯明翰学派的异同。

卡迪夫学派所选取的现实介入路径与威廉斯等人开辟的现实介入路径有颇多相似之处，即都选取了通俗文化/大众文化作为关注对象。而卡迪夫学派对包括伯明翰学派在内的英国文化研究也产生了一定的影响。如，霍克斯的电视观不仅直接促成费斯克（John Fiske）、哈特利的《阅读电视》（*Reading Television*，1978）的写作，也影响了威廉斯的态度。后者于 1974 年发表的剑桥大学爱德华七世戏剧教授就职演说《戏剧化社会中的戏剧》，清晰地显示出以霍克斯的方式在戏剧、社会与电视之间建立起的关联，它不仅

---

❶ Terence Hawkes，*Shakespeare's Talking Animals*：*Language and Drama in Society*，London：Edward Arnold，1973，p. 231.

❷ Terence Hawkes，*Shakespeare's Talking Animals*：*Language and Drama in Society*，London：Edward Arnold，1973，p. 240.

认识到"当下最具戏剧性的表演是在电影及电视摄影棚之中",而且指出对戏剧的考察"不仅不失为一种看待某些社会面向的方法,且不失为一种借以了解那些把我们集合为社会的基本习俗的方法"。❶

然而两者的侧重点有所不同。伯明翰学派关注通俗文化/大众文化在不平等的阶级社会里的结构性位置,卡迪夫学派关注自下而上更新的可能性。相比较而言,卡迪夫学派在情绪上更加乐观,更倾向于把日常性视为民主化的目的,而不是权力的手段,其终极目标与其说是权力,不如说是意义;其兴趣所在,与其说是可统治性,不如说是解放;与其说是阶级对立,还不如说是文化制度的生产能力;与其说是管制,还不如说是作为"文化公民权"的延伸工具的媒体。

伯明翰学派与卡迪夫学派的最终命运似乎迥然不同。伯明翰学派被"有幸地"建构成英国文化研究的合法代言人;卡迪夫学派则"意外地"滞留于文化研究竞技场的边缘,甚至被遮蔽。导致这一情形的原因之一,与英国文化研究中明显存在英格兰中心主义有关,因为卡迪夫学派在文化地理上偏处威尔士;同时,伯明翰学派在学理上的巨大成就也是史学家们遮蔽卡迪夫学派的一个重要原因。

时至今日,卡迪夫学派被重新"发现",这一事实表明,尽管作为一个术语的文化研究的现代意义确乎源自伯明翰当代文化研究中心,但绝不能因此认定伯明翰中心是英国文化研究的唯一合法代言人。实际上,英国文化研究的内部差异性极大。英国的文化研究中不但有堪称"斗争派"(The struggle strand)的伯明翰学派,也有可谓"民主化派"(The democratisation strand)的卡迪夫学派。

---

❶ Alan O'Connor (ed.), *Raymond Williams on Television*: *Selected Writings*, New York and London: Routledge, 1989, p. 11.

1.2 文化研究的繁盛

20 世纪 80 年代后期，随着后现代主义理论的论争日趋终结，文化研究这一长期被压抑在边缘地带的学术理论话语迅速发出自己的声音。文化研究由英国传播到美国、加拿大、澳大利亚等英语国家，造就了由英国、澳大利亚、美国所支配的"三 A 轴心"文化研究共同体，引发了人文社会科学的文化研究转向。不过相对而言，文化研究主要在当今的英语世界影响很大。

（1）美国的文化研究。

文化研究起源于英国，但在 20 世纪 80 年代迅速进入并繁盛于美国学术界，受到该国一大批文学研究者的关注。研究后殖民文学与文化、大众传媒和其他非精英文化现象的论文频频在以文学理论和文学批评著称的《新文学史》（*New Literary History*）、《批评探索》（*Critical Inquiry*）和《疆界 2》（*Boundary* 2）等学术刊物上发表。美国最大的语言文学专业协会"现代语文协会"的会刊也开始关注文化研究。1986 年创刊的《文化研究》（*Cultural Studies*）杂志发展很快。特别值得一提的是，1983 年在伊利诺伊大学的厄本那—香槟分校召开了一次文化研究的国际学术会议，1988 年出版了会议论文集《马克思主义与文化阐释》。论文作者 37 位，19 位来自美国，来自英国、法国的各 6 位，来自中国的 1 位（王逢振）。1990 年，美国伊利诺伊大学又举办了"文化研究：现状与未来"的国际研讨会，来自欧美与世界其他地区的 900 多位学者与会。这是文化研究由英国传递到美国并扩展到国际学术界的一次盛会。会议出版的论文集《文化研究》（1992）由伊利诺伊大学的劳伦斯·格罗斯堡和凯瑞·内尔森主编，收录 40 篇论文，为文化研究开列了文化研究的历史、性别、国家性与国家身份、后殖民主义、种族与族裔、身份政治以及通俗文化及其受众等 16 类课题。

最早向美国介绍伯明翰学派文化研究成果的是劳伦斯·格罗斯伯格（Lawrence Grossberg，1947—　）。他是理查德·霍加特以及霍尔的弟子，也是美国最具影响力的文化研究、大众文化研究与传媒研究学者。格罗斯伯格1976年在伊利诺伊大学香槟分校获传媒学博士学位后留校任教，1994年起在北卡罗来纳大学教堂山分校任传媒研究教授、文化研究中心主任，1990年开始负责主编《文化研究》和《公众文化》（*Public Culture*）。他的《文化研究导论》《文化研究的流通》等著述已成为文化研究必不可少的工具书。从某种意义上说，格罗斯伯格把文化研究从英国带到美国，又利用自身的影响力把美国的文化研究传播到世界。

美国的文化研究学者主要集中在文学、人类学与新闻传播学等领域，从大学体制的角度来看，主要分布在比较文学系、英文系和其他语言文学系，但极少设置专门的文化研究系，大多是设立文化研究中心，以项目性的研究机构居多。同时，文化研究专业不能授予本科学位，招收的研究生多挂靠在现有专业如文学、电影和传媒之下。

美国的文化研究主要涉及四大领域。

一是以研究后殖民写作或话语为主的种族研究。这类研究主要吸收了赛义德的东方主义和文化霸权主义、斯皮沃克的第三世界批评和霍米·巴巴的混杂理论。例如，科内尔·韦斯特（C. West）的《新的差异文化政治》提倡文化研究关注"差异"，认为导致"现代散居黑人的无形和无名"状况的重要原因是，黑人在抵制非黑人准则和模式时不加批判地接受了非黑人的标准和传统，即忽视自己的独特性即"差异"而丧失了自己的文化身份。

二是以研究女性批评和写作为主的性别研究，包括女性批评话语的建构、酷儿理论（queer theory）和女性同性恋研究。后结构主义哲学家、加州大学伯克利分校修辞与比较文学系教授朱迪思·巴特勒（Judith Butler，1956—　），在女性主义、同性恋研究、政治哲学以及伦理学方面颇有建树。她的主要著作有《欲望的主体》（1987）、《性别麻烦：女权主义与身体颠覆》（1990）等。黑人女学者安·杜西尔的《染料和玩具娃娃：跨文化的芭比和差异销售规则》研究了芭比娃娃（即洋娃娃）这一欧美最为风行的大众文化商品，作者把它当作"当代商品文化的性别化和种族化的偶像"加以分析。杜克大学文学教授、华裔学者周蕾（Rey Chow）的研究领域有女性主义理论、中国电影，代表作有《妇女与中国现代性》等。

三是以指向东方和第三世界政治、经济、历史等多学科和多领域综合考察为主的区域研究，如"亚太地区研究""太平洋世纪研究"等。

四是考察影视传媒生产和消费的大众传媒研究。格罗斯伯格的《MTV：追逐（后现代）明星》是这方面的代表作。伯尔纳·吉安德隆（Bernard Gendron）的《阿多诺遭遇凯迪拉克》（1986）一文借用阿多诺《论流行音乐》里的观点，分析了 20 世纪 50 年代美国风靡一时的 Doo-wop 流行音乐。文中的凯迪拉克既是一种轿车，也是一支 Doo-wop 乐队的名字。赫伯特·席勒（1920—2000）在《大众传播与美利坚帝国》（1969）一书中指出，对美国传播技术与投资的依附使得发展中国家大量进口美国的电视节目及广告，并接受资本主义的生活方式和个人主义、消费主义、享乐主义价值观。2000 年，他的《生活在头号国家：一个美利坚帝国批判者的反思》对这一理论做了进一步的阐释。左翼学者阿芒·马特拉与他人合著的《如何解读唐老鸭》（1975）一书，从貌似天真无邪的卡通故事背后解读出迪斯尼帝国主义意识形态的阴谋。

总体而言，美国的文化研究具有如下 3 个特点。

第一，专业化或学术化色彩明显。美国大学将富于社会实践特征与批判精神的文化研究纳入学术专业化轨道，使之成为一门新兴学科，在体制内予以扶持与扩展。在美国，文化研究同政治和文化运动没有多大关系，阶级、政治和权力等话题在美国学术界基本上失去了它们的意义。尽管新马克思主义理论家和后现代文化理论家詹姆逊（F. Jameson，1934—　）在《论"文化研究"》（1993）一文中明确指出，文化研究蕴含着政治意志，真正是马克思主义的事业，这种政治意识集中表现在文化现象包含的冲突、异化和再统一等问题上，表现在文化研究要分析文化所包含的意识形态与乌托邦因素方面，但像詹姆逊这样的观点在美国文化研究界远未占据主流地位。美国学者更关心文化的美学分析和文本分析，关心社会认同和文化形式的表现，关心传媒文本和大众文化的效果，强调民族志的观众研究。美国的文化研究这一特点的形成，与其理论资源主要不是来自伯明翰学派，而是来自古典社会学传统有关。例如，M. 汤普森、厄利斯和维达夫斯基的《文化理论》（M. Thompson，R. Ellis and A. Wildavsky，*Cultural Theory*，Boulder：Westview Press，1990）一书，就详细介绍了蒙田、孔德、涂尔干、马克思、韦伯、马林诺夫斯基等欧美传统的社会学理论家。

第二，国际化或全球化趋势强烈。这与美国日益成为国际学术中心和学术资源中转站有密切关系。由于英语日益成为实际上的世界通用语言，也由于美国在经济、文化等领域的霸权地位，文化研究由英国传至美国以后，不仅迅速在美国学术界生根开花，而且还成为文化研究理论与学术资源的集散地和中转站。

第三，美国化或本土化色彩鲜明。与英国的文化研究学者特别关注"阶级""亚文化"等现象不同，美国学者侧重关注"种族""族裔"及其混杂文化现象，对身份认同和各色民族主义问题特别关注，具有鲜明的特色。

（2）澳大利亚的文化研究。

澳大利亚的文化研究受英国文化研究的影响较大。原因有二。一是澳大利亚亲英，工会势力强大，思想界和学术界的左派传统跟英国的新左派接近。二是两国大学学者相互跳槽者很多。澳大利亚大学传媒系和英文系的许多文化研究学者均来自英国，如约翰·费斯克、托尼·本内特、约翰·哈特里、约翰·弗柔等。例如，约翰·哈特里在 20 世纪 90 年代任职于英国卡迪夫大学，2000 年又出任澳大利亚昆士兰科技大学人文学院院长；托尼·本内特曾是澳大利亚格利夫士大学人文学院院长，后又去英国接替了霍尔在开放大学的社会学教授一职。

20 世纪 80 年代澳大利亚已有大学开设文化研究专业，20 世纪 90 年代成立了全国性的澳大利亚文化研究协会，该协会拥有定期专业刊物《连续统一：澳大利亚传媒与文化》（*Continuum：The Australian Journal of Media and Culture*），刊名来自伯明翰学派。文化研究在澳大利亚大学的兴盛，除了受英国学术的影响之外，另外一个重要原因就是单一学科就业的难度越来越大，双学位和双专业可大大增加就业的机会，文化研究常常成为大学生们第二专业的首选。

澳大利亚的文化研究偏重于传媒与传媒政策研究，着重研究澳大利亚电影显示出的民族特色，以及具有澳大利亚特色的大众文化现象。澳大利亚的文化研究常常与设在大学英文系的"澳大利亚研究"有共同的学术兴趣，如都关心文化和民族国家的关系、国家的文化政策等。但两者的理论取向完全不同，"澳大利亚研究"关心澳大利亚主流社会以及什么是"真正的"澳大利亚文化，文化研究则继承 20 世纪 70 年代以来的后现代、后殖民理论，更关心澳大利亚社会的边缘群体如女性、亚洲移民、土著居民、澳大利亚和亚洲邻居的关系等。换言之，"澳大利亚研究"关心文学和历史，文化研究关心日常生活和大众文化。

（3）其他国家的文化研究。

除了英、美、澳 3 国之外，官方语言同样是英语的国家中，加拿大的文化研究也颇有特色和成就。它主要关心民族性、文化认同、文化政策等问题。加拿大的文化认同涉及英语人口、法语人口和当地土著 3 个种族之间的权力之争。学者们常常关注的问题有：什么是加拿大的民族性？加拿大的文化特点如何？面对来自美国的电影、电视、音乐和其他大众文化消费品，加拿大如何保持自己的特点？

除英语国家之外，法国、印度、中国等欧亚国家与地区的文化研究也逐渐展开。国际文化研究学会于 2002 年在芬兰建立，11 个国家和地区的文化研究学会、26 个文化研究中心与之建立了联系。据不完全统计，非欧美国家或地区目前已有日本、中国台湾和土耳其建立了文化研究学会。

法国的文化研究主要围绕文化身份认同问题展开。法国在 20 世纪 60 年代经历了一系列政治动荡：作为殖民者被赶出越南，殖民地阿尔及利亚 1962 年独立，1968 年迎来"五月风暴"，等等。来自非洲前殖民地、东欧以及地中海法语地区的移民，给法国带来"什么是法国""谁是法国人"之类的问题。其次，美国的大众文化对法国的强烈影响也一直是该国文化研究的主要课题。

法国为英美的文化研究提供了重要的理论支撑。其中，结构主义马克思主义理论家阿尔都塞（Louis Althusser，1918—1990）的意识形态理论对伯明翰文化研究的影响最大。社会学家布尔迪厄（Pierre Bourdieu，1930—2002）提出的"文化资本"概念与理论有助于引起对经济以外的非物质性因素的重视。罗兰·巴特（Roland Barthes，1915—1980）的身体快感论对大众文化研究的影响巨大。社会学家德塞图（又译德赛都，1925—1986），提出了风靡一时的"抵制理论"。后现代理论家鲍德里亚（Jean Baudrillard，1929—2007），在研究后现代景观社会、仿真或"拟像"时代、中产阶级的格调趣味等话题时，强调了当代大众文化、日常生活与主流价值观的错综复杂的关系。

印度的文化研究始于 20 世纪 60 年代初期，派别很多，其中最著名的是德里大学的"次要研究派"，主要研究印度的殖民地历史和文化。"次要"（subaltern，又译贱民、底层、庶民）一词，源自葛兰西的《论历史边缘：需要社会群体》（1934）一文。葛兰西的"次要群体"指各种缺乏阶级意识的被支配和被剥削的群体，次要研究派用这个词指反抗英国殖民者的印度人民，尤其是农民。其于 1982 年创办了年刊《次要研究》。次要研究派最有影响的学者是美籍印裔学者、美国哥伦比亚大学讲座教授、比较文学与社会中心主任佳亚特里·斯皮瓦克（Gayatri C. Spivak，1942— ）。她师承美国解构批评大师保罗·德曼，获得康奈尔大学博士学位，20 世纪 70 年代以将解构大师德里达的《论文字学》（De la gram-matologie）引入英语世界而蜚声北美理论界。她综合西方马克思主义、女性主义和解构主义理论形成一种独特的方法，用以分析印度的殖民地文化。她在《在他者的世界：文化政治文选》（In Oth-er Worlds：Essays in Cultural Politics，1987）一书中分析了西方和非西方背景下的语言、妇女和文化的关系，为文化研究提供了一个全新的女性主义分析模式。帕沙·查特吉（Partha Chatterjee，1947— ），是印度次要研究的主将。他毕业于加尔各答大学政治学系，在美国罗切斯特大学获政治学博士学位，长期供职于加尔各答社会科学研究中心，目前是哥伦比亚大学人类学教授。他已有若干关于印度历史、社会和政治的著作出版，其中包括《民族主义思想和殖民世界》（1986）、《民族国家及其碎片》（1993）、《一种可能的印度》（1999）等。

中国的文化研究最早出现在中国台湾地区学术界。毕业于美国爱荷华大学新闻学与大众传播学院的陈光兴博士在 20 世纪 90 年代最早将文化研究引入台湾地区。陈氏现任台湾清华大学外文系教授。中国香港地区的文化研究也受美国文化研究的影响，20 世纪 90 年代逐渐成为显学。香港大学英语系与比较文学系开设了文化研究课程，香港中文大学有文化与宗教研究系，岭南大学甚至有文化研究系。2002 年成立的国际文化研究学会下属的 26 个中心，包括中国大陆的上海大学当代文化研究中心和台湾、香港地区的 3 所地区性中心。

　　文化研究目前在中国已成为继后现代主义、后殖民主义之后的又一个重要的理论思潮。它的引进打破了精英文化和大众文化之间的天然界限，为两者的对话铺平道路，它的跨文化、跨学科特点也突破了西方中心主义的思维模式和观察视角。中国出现了一批活跃在文学理论、比较文学和传媒研究界的学者，他们一方面追踪并向国内学术界介绍西方尤其是英语国家的文化研究的最新成果，另一方面又致力于将这一舶来话语应用于中国的文化和文学批评实践，有效地推进了中国文学的文化批评、大众文化研究和传媒研究的国际化。文化研究理论的引进者主要有王逢振、王宁、王晓路、周宪、陆扬等，文化研究学者有戴锦华、金元浦、陶东风、王一川等。2000 年，陶东风、金元浦和高丙中主编的《文化研究》丛刊（天津社会科学院出版社出版）面世，为国内的文化研究与大众文化研究提供了一个出版阵地。同年，罗钢、刘象愚主编的《文化研究读本》由中国社会科学出版社出版。2001 年，在北京举行的国际文学理论学会下设"文化研究委员会"，澳大利亚学者比尔·艾希克罗夫特任主席，中国学者陶东风、金元浦等任委员。

　　中国的文化研究领域主要是大众文化（含日常生活审美化）和大众传媒等方面。张汝伦的《论大众文化》（1994）一文是中国早期论大众文化的代表作，陈刚的《大众文化与当代乌托邦》（1996）是国内以大众文化为研究对象的第一部学术著作。1994 年，郑一明的《法兰克福学派的"文化工业论"析评》、金元浦的《试论当代的文化工业》和潘知常的《文化工业：美学面临着新的挑战》3 篇文章的发表，标志文化工业理论正式进入中国大众文化研究领域，但其都是根据法兰克福学派的批判理论对大众文化展开批判的。20世纪 90 年代后期，大众文化开始摆脱"雅"和"俗"的纠缠而揭开新的一页。李陀宣称，大众文化的兴起是 20 世纪的大事，大众文化不同于此前的通俗文化或民间文化，因为"大众文化是一个特定的范畴，它主要是指与当代大工业生产密切相关（因此往往必然地与当代资本主义密切相关），并且以工业方式大批量生产、复制消费性文化商品的文化形式"❶。陶东风的《大众文化：何时从被告席回到研究席?》（1999）批驳了此前给大众文化罗列的罪名，如"文化垃圾""文化快餐"等，认为它是用滑稽模仿的方式来对抗主流意识的控制。国内第一本系统介绍西方大众文化理论的启蒙性读物，是陆扬、王毅撰写的《大众文化与传媒》（2000）；次年，陆扬、王毅选编的《大众文化研究》出版。与西方热衷于把大众文化看作一种政治参与姿态不同，中国学者更多地关心它的道德内涵。戴锦华的《隐性书写：九十年代的中国文化研究》（1999），被视为国内第一部专业意义上的大众文化研究专著。该著作的核心内容是汇总和分析了丰富复杂的中国文化现象，并认为 20 世纪 90 年代大众文化无疑成了中国文化舞台上的主角。

中国学术界关于日常生活审美和大众传媒的研究，成果也比较突出。前者的主要成果，有包亚明、王宏图、朱生坚的专著《上海酒吧——空间、消费与想象》（2001），程文波的《波鞋与流行文化中的权力关系研究》（2002），周小仪的《日常生活的审美化与消费文化》（2002）等。这些学者从理论和实践两个方面，对日常生活审美现象进行了比较系统而深入的探讨。后者的主要成果，有戴锦华的《电影理论与批评》（2007）、徐旭的《解码第二届金鹰电视节现场直播》（2002）等。这方面的研究也涉及理论和实践两个方面。

---

❶ 李陀："大众文化批评丛书·序"，载戴锦华：《隐性书写：九十年代的中国文化研究》，江苏人民出版社 1999 年版，第 3 页。

2　文化研究的理论资源

文化研究从诞生之日开始，就不断得到各种理论的渗透和滋养。有时，一些文化研究学者也会主动去吸取其他学科或领域的理论资源，以丰富自己的思想与研究方法。迄今为止，对文化研究产生了重大影响的理论主要来自西方马克思主义、后现代理论和西方社会学理论。

1.1　西方马克思主义及其对文化研究的启示

出现于 20 世纪 20 年代的西方马克思主义，简称西马，最初是共产国际内部的一种"左"倾思潮。法国哲学家 M. 梅洛—庞蒂的《辩证法的历险》（1955）一书认为，"西方马克思主义"的源头是匈牙利哲学家卢卡奇 1923 年发表的《历史和阶级意识》。20 世纪 70 年代以后，西方马克思主义概念在世界范围内广泛流传，主要有按地域性和意识形态内涵分类两种情况。如果是纯粹的地域性概念，它是指西方的马克思主义，既包括西方国家独立的马克思主义理论，又包括西方国家共产党的理论；如果是意识形态概念，它就指所有超越第二国际科学社会主义、第三国际列宁主义、第四国际托洛斯基主义的新马克思主义理论，不论是在东方还是在西方。本书采用后一种说法。

马克思（1818—1883）对文化研究影响最大的思想是意识形态理论。这一理论集中见于《〈政治经济学批判〉导言》（1857—1858）、《〈政治经济学批判〉序言》（1859）与《德意志意识形态》（1845—1846）等文章中。马克思认为，法律、政治、宗教、艺术或哲学等意识形态不同于"生产的经济":"随着经济基础的变更,全部庞大的上层建筑也或慢或快地发生变革。在考察这些变革时,必须时刻把下面两者区别开来:一种是生产的经济条件方面所发生的物质的、可以用自然科学的精确性指明的变革;另一种是人们借以意识到这个冲突并力求把它克服的那些法律的、政治的、宗教的、艺术的或哲学的,简言之,意识形态的形式。"❶换言之,作为意识形态的文化有自己的演变逻辑和发展规律。马克思也看到了物质生产与文化生产的发展的不平衡问题:"关于艺术,大家知道,它的一定的繁盛时期决不是同社会的一般发展成比例的,因而也决不是同仿佛是社会组织的骨骼的物质基础的一般发展成比例的。"❷他还提出了统治阶级的思想在每一时代都是占统治地位的思想的命题:"一个阶级是社会上占统治地位的物质力量,同时也是社会上占统治地位的精神力量。……占统治地位的思想不过是占统治地位的物质关系在观念上的表现,不过是以思想的形式表现出来的占统治地位的物质关系;因而,这就是那些使某一个阶级成为统治阶级的各种关系的表现,因而这也就是这个阶级的统治的思想。"❸总之,马克思的经济基础/上层建筑的结构理论和统治思想理论是其文化思想的核心,两者都坚持文化是一种意识形态。不过,在马克思看来,文化(以及政治、法律)被视为一种附属性的上层建筑,建立于决定性的经济基础之上。马克思思想的强大在于能以系统的方式将文化与权力以及经济生活联系起来,但这种做法,一是无法对文化的自主性做出理论概

---

❶〔德〕马克思:"《政治经济学批判》序言",载《马克思恩格斯选集》(第2卷),人民出版社1972年,第83页。

❷〔德〕马克思:"《政治经济学批判》导言",载《马克思恩格斯选集》(第2卷),人民出版社1972年版,第112页。

❸〔德〕马克思、恩格斯:"费尔巴哈",载《马克思恩格斯选集》(第1卷),人民出版社1972年版,第52页。

括；二是惯于从决定论的角度看待人类行为。西方马克思主义学者也主要是在上述两个方面对马克思主义和正统马克思主义提出修正。

匈牙利的哲学家、美学家和文学理论家卢卡奇（G. Lukács，又译卢卡契，1885—1971），是西方马克思主义的第一个代表人物。他的主要哲学著作有《历史与阶级意识》（1923），主要美学和文学著作有《小说理论》（1915）、《历史小说》（1936）和《欧洲现实主义研究》（1946）等。他在《历史与阶级意识》（副标题"关于马克思主义辩证法的研究"）一书里，提出了无产阶级的"阶级意识"这一文化色彩极浓的概念。他指出："阶级意识不是个别无产者的心理意识，或他们全体的群体心理意识，而是变成为意识的对阶级历史地位的感觉。"❶ "作为总体的阶级在历史上的重要行动归根结底就是由这一意识，而不是由个别人的思想所决定的，而且只有把握这种意识才能加以辨认。"❷

意大利新马克思主义思想家、意共总书记葛兰西（Antonio Gramsci，1891—1937），在《狱中札记》等著述中系统阐述了对马克思主义的全新理解。他认为，马克思主义所说的上层建筑包括两个层面：一个是"市民社会"，即通常被称作"民间"的社会组织；另一个是"政治社会"或"国家"。政治社会的执行机构是军队、法庭、监狱等，作为专政的工具，它代表暴力；市民社会由政党、工会、教会、学校、学术文化团体和各种新闻媒介构成，作为宣传和劝说性的机构，它代表意识形态和舆论。葛兰西还指出，在西方资本主义社会中，资产阶级的统治主要不是依赖政治社会及其暴力机构，而是依赖意识形态领导权，要推翻资产阶级

---

❶ ［匈］卢卡奇：《历史与阶级意识》，杜章智等译，商务印书馆1992年版，第133页。

❷ ［匈］卢卡奇：《历史与阶级意识》，杜章智等译，商务印书馆1992年版，第105页。

统治，必须先颠覆它的文化霸权；事实上，资产阶级意识形态在不同程度上能够容纳对抗阶级的文化和价值，为后者提供"谈判"的空间。葛兰西的"霸权理论"强调统治阶级通过文化（主体是知识和道德）领导权即意识形态霸权而获得经济和政治权力，突出了文化的决定作用。

法兰克福学派是西方马克思主义的重要团体或派别，其得名于1923年由奥地利马克思主义历史学家卡尔·格吕恩堡在德国法兰克福大学创立的社会研究所。其核心人物是霍克海默、阿多诺、马尔库塞、本雅明和哈贝马斯等。

霍克海默（M. Max Horkheimer, 1895—1973），是法兰克福社会研究所第二任所长、德国第一位社会哲学教授、法兰克福学派的创始人。其主要著作有《传统理论和批判理论》（1937）、《启蒙的辩证法》（与阿多诺合著，1947）、《工具理性批判》（1967）等。霍克海默认为马克思主义就是批判理论，提出要恢复马克思主义的批判性，从哲学、社会学、经济学、心理学等方面对现代资本主义进行多方位研究和批判。他认为自己的批判理论与"传统理论"不同，因为后者从既定事实出发而屈从于资本主义的现存秩序，而批判理论则超越现存资本主义的劳动分工和再生产机器的限制，揭露资本主义的固有矛盾，得出否定和推翻现存社会的革命性结论。

阿多诺（Theodor W. Adorno 1903—1969），是德国哲学家、社会学家、音乐理论家，法兰克福学派第一代主要代表人物，社会批判理论的理论奠基者。其主要著作有《启蒙辩证法》（1947）、《新音乐哲学》（1949）、《多棱镜：文化批判与社会》（1955）、《否定的辩证法》（1966）等。阿多诺对文化研究的重要影响来自他对大众文化的批判。他认为，大众文化具有商品化趋向和商品拜物教特征，文化艺术沦为商品；其生产具有标准化、统一化和同质化特征，扼杀了艺术个性和创新精神，并生产出同质的社会主体；它具有强制性的支配力量，控制和规范着文化消费者的需要。

与阿多诺对大众文化的极力贬斥相反，本雅明（Walter Benjamin，1892—1940）对文化工业的分析相当客观。他在《机械复制时代的艺术作品》（1936）一文中指出，包括好莱坞电影、广告工业和电视在内的20世纪机械复制艺术，由于能使受众在自己的环境中欣赏作品，从而赋予所复制的对象现实的活力，前景肯定很好。

法国哲学家阿尔都塞（Louis Althusser，1918—1990），是"结构主义马克思主义"奠基人。1948年，他获巴黎高等师范学校哲学博士学位，留校从教，同年加入法国共产党。他任巴黎高等师范学院哲学系主任时，该系被称为"红色大本营"。他的代表作有《保卫马克思》（1965）、《阅读〈资本论〉》（1968）。阿尔都塞的意识形态理论强调，社会的意识形态如法律、宗教、教育、家庭跟经济基础一样重要，既不依赖也不完全独立于经济基础。

英美第一代"新左派"的代表是伯明翰学派学者，他们都有鲜明的马克思主义背景，毫不掩饰要抵抗、规避并最终颠覆资本主义的文化霸权；但他们都反对马克思主义的经济决定论阐释，充分重视文化在发达资本主义社会里的作用。

英国"新左派"第二代代表人物特里·伊格尔顿（Terry Eaglton，1943—　），是当代西方马克思主义文学理论家和文化批评家，和美国的詹姆逊、德国的哈贝马斯并称为当今"西马"三巨头。其著作大体分为两类：一是用马克思主义美学理论来分析和评价英美作家作品，如《莎士比亚与社会》《力量的神话：对勃朗特姐妹的马克思主义研究》等；二是阐述马克思主义的美学和文艺理论，包括《批评与意识形态：马克思主义文学理论研究》（1979）、《文学理论引论》（1983）等。21世纪，伊格尔顿出版了文化研究专著《文化的观念》（*The Idea of Culture*，2000）、《理论

· 31 ·

之后》（*After Theory*, 2003）。

詹姆逊（F. Jameson, 1934—　），是美国新马克思主义文学批评家和后现代主义文化理论家，主要著作有《后现代主义和文化理论》《后现代主义，或后期资本主义的文化逻辑》。他认为，资本主义经历了 3 个发展阶段：一是市场/国家资本主义，二是列宁所说的垄断资本主义或帝国主义，三是战后资本主义或晚期资本主义、跨国资本主义。艺术与这三个阶段相关联，第一阶段是现实主义，第二阶段是现代主义，第三阶段是后现代主义。后现代主义的特征是文化工业的出现。他用现实主义、现代主义和后现代主义分别命名资本主义 3 个阶段的文化逻辑，体现出文化随经济特征改变而改变的经济基础决定上层建筑的马克思主义思想。

从以上对西方马克思主义主要理论家的思想主张的扼要介绍中不难看出，西方马克思主义对传统马克思主义的最大突破是对经济决定论的超越，以及对文化、精神的重要性的张扬。

概括而言，西方马克思主义对文化研究的启示主要表现在如下 3 个方面。

首先，为文化研究提供了指导性理论。例如，阿尔都塞的意识形态理论把结构主义符号学的话语同马克思主义的意识形态理论结合起来，为文化研究开启了新的视角与思考方式，有助于理解现代资本主义社会的文化再现实践。他的主体性理论促使文化研究关注社会文化和意识形态对主体性的建构，如推动伯明翰中心展开对电视和电影的社会运作机制的广泛探究。同时，主体性理论对性别研究、种族研究和身份研究产生广泛影响。例如，根据主体建构理论，妇女的"天性"并非先天具有，而是由长期占统治地位的男权主义意识形态建构的。从总体上看，阿尔都塞的意识形态理论尤其是主体性理论对伯明翰学派的最大影响在于使文化研究偏离文化主义的整体描述性方法，重视差异，突出每一种社会实践的相对独立性。

其次，为文化研究提供理论视角与方法。如葛兰西的文化霸权理论、法兰克福学派的批判理论，都为文化研究提供了非常适用的观察视角和研究方法。

再次，为文化研究提供了问题域。卢卡奇的阶级意识理论、詹姆逊的资本主义社会的文化演变逻辑等观点都有如此的作用。特别是阿多诺对大众文化的品质的挖掘与批判，在很长一段时间内左右着部分学者的看法。

2.2 后现代理论及其对文化研究的启示

后现代性理论是对现代性理论反思的产物。西方学者多认为现代性（modernity）可以分为两个层面：一是物质和工具层面，二是价值和道德层面；前者指科学进步导致的生产方式的突飞猛进和物质生活水平的大提高，后者指启蒙运动鼓吹的自由、平等。例如，美国印第安纳大学比较文学教授卡林内斯库（Matei Calinescu）明确提出"两种现代性"的看法：一种是资本主义现代性，指西方近代工业文明的现代性，其旗帜是科学和技术进步；另一种是文化现代性或美学现代性，它构成对前者的反叛和超越。卡林内斯库指出："另一种现代性，将导致先锋派产生的现代性，自浪漫派的开端即倾向于激进的反资产阶级态度。它厌恶中产阶级的价值标准，并通过极其多样的手段来表达这种厌恶，从反叛无政府天启主义直到自我流放。因此，它较之它的那些积极抱负，更能表明文化现代性是对资产阶级现代性的公开拒斥，以及它强烈的否定激情。"❶

"后现代"概念最初见于 1917 年德国哲学家潘维兹（Rudolf Pannwitz）的《欧洲文化的危机》一书，指的是不同于"现代"的

---

❶ ［美］马泰·卡林内斯库：《现代性的五副面孔》，顾爱彬、李瑞华译，商务印书馆 2002 年版，第 48 页。

一种当代意识，即西方文化的"虚无主义"。1939 年，英国历史学家汤因比（Arnold Joseph Toynbee）在《历史研究》第 5 卷中，以"后现代"一词指称一战之后工人阶级占据举足轻重地位的大众社会的兴起。20 世纪五六十年代，这一词语开始流行，指的是对美学现代主义的反动。后现代进入哲学领域是在 20 世纪 70 年代后期，标志性事件是 1979 年法国哲学家利奥塔（Jean-Francois Lyotard）出版《后现代状况》一书。后现代哲学主要指法国的后结构主义哲学，同时也表示对现代性的总体批判态度。通常认为，后现代主义有五大主题或特征。一是批判在场（presence）。这意味着"表达"（presentation）将要被"表征"（representation）取代。在场是直接的、当下的经验，表征是建构语言、符号、概念的领域。后现代理论否定有任何东西能够"直接呈现"并因而独立于符号、语言和阐释。二是批判本原。本原是理性追根溯源的目标，后现代主义否认现象背后有任何本原、本质，有意识地追求肤浅化。三是批判统一。这意味着多元性将要取代统一性的概念。后现代理论认为，所谓统一、单一、完整的存在其实并不存在，而是多元的。四是批判范式的超验性。后现代理论认为，范式如真、善、美、理性等不再被视为独立于它们得到说明的过程，反之是这些过程的产物，内在于这些过程。五是建构他者性。在后现代主义看来，人类的存在、语词、意义、观念、哲学体系、社会组织以及所有文化单元完全是通过排斥、压制、等级化过程而得到表面上的统一的，其他现象和单元必须在一个等级鲜明的二元对立中被表征为异类或"他者"。他者性、边缘性反仆为主的解构策略并不限于主题，同样适用于文本。

后现代哲学的鼻祖是号称巴黎"后结构主义三驾马车"的拉康、福柯和德里达 3 位哲学家，以及美国的理查·罗蒂。拉康（Jacques-Marie-Emile-Lacan，1901—1981）的"漂浮的能指"理论，将弗洛伊德的精神分析理论引入语言分析。瑞士语言学家索绪尔（Ferdinand de saussure）认为，语言符号由能指和所指组成，两者之间的关系是任意的。拉康进一步指出，能指与所指之间的纽带已经切断，能指成了一种独立的存在即"滑动的所指"或"漂浮的能指"，能指什么也不表征，完全自由地漂浮。能指好比弗洛伊德的意识，所指好比弗洛伊德的无意识，无意识是语言的总体结构，每个能指都被无意识浸染。无意识不但像语言一样具有结构，而且还是语言的产物。拉康的名言"无意识结构有如语言"的含义就是：无意识作为被压抑的欲望，其行径一如语言，不停地从一个对象转向另一个对象，从一个能指转向另一个能指，永远无以达到终点，一如意义永远无以被充分完全地把握。福柯（Michel Foucault，1926—1984）从被历史压抑因而被剥夺资格的传统话语中被定义为"癫狂""变态""反常"之类的现象之中，发展出知识—权力学说。例如，在对癫狂和监狱的研究中，他提出"什么是权力""权力如何实施"等问题。福柯强调，以往的理论将权力看作一种抑制性力量，权力就是禁止或阻止人去做某事；而他则认为，权力是关系性的，权力的运作要复杂得多。其著名论断"权力来自下面"的含义是：在权力关系上不存在统治者与被统治者之间彻底的二元对立，权力是始终处于循环过程中的一种链状结构，从来就不固定在一处或某个人手中，可以来自任何方向；权力经常表现为冲突、对抗和战争。按照福柯的说法，知识与认识的暴力同战争、死刑等受法律认可的暴力一样，也是在西方文化体系中堂而皇之的行为，它往往借助一种普遍化话语即西方是体现人类历史发展规律的唯一代表、西方文化是普遍人性最完美的体现等说法来完成这一过程。德里达（J. Jacques Derrida，1930—2004）则提出消解权威和中心，消解西方理性主义或逻各斯中心主义；为此，他甚至指责福柯留恋希腊的理性因而没有跳出逻各斯中心主义。美国分析哲学家、斯坦福大学比较文学系和哲学系教授理查·罗蒂（Richard Rorty，1931—2007）认为，

上篇

何谓文化研究

不存在绝对真理,"真理存在吗?""你相信真理吗?"这样的问题在他看来毫无意义。

后现代美学的代表性人物是德国学者韦尔施(W. Welsch, 1946—)。他在文集《重构美学》(1997)里提出后现代文化是听觉文化的观点。在韦尔施看来,视觉意味着光明、洞见、证据、理念、理论和理性,视觉文化是理性主义的产物,19世纪是其颠峰时期。听觉文化是电子传媒普及的必然结果,具有电子世界的共时性和流动性。韦尔施指出,可见的和可闻的存在模式有着根本的不同:前者在时间中持续存在,关注持续的、持久的存在;后者却在时间中消失,关注飞掠的、转瞬即逝的、偶然事件式的存在。

后现代理论在社会学领域取得了丰硕的成果,代表性的学者有法国的鲍德里亚、列斐伏尔,美国的索亚、卡斯特尔等人。鲍德里亚(Jean Baudrillard, 1929—2007)的《物的体系》(1968)、《消费社会》(1970)和《符号的政治经济学批判》(1972),构成作者早期论消费文化的三部曲。他的后现代理论主要有两点:一是消费论。他认为"消费"取代了"生产"而成为后工业社会的核心概念。马克思将资本主义经济的全过程分为生产、分配、交换和消费4个环节,认为生产是中心;但后现代社会里消费反仆为主,成为市场经济的灵魂。物或商品除了具有马克思所说的使用价值和交换价值外,还具有符号价值,物或商品被消费时,是根据其代表的社会地位和权力以及其他因素,而不是按照物的成本或劳动价值来计算的,消费者在消费中体验物带来的身份认同和彰显社会等级的快感。消费主义成了一种时尚。二是拟像论。在鲍德里亚看来,现代性见于工业资本主义时代;后现代性则是一个由符号、代码和模型所控制的后工业时代的产物。现代性是一个产品生产的商品化、机械化、技术化和市场关系的爆炸过程;后现代社会则是"内爆",即高雅文化和低俗文化、现象与实在等一切传统的二元对立或传统边界被悉数清除。主宰后工业社会的是"仿真"原则，而非现实原则。近代以来西方社会和文化经历了模仿阶段和生产阶段，现在进入模拟阶段。模拟阶段最突出的媒介是电子媒介如电视、电脑，构成虚拟现实最重要的手段是模拟（simulation）和仿像或拟像（simulacrum）。所谓仿像或拟像，就是没有原本可以无限复制的形象，纯粹是一个自我指涉符号的自足世界。

列斐伏尔、索亚、卡斯特尔等人阐释了后现代社会学的空间理论。传统哲学家如柏拉图、亚里士多德甚至康德等人，都将空间视为中性的、客观的容器；后现代社会学则强调空间是一切公共生活形式的基础，是一切权力运作的基础，突出了空间的文化政治内涵。

法国区域社会学、城市社会学奠基人列斐伏尔（Henri Lefeb-vre，1901—1991）的代表作是《空间生产》（1974）。在此书中，他提出第三元空间即社会空间理论。列斐伏尔说："我们所关注的领域是：第一，物理的——自然，宇宙；第二，精神的，包括逻辑抽象与形式抽象；第三，社会的。易言之，我们关心的是逻辑—认识论的空间，社会实践的空间，感觉现象所占有的空间，包括想象的产物，如规划与设计、象征、乌托邦等。"❶社会空间都不可能被明确划分为物质的还是精神的，它存在于一定的社会生产模式之中，都是某种社会过程的产物；同时，它是一切社会活动、矛盾和冲突纠葛一体的场所。

美国后现代地理学家爱德华·索亚（Edward W. Soje，1940—）的"空间三部曲"，包括《后现代地理学》（1991）、《第三空间》（1996）和《后大都市》（2000）。索亚认为，"第一空间认识论"的认识对象是感知的、物质的空间，偏重于客观性和物质性；"第二空

---

❶ Henri Lefebvre, *The Production of Space*, Oxford：Blackwell, 1991, pp. 11～12.

间认识论"提倡用艺术对抗科学、用精神对抗物质、用主体对抗客体，假定知识的生产主要通过话语建构的空间再现来完成，注意力集中在构想的空间而不是感知的空间；"第三空间认识论""源于对第一空间—第二空间二元论的肯定性解构和启发性重构，是我所说的他者化—第三化的又一个例子。这样的第三化不仅是为了批判第一空间和第二空间的思维方式，还是为了通过注入新的可能性来使它们掌握空间知识的手段恢复活力，这些可能性是传统的空间科学未能认识到的"❶。在索亚看来，第三空间里汇聚着主体性与客体性、抽象与具像、真实与想象、可知与不可知、重复与差异、精神与肉体、意识与无意识等，它既是生活空间又是想象空间，是政治斗争川流不息的战场。

美国社会学家曼纽尔·卡斯特尔（Manuel Castells，1942—），是新马克思主义学派城市社会学的旗手。他以《信息时代》三部曲即《网络社会的兴起》（1996）、《身份的权力》（1997）和《千年的终结》（1998）而闻名，其中，《网络社会的兴起》集中讨论了互联网这一当代空间新形式。互联网是通过"超文本"（hypertext）和"元语言"（meta-language）在历史上第一次将人类交际的文字、口语和视听模态整合进同一系统；这一新的传播系统正在改变传统文化，形成一种新的"真实虚拟文化"（culture of real virtuality）。真实总是虚构的真实，因为它总是通过符号被感知："当电子传媒的批评者指责这一新的符号环境没有表征'真实'时，他们指的其实是一种荒谬的、'未经编码'的真实经验的原始概念，它从来就没有存在过。所有真实都是通过符号而得到传播。"❷印刷、电视和网络分别代表传播模式的3个阶段。网络文化这一数字化的信号生产、分配和

---

❶ Edward W. Soja, *Third Space*, Oxford：Blackwell, 1996, p. 81.

❷ Manuel Castells, *The Rise od the Network Society*, Oxford：Blackwell Publishers，2000，p. 404.

交换的传播系统已经对社会结构产生巨大影响，削弱了宗教、道德、传统价值和政治意识形态等的权力。

概括而言，后现代理论对文化研究的影响表现在如下 4 个方面。

第一，后现代性凸显了文化或美学现代性，本身就是地地道道的文化。

第二，后现代理论对文化研究所关注的价值问题进行了重新解释。英国文化理论家约翰·斯多雷（John Storey）在《文化理论与大众文化导论》一书里指出："围绕着文化价值问题，后现代主义颠覆了许多旧的信念。……文化研究对于价值问题饶有兴趣，并不代表回归价值论的标准术语，诸如'内在的'、'客观的'、'绝对的'、'普遍的'、'超验的'等。文化研究并不热衷顶礼膜拜固定价值的永恒文本。"❶所谓"固定价值的永恒文本"，就是经典。后现代思想影响下的文化研究认为，文化或文学经典是由各种特定的利益关系建构的，经典往往产生于特定的社会和历史语境之中。文化研究常常发问：是谁在决定意义？谁拥有阐释的权力？这些问题就涉及文化和权力的关系问题。

第三，后现代主义的解构倾向对大众文化研究的影响非常明显。英国文化批评家、伯明翰学派第三代传人安吉拉·默克罗比（Angela McRobbie）著有《后现代主义与大众文化》（*Postmodernism And Popular Culture*, 1994）一书，专门讨论了后现代理论对大众文化研究的影响。

第四，20 世纪末叶后现代文化地理学兴起，促使文化研究经历了"空间转向"，不少学者开始关注人文生活中的"空间性"，注意挖掘空间所包含的权力、意识形态内涵。

---

❶ John Storey, *An Introduction to Cultural Theory and Popular Culture*, London: Prentice Hall/Harvester Wheatsheaf, 1997, p. 196.

第五，后现代理论的核心论题之一——"差异"（difference）理论，极大地影响了文化研究中的种族研究与性属研究。差异理论的源头是瑞士语言学家索绪尔（F. D. Saussure）的"语言"观。索绪尔认为，语言符号的意义与价值是由差异确定的，"语言系统是一系列声音差别和一系列观念差别的结合"❶。"差异"理论的集大成者是法国解构主义哲学家德里达（J. Derrida）。他认为，一切意义产生于差异，"纯粹的差异是构成活生生的在场的自我存在……这个活生生的在场源起于它自身的无身份，源起于可能保留的痕迹"❷。在语言系统中，"处于中心的所指，无论它是始源或先验的，绝对不会在一个差异系统之外呈现"❸。在德里达看来，差异构成了在场或存在即本体，并通过痕迹外显出来；理解和意义由差异产生，语言的观念即所指也由差异产生。"差异"理论为后现代思潮所发扬光大。法国哲学家德勒兹（Gilles L. R. Deleuze）致力于建立差异本体论，以张扬理论、政治以及日常生活中的差异性与多样性。他认为存在两种差异："在一种情况下，差异被视为外在于概念的；这是被同一个概念所再现的客体之间的差异……在另一种情况下，差异内在于理念；它作为纯运动展开，创造了对应于理念的能动的空间和时间"❶。美国学者杰姆逊（F. Jameson）也认为："透过差异功能所组成的新的关系模式，更有可

---

❶ ［瑞士］费尔迪南·德·索绪尔：《普通语言学教程》，高名凯译，商务印书馆 2002 年版，第 167 页。

❷ Jacques Derrida, "Speech and phenomena: And Other Essays on Husserl's Theory of Signs". in Julian Wolfrey, *Critical Keywords In Literary and Cultural Theory*. New York: Palgrave Macmillan, 2004, p. 59.

❸ ［法］雅克·德里达：《书写与差异》，张宁译，生活·读书·新知三联书店 2001 年版，第 505 页。

❶ ［法］吉尔·德勒兹：《重复与差异》，陈永国译，转引自陈永国编译：《游牧思想：吉尔·德勒兹、费利克斯·瓜塔里读本》，吉林人民出版社 2003 年版，第 59 页。

能发展成为一套全新的思想感觉方法。"❶

2.3 社会学理论及其对文化研究的启示

对文化研究产生影响的社会学理论，包括古典社会学理论和现代社会学理论。前者主要包括涂尔干、韦伯和西美尔等人的理论，后者的代表是帕森斯和德塞图的理论。

法国社会学家、人类学家涂尔干（Emile Durkheim，又译迪尔凯姆、杜尔凯姆，1858—1917）提出"失范"（anomie）这一概念，用来指社会的混乱状态，即习俗与文化无法对行动进行有力控制的状态。他在博士论文《社会分工论》（1893）里指出，一个社会共有的道德观念与情感生活叫作"集体良知"，它在对偏常行为的惩罚中体现得最为明显。涂尔干在《宗教生活的基本形式》（1915）一书里把文化（宗教）描述成社会中的一种活跃的、推动性的力量，具体表现为宗教系统中的象征和信仰为社会提供了一种思维方式，以凝聚散漫的道德情感和大众的认同感；这种认同感常常通过定期的"仪式"（ritual）而聚集。

德国社会学家、美学家西美尔（Georg Simmel，又译席美尔，1858—1918），被认为是从社会学角度真正把握文化的意义的第一人。他强调，文化对于社会发展的意义丝毫不亚于经济。他致力于研究现代文化的新现象，如时尚、贸易博览会、旅游等。他的代表作是《金钱哲学》（或译《货币哲学》，1900）和《时尚哲学》（1905）。西美尔对金钱所做的文化社会学分析成为其社会学理论的核心部分。他认为，金钱对社会的无形主宰成为现代性文化的基础，现代性文化的主旨如守时、准确、报酬等愈益成为人际关系的准绳；金钱主宰的社会只关注数量方面而非质量方面的

---

❶ ［美］詹明信：《晚期资本主义的文化逻辑》，陈清侨等译，生活·读书·新知三联书店 1997 年版，第 478 页。

价值，现代性文化因而缺乏普遍的价值和意义，并无可奈何地沦落在商品经济之中。西美尔将文化严格两分，一边是文化被表现为内在的、权威的凝聚力，另一边是文化被表现为各种外在的、非人性的具体形式，现代性由此成为文化的一场不可调和的悲剧。《时尚哲学》一书集中探讨了身份与现代性的问题。他认为时尚反映着文化的、社会的而非实际的要求，它反映出人们在个人表达自我与归属于更大的群体这两种需求之间进行调节，因而在阶层化体系中扮演着特定的角色。

德国社会学家马克斯·韦伯（Max Weber，1864—1920）对现代文化内部各种组成力量做了出色的结构分析。他反对马克思的经济基础决定上层建筑、物质决定观念的观点，认为人类行为是由物质和精神的复杂因素即文化决定的。比如，没有新教意识形态，就不会有后来资本主义的发展。他进一步把文化视为一个独立的、独特的价值体现，并认为它是历史运动背后的推动力。韦伯将文化的自治原则置于特定的历史和文化语境中加以分析，为大多数人所首肯；但他把文化界定为一个只服从自己原则的独立王国，则招来不少非议。

美国现代社会学奠基人帕森斯（Talcott Parsons，1902—1979），是社会学功能主义理论大师。他关注个人、社会与文化3个系统的整合问题，尤其关注文化在维系这一结构中所起的作用。帕森斯在《社会系统》（1951）里建立了由社会系统、人格系统和文化系统组成的模型，文化系统让人们能够彼此交流、协调行动。他在与学生斯梅尔瑟合著的《经济与社会》（1956）一书里建立了社会系统的 AGIL 四模型：A 系统，代表"适应"（adaptation），指如何适应物质世界，满足生存的物质需求，经济发挥重要作用；G 系统，代表"达到目标"（goal attainment），负责系统的领导，政治居于核心地位；I 系统，代表"整合"（integration），负责维护秩序，法律体系和社区机构居于重要地位；L 系统，代表"潜在的模式维系与紧张状态处理"（latent pattern maintenance and tension management），指社会对指导方向与行动目标的需求，负责生产文化价值、维护团结与社会化的机构如教会、学校和家庭居于重要位置。AGIL 模型把重点放在文化（L 系统）上，认为文化保证了系统的稳定。

法国社会学家德塞图（Michel de Certeau，又译德赛都，1925—1986）在《日常生活实践》（1974）一书里提出了"抵制理论"。该理论的源头是福柯的"权力说"。福柯认为权力是始终处于循环过程中的一种链状结构，从来就不固定在一处或某个人手中，可以来自任何方向。德塞图着眼于日常生活中的权力关系，认为日常生活中大众的"抵制"战术是文化和象征意义上的，其核心是"弱者的战术"。大众文化是一场游击战，支配文化生产的阶级集团是正规军，大众是游击队，由于力量对比悬殊，大众即弱者的策略不是要赢，而是力求不被打败。这是大众对抗霸权意识形态的抵制，被支配的社会集团可以通过某些策略从占支配地位的文化体系中夺取局部的胜利。大众文化的消费者尽管不能控制它的生产，却能控制它的消费，即可以在使用过程中颠倒其功能，使之部分地符合自己的利益。这种颠倒普遍地存在于阅读、购物、烹调乃至租房等各种文化实践中。法国后现代社会学家鲍德里亚发展了德塞图的"抵制理论"，更强调"沉默的大众"的被动和"不抵制"策略。他认为，对管束过严的老师的反抗，一是在课堂上捣乱，二是表面上毕恭毕敬、认真听课而实际上什么也不听。前者是直接的抗议，在资本主义政治领域无疑是极出风头的事情，一如黑人、少数民族、女性主义和同性恋者等对主流文化的排斥；后者则是意义上的拒斥和抵制，这一看似被动的不抵抗策略，实际上是一种更为重要和根本的抵制。

社会学对文化研究的影响或启示至少体现在如下 3 个方面。

首先，凸显了文化因素的重要性。例如，涂尔干将以宗教为代表的文化描述成社会中的一种推动性力量，具有凝聚性功能。再如，帕森斯建立的 AGIL 模型也把重点放在了包含文化的 L 系统上，认为文化为社会确定目标与方向，保证了系统的稳定。

其次，提供了具体的理论。德塞图的抵制理论就是一个典型的例子。德塞图探究了日常生活中大众或弱者的权力和策略，并用它来解释大众文化现象。他认为大众文化是一场游击战，大众即弱者的策略不是要赢，而是力求不被打败。大众文化的消费者尽管不能控制它的生产，却能控制它的消费，在接受大众文化的过程中改变甚至颠覆其功能，使之部分地符合自己的利益。如法国公司雇员的"假发"现象："'假发'指一些雇员表面上为老板工作，实际上却为自己干活。……'假发'形形色色，简单可以一如秘书用上班时间写情书，复杂亦可以发展到木匠'借用'车床为自家客厅打家具。……他实际上是利用了工厂提供的、免费的、创造性的以及不直接创造利润的工作时间。"❶再如租房，承租人对租借来的空间进行随心所欲的布置以行使自己的权利。

最后，为文化研究提供了研究范例。例如，西美尔的时尚哲学和货币哲学就是备受关注的现代文化形象。

2.4　相关理论资源对文化研究的方法的启示

当代文化研究之父斯图亚特·霍尔（Stuart Hall）在《文化研究：两种范式》一文中指出了文化研究的两种理论取向与基本方法：一是文化主义，二是结构主义。前者注重人的经验与文化意义的生产，将文化还原到社会和历史之中；后者强调意识形态的决定性作用，关注社会构成，强调文化本身就是一种实践和指意活动。这两种理论取向与研究方法都受到不同理论资源的渗透和

---

❶　Michel de Certeau, *The Practice of Everyday Life*, Berkeley：University of California Press, 1988, p. 12.

影响。

（1）文化主义。

"文化主义"（culturalism），又叫"文化唯物主义"（cultural materialism）。文化主义或文化唯物主义本质上是一种经验主义，它强调文化的"日常生活性"。雷蒙·威廉斯在《漫长的革命》（1961）一书里指出，对文化的理解必须在物质生产和物质性条件的背景中通过日常生活的表征和实践来进行，这就是文化唯物主义。"经验"是雷蒙·威廉斯文化理论的核心概念。他称这种为生活在同一种文化中的人们所共同拥有的经验为"感觉结构"，而"感觉结构就是一个时期的文化"。斯图亚特·霍尔在《文化研究及其理论遗产》（1992）一文里进一步指出，文化主义就是霍加特、汤普森、威廉斯等人提倡的人类学和历史主义文化研究模式与方法。所谓人类学模式，主要指威廉斯的文化概念聚焦在日常生活的意义上面，因为它将文化定义为整个生活方式，将大众文化以及电视、报刊、体育、娱乐等与日常生活相关的活动纳入了学院理论与研究的视野。所谓历史主义模式，指威廉斯等人注重在历史流程中追踪意义的生产与传播，注重在物质条件的生产和接受的语境中探讨文化的意义，注重文化的阶级基础。

文化主义的理论资源除了威廉斯的"文化"观之外，另外一个是社会学和人类学的"民族志"或实地调查法。民族志（ethnography）主要来源于英国文化人类学家马林诺夫斯基（B. K. Malinowski）创造的"参与观察法"，是一种实地调查、田野作业。它要求研究者进入所研究的特定社群文化内部，并在其中长期生活。它强调通过实地调查以及归纳、总结等手段探讨相关问题。伯明翰学派的学者大多采用民族志研究工人阶级的社区生活。例如，霍加特的《文化的用途》通常被认为是对两次世界大战之间英国北部工人阶级社区生活的民族志研究。这种方法在青少年亚文化研究中得到更自觉的运用。保罗·威利斯（P. Willis）的《学

上篇 何谓文化研究

· 45 ·

会劳动》（*Learning to Labour*, 1977）对英格兰中部城市中下层工人阶级青少年亚文化进行了系统的研究，并分析了工人阶级青少年拒绝学校教育的几种原因。作者为了写作此书，花费 3 年时间对一个由 12 个工人阶级家庭出身的男孩组成的群体进行了观察，采用了小组讨论、个别交谈、阅读日记，以及采访家长、教师、就业指导官、同事、老板和工会代表等方式。此外，荷兰籍华裔女学者、澳大利亚西悉尼大学文化研究中心教授洪美恩（Ien Ang，又译伊恩·昂，1954— ）的硕士论文《观看〈达拉斯〉：肥皂剧和情节剧想象》（1985），也是运用实地调查方法写作的典型案例。她在一个妇女杂志上刊登启示，希望观看当时在欧美极为流行的美国电视连续剧《达拉斯》的观众把自己喜欢或不喜欢此剧的理由告诉她，她根据收到的 42 封回信写成这篇论文。

（2）结构主义。

结构主义（structuralism）认为，文化不是某一社会集团的客观经验，而是一个生产意义和经验的领域，通过它，社会现实被建构、被生产、被阐释。既然人的意识和经验都是由文化和意识形态建构的，当我们能够研究它的构成机制时，就不必浪费时间去关注它的具体内容。因此，结构主义文化研究的目标是探究现象之下潜在的结构。

结构主义的理论资源主要来自社会学，尤其是阿尔都塞的意识形态理论。法国社会学家涂尔干早在《社会学方法规则》等著作中就试图探究深藏在一切个案之中的文化及社会生活中的普遍性模式，即"社会事实"，信仰、价值观和宗教规范等就是"社会事实"。法国人类学家列维—斯特劳斯（C. Levi-Strauss, 1908—2009）在《亲属关系的基本结构》《结构人类学》等著作中，应用语言学模式研究了原始部落中的制度、惯例、习俗、婚姻以及信仰等文化现象。法国哲学家阿尔都塞（Louis Althusser,）在《列宁与哲学》一书中称，自己的意识形态为意识形态国家机器，包括宗教、教育、家庭、法律、政治、工会、传播、文化等；马克思所说的国家机器是压制性国家机器，包括政府、军队、警察、法庭、监狱等，它们依靠暴力实施其功能。两者的最大区别是，前者属于私人领地，后者属于"公共"领地。他还认为，意识形态具有建构功能，从外部构筑了人们的"本质"和自我，建构和塑造了人们对现实的意识，因此，占据"本质"或"自我"的位置的实际上是一个拥有社会生产身份的社会存在，即"主体性"。

　　法国文学评论家罗兰·巴特（Roland Barthes，1915—1980）的文集《神话学》（1957），是采用结构主义方法进行文化研究的先驱。该书中的文章涉及角力、玩具、广告、肥皂粉、清洁剂、牛排、旅游以及科学观等。作者的目标是要揭示各种现实背后隐含的意识形态："我要追踪溯源，就用铺陈摆设述而不论的方法，来揭示在我看来潜藏在那里的意识形态虚谬。"❶此书采用索绪尔的所指加能指等于符号的模式，但又添加了一个第二层面的指意系统，即第一指意层面的符号成为第二层面指意系统里的能指，第一层面是以言示物，第二层面是以物示物。神话被视为一种言语，不过是"第二阶次的符号系统"，神话成了意指或挑战意识形态的实践。例如，《角力的世界》认为，角力中的每个角力士都是一出戏中的人物，都代表一个夸张的符号，或是让人憎恶的"坏蛋"，或是让人乐不可支的喜剧家，最终大众角力表征了一种道德宇宙，成为公众的神话学。霍尔写于1973年、收入1980年出版的《文化、传媒、语言》一书中的《电视话语：制码和解码》一文，为电视的文本研究和观众研究提供了结构主义符号学范式。英国女性主义电影理论家劳拉·穆尔维（Laura Mulvey，1941—　）发表在《银幕》（Screen）杂志上的《视觉快感与叙事电影》（"Visual Pleasure and Narrative Cinema"，1975）一文，分析了电影文本对男

❶　Roland Barthes, *Mythologies*, London：Paladin, 1973, p. 11.

性观众主体性的建构问题。文章认为，西方电影中的妇女是影片快感的主要来源，又是被观看的对象："传统上，女性在两个层面上发挥其功能，作为电影中男性角色色欲的目标，和作为观众席上男性观影者色欲的目标。"❶而男性，无论是影片中的角色还是观看者，都是积极的、主动的，在观看电影的过程中，男性观众通过与男性角色的认同，像在镜像中一样确认了一个更优美、更完善和更强大的自我。

（3）霸权理论。

文化主义和结构主义都有局限。文化主义常常不加辨别地赞扬大众文化真实地表达了受支配集团或阶级的兴趣和价值观；而结构主义常常视文化特别是大众文化为"意识形态机器"，过分强调所谓"结构的整体"的决定作用，牺牲了"过程"和具体经验的复杂性，牺牲了人的主观能动性。阿尔都塞提出的"意识形态召唤个人成为主体"的观点具有浓厚的决定论色彩，以致汤普森甚至称结构主义马克思主义实质是一种新的神学。鉴于此，英国的文化研究在 20 世纪 70 年代末开始"葛兰西转向"，致力于采用文化霸权理论的视角与方法来展开文化研究。

"文化霸权"（cultural hegemony），又译"文化支配权""文化统治权"，由意大利新马克思主义思想家葛兰西最早明确提出并加以系统阐述，它指的是资本主义社会中，统治阶级不是通过直接强迫，而是通过被认可的方式将意识形态加诸于其他阶级，换言之，霸权即意识形态领导权是通过诸如家庭、教育制度、教会、传媒和其他文化形式而得以运行的；同时，它不是一劳永逸的，必须由统治阶级不断争取并巩固，是一个永远流动不居的、动态的、斗争的场所。葛兰西说："在目前议会政体的正统领地中，霸

---

❶ ［英］穆尔维："视觉快感与叙事电影"，载张红军编《电影与新方法》，中国广播电视出版社 1992 年版，第 215 页。

权的'规范'行为是强制和赞同的两相结合，两者互相平衡，而并不是强制高压之下的赞同。"❶换言之，霸权不是通过剪除对立面，而是通过谈判或协商（negotiation），将对立面的利益接纳到自身体系中来。霸权之所以被接受，是因为主导集团对它的下属阶级做出一系列让步和妥协。葛兰西认为，文化霸权的实施离不开"市民社会"与"有机知识分子"。市民社会包括家庭、教育、教会以及大众传媒等，与它相对的是政治社会，后者采取强制和压迫的手段。在西方资本主义社会中，统治主要不是依赖政治社会及其暴力机构，而是依赖其占有的意识形态领导权。同时，霸权主要是"有机知识分子"所作所为的结果。

葛兰西的霸权理论认为，文化即意识形态具有理论建构与社会实践双重特征，克服了文化主义和结构主义各自的局限。英国文化理论家本内特（Tony Bennett）在《大众文化与"葛兰西转向"》（1986）一文中指出，霸权理论对文化研究的影响主要体现在两个方面。一是对文化机制研究的启示。研究文化霸权，先要分析"机制"（institutions）。机制就是国家、法律、教育制度、传媒和家庭等，它们生产着知识、感觉和意义，历来被认为是中性的、不偏不倚的，但事实上，这些文化载体可以被某个权力集团"殖民化"。二是对大众文化研究的影响。大众文化既是支配的，又是对抗的，其内容是由统治阶级获得霸权的努力和被统治阶级对各种霸权的抵抗共同构成的。这一认识既坚持了大众文化的政治性和意识形态性，又避免了庸俗的经济决定论和阶级决定论。正如本内特所言："这一理论的结果，将是否定大众文化领域结构主义和文化主义视野非此即彼的选择，或者视其为原汁原味的中产阶

---

❶ Antonio Gramsci, "Hegemony, Intellectuals and the State", John Storey ed., *Cultural and Popular Culture: A Reader*, London: Prentice Hall, 1994, p. 210.

级意识形态，或者视其为大众真实文化的场所，激发潜在的自我觉醒。或者是肆无忌惮的坏蛋，或者是一尘不染的英雄。……日常生活文化积淀下来的方方面面，深深卷入争夺、赢得、丧失和抵制霸权的过程中。"❶

霍尔利用霸权理论分析了撒切尔主义。20世纪七八十年代，撒切尔夫人领导的保守党连续3次赢得大选胜利，左派人士非常沮丧。霍尔认为，撒切尔主义在建立和保持意识形态霸权方面采取了特殊的策略，直接利用了传统被压迫阶级的哲学和实践意识形态中的某些普遍因素，而这些因素并没有内在的、必然的或确定的阶级含义，于是构建了一个赞同而不是反对权力集团的平民主义的政治主体。

然而，尽管葛兰西的霸权理论提供了一个整合框架，但电视和电影分析、流行音乐、日常生活以及通俗文学的研究都涉及独特的技术和理论问题，并非泛泛的理论可以解决。同时，这一理论认为霸权与强制不是一回事，但事实上很难在两者之间划出一条界限，如，纳粹法西斯的意识形态扩张究竟是霸权还是强制使然，今天的经济全球化和文化全球化究竟是借助霸权策略还是强制手段，都一言难定。

---

❶ Tony Bennett，"Popular Culture and the 'Turn to Gramsci'"，in John Storey, *Cultural Theory and Popular Culture：A Reader*，Hertfordshire：Prentice Hall，1998，p. 222.

3 文化研究的主要范畴

伯明翰学派研究的"当代文化",首先指当下的、现实生活中的文化现象,而非历史中的、古代的文化现象;其次指流行的、大众的,而非精英的、经典的文化现象。从伯明翰学派开始,文化研究的重心一直是大众文化和大众传媒,后来范畴逐渐扩大。总体来看,文化研究的主要对象包括大众文化、亚文化、大众传媒和视觉文化等。

3.1 大众文化

什么是大众文化?它的含义如何?它包括哪些种类?它又具有什么样的特征?这些是我们首先要弄懂的问题。

大众文化(popular culture),又称群众文化(mass culture)、通俗文化、流行文化。这一术语开始流行于 20 世纪 30~50 年代,常常带有贬义,用以指商业利益驱动的文化产品,特别是大众传播产业的产品,如广播、电影、电视、音像产品、广告和流行出版物之类。法兰克福学派称之为"文化工业"。其目前比较流行的含义是指工业社会中由文化生产商和大众共同生产,借助先进技术传播,主要由大众消费,因而也在很大程度上体现了大众的美学诉求与政治意向的文化类型。

学界给"大众文化"的界定可谓五花八门。雷蒙·威廉斯在《关键词》(1976)一书中曾给出 4 种解释:(1)"低下的"文化,如通俗文学、通俗新闻;(2)"刻意讨人欢心的"文化,如大众新闻、大众娱乐;(3)"受到许多人喜欢的"文化;(4)"由普通百姓自己创造出来的文化"。❶ 斯图亚特·霍尔也给出了 3 种定义：一是"'市场'或商业定义"，即"商业大众文化"，指"成群的人听它们、买它们、读它们、消费它们，而且似乎也尽情地享受它们"；二是"描述性的定义"，指"'大众'做或曾经做的一切事情"，包括"'大众'的文化、社会习惯、风俗和民风"；三是"围绕文化的辩证法建立起来的"，即从"与统治文化之间的关系"入手而下的定义，指"围绕着大众力量与权力集团的对立建构起来的"。❷霍尔本人倾向于第三种定义。

中国学者多界定"大众文化"为资本主义工业社会中出现的技术含量高的商品化文化。李陀认为："大众文化是一个特定的范畴，它主要是指与当代大工业生产密切相关（因此往往必然地与当代资本主义密切相关），并且以工业方式大批量生产、复制消费性文化商品的文化形式。"❸潘知常称："大众文化是一种产生于 20 世纪城市工业社会、消费社会的以大众传播媒介为载体并且以城市大众为对象的复制化、模式化、批量化、类像化、平面化、普及化的文化形态。"❹金元浦的定义是："大众文化是一个特定的范畴，它主要指兴起于当代都市的，与当代大工业密切相关的，以全球化的现代传媒（特别是电子传媒）为介质大批量生产的当代文化形态，是处于消费时代或准消费时代的，由消费意识形态来筹划、引导大众的，采取时尚化运作方式的当代文化消费形态。"❺此外，王一川在《当代大众文化与中国大众文化学》、

---

❶ ［英］雷蒙·威廉斯：《关键词：文化与社会的词汇》，刘建基译，生活·读书·新知三联书店 2005 年版，第 356 页。

❷ ［英］斯图亚特·霍尔："解构'大众'笔记"，戴从容译，载陆扬、王毅选编：《大众文化研究》，上海三联书店 2001 年版，第 47 页、第 49 页、第 51 页、第 56 页。

❸ 李陀："大众文化批评丛书·序"，载胡大平：《崇高的暧昧》，江苏人民出版社 2002 年版，第 1 页。

❹ 潘知常、林玮：《大众传媒与大众文化》，上海人民出版社 2002 年版，第 6 页。

❺ 金元浦："定义大众文化"，载《中华读书报》2001 年 7 月 4 日。

李凤亮在《大众文化：概念、语境与问题》、季水河在《关于大众文化概念与性质辨析》等文章里，都提出了自己的定义。

关于大众文化的定义，需要考虑 3 个方面的问题。第一，是谁、是什么决定大众文化。它是自下而上发端于底层社会，还是自上而下来自精英阶层？或者是两者之间的相互作用？从中外学者的定义来看，大众文化的含义包括两个方面：一是"由"大众生产的；二是"为"大众生产的。第二，如何看待商业化和产业化对它的影响。文化以商品形式出现是否一定意味着利润和市场的标准先于内容、艺术和知识内涵？第三，它扮演何种意识形态角色。大众文化是诱使大众接受并追随统治阶级的价值观念，还是表征对现存社会秩序的叛逆和反抗？笔者认为，"大众文化"内涵的含混与漂移，固然容易导致把捉的困难，但也会推动理解的跟进与深入，因此完全不必纠缠于定义之争，也不必拘泥于一家之言，结合具体的语境加以诠释才是上佳选择。

英国学者伯尔洛克（A. Bullock）、特隆布莱（S. Trombley）在他们主编的《新丰塔那现代思想辞典》（1999）中罗列了形形色色的大众文化："20 世纪 50 年代，理查·霍加特和雷蒙·威廉斯等人将认真的文化分析和美学问题延伸到日常生活，研究普通民众经验的形象的、风格化的和物质的反映，以及他们对自己真实的和想象中的从属地位，作何反应。大众文化自此以还，被认为是积极的过程和实践，以及对象和物品。它形形色色无所不有，包括邮购目录、汽车和其他耐用消费品设计、衣着和食品风尚、足球赛、音像制品、圣诞节，如此等等。有人暗示，大众文化具有颠覆，甚至颠倒既定霸权秩序的能力。"[1]学界目前通常将大众文化分为两类：一是文本类大众文化；二是"生活中的文化"（lived

---

❶ A. Bullock and S. Trombley, *The New Fontana dictionary of Modern Thought*, London：Harper Collins Publishers, 1999, p. 666.

culture）或"文化实践"（cultural practices）。

文本类大众文化包括录像、CD、MTV、卡通（游戏）、漫画、肥皂剧、娱乐节目、体育节目、商业电影、流行文学、网络文学、影视文学、手机短信、时尚杂志、波普艺术（Pop Art）等。生活中的文化或文化实践则包括时尚（fashion）、时装、美容化妆、玩游戏、旅游、体育比赛、健身活动、奇装异服、跳舞、逛街购物、泡酒吧茶楼等，主要形式是日常生活审美化现象。

日常生活审美化（aestheticalization of everyday life）涉及香车、美人、豪宅、时尚以及美容、美发、美体等日常生活的方方面面，其实质是美学和艺术的泛滥化。19 世纪对日常生活审美化的提倡主要来自唯美主义。20 世纪初，德国社会学家西美尔在《时尚哲学》（1905）里对日常生活中的时尚做过深刻分析。他认为，时尚通过某些特殊生活方式的推广在社会平等和个性差异的追求之间达成妥协，其间永远蕴含着短暂和永恒、过去和未来的矛盾；时尚的新奇感永远是刹那间的魅力，永远展示出强烈的现在感。进而言之，时尚的流行与信念的缺失有关："在解释现在的时尚为什么会对我们的意识发挥一种有力影响的理由中，也包含着这样的事实：主要的、永久的、无可怀疑的信念越来越失去它们的影响力，从而，生活中短暂的与变化的因素获得了很多更自由的空间。"❶按照西美尔社会上层创造时尚、社会下层模仿时尚的论断，资本主义的时尚文化在无限刺激消费欲望的同时，也履行并强化了阶级分化的功能。德国后现代哲学家韦尔施（W. Welsch）和英国社会学家费瑟斯通（Mike Featherstone）分别在《重构美学》（1998）和《消费主义和后现代文化》（1991）两书中，从理论的高度对日常生活审美化形象做了阐述。韦尔施认为，当代社会经

---

❶ ［德］西美尔：《时尚哲学》，费勇等译，文化艺术出版社 2001 年版，第 77 ~ 78 页。

历了一个全面审美化的过程,一方面见于现实,如都市空间、购物场所的装饰、时尚的流行等;另一方面见于经济策略,审美化大都出于经济目的,通过与美学联姻来推销商品。审美化浪潮甚至席卷人们的肉体,如美容、美体,"审美化的此一分支,势将造就一个充满时尚模特儿的世界"❶。不过,韦尔施也指出,日常生活审美化是从艺术当中抽取最肤浅的成分,用一种粗滥的形式把它表现出来。费瑟斯通认为,日常生活审美化包括 3 方面的含义:一是指一战以来产生达达主义、先锋派和超现实主义等运动的艺术类亚文化,它们消解了艺术作品的神圣性,从而造成经典、高雅文化艺术的衰落,也抹平了艺术与日常生活之间的界限;二是指生活向艺术作品的逆向转化,标举唯美主义和消费主义相结合的"艺术人生";三是指渗透进当代日常生活的符号和图像。商品的抽象交换价值占据主流地位后,不仅湮没最初的使用价值,而且任意给商品披上虚假的使用价值,即后来鲍德里亚所说的"符号价值"。

学界普遍认为大众文化有两大特征。第一,商品化。大众文化产生于资本主义工业社会,它不仅是技术化的产物,也是市场化的产物。在一切都商品化的资本主义社会里,大众文化自然难逃被商品化的劫数。霍克海默和阿多诺指出:"文化工业的每一个产品,都是经济上巨大机器的一个标本。""艺术品是按照工业生产的目的,由工业生产所控制,符合工业生产的一类商品,是可以进行买卖的,是具有效益的。"❷大众文化商品化是大众文化踏上"媚俗"这条不归路的首要原因。只有迎合大众的需要(包括满足本能的和低级趣味的需要),大众文化才能生存,才会繁荣。正是

---

❶ [德] 韦尔施:《重构美学》,陆扬、张岩冰译,上海译文出版社 2002年版,第 11 页。

❷ [德] 霍克海默、阿多尔诺:《启蒙辩证法》,洪佩郁、蔺月峰译,重庆出版社 1990 年版,第 118 页、第 149 页。

上篇

何谓文化研究

· 55 ·

由于这个原因，大众文化才会演变为精英文化的"杀手"。大众文化商品化也催促它沦落为欲望机器，它不仅诱导欲望，甚至还会凭空制造欲望。

第二，政治化或意识形态化。如果说商品化特征主要指涉大众文化与精英文化的关系，那么政治化则主要涉及大众文化与主流文化或官方文化的关系。关于这一问题，有不同的看法。一种看法认为，大众文化是统治阶级欺骗和统治大众的工具与帮凶，大众文化执行着统治者意识形态的功能。例如，法兰克福学派就坚持认为："文化工业通过不断地向消费者许愿来欺骗消费者。它不断地改变享乐的活动与装潢，但这种许诺并没有得到实际的兑现，仅仅是让顾客画饼充饥而已。"❶ "文化工业刻意地由上而下，藉着一种意识形态将消费者收编进去；而这种意识形态就是让人以顺从代替主体意识，压根儿不允许脱离规范而存在。"❷ 另一种观点认为，大众文化中蕴含着统治者对被统治者的收编和被统治者对统治者的抵抗两重因素，大众文化因而成为统治阶级意识形态与被统治阶级的思想愿望谈判与协商的场所。这种观点是运用意大利新马克思主义学者葛兰西（A. Gramsci）的霸权（Hegemony，又译领导权）理论和福柯（M. Foucault）的权力理论透析大众文化的的结果。所以，本内特发现大众文化"深深卷入争夺、赢得、丧失和抵制霸权的过程中"而成为"主导的、从属的和对抗的文化与意识形态价值"的谈判场所❸；霍尔发现大众文化一直"沿着对抗与接受、拒绝与投降的复杂路线前进，使文化领域变成一个

---

❶ ［德］霍克海默、阿多尔诺：《启蒙辩证法》，洪佩郁、蔺月峰译，重庆出版社 1990 年版，第 130～131 页。

❷ ［德］阿多诺："文化工业再思考"，转引自潘知常、林玮：《大众传媒与大众文化》，上海人民出版社 2002 年版，第 71 页。

❸ ［英］托尼·本内特："大众文化与'转向葛兰西'"，陆扬译，载陆扬、王毅选编：《大众文化研究》，上海三联书店 2001 年版，第 66 页。

持续的战场"❶。美国学者费斯克（John Fiske）认为，大众文化包含"发生在中心与周边之间、权力集团相对统一的效忠从属关系与大众多样化的层理之间、单一的文本与多元的解读之间"的"一系列协商"。❷

大众文化在英美乃至国际学术界的遭遇可谓坎坷不平。总体来说，它在西方经历了由受贬抑到被接受、被褒扬的曲折变化过程。

人们早期多用 mass culture，后期则多用 popular culture 指称"大众文化"，这一称谓的变化也可以折射出大众文化的际遇变迁。mass culture 因 mass 携带"乌合之众"的义项而成为"平民的低等文化"的同义词；而 popular culture 不涉褒贬，照字面可译为"流行文化""通俗文化"。贬抑大众文化者多持传统的精英立场。始作俑者当推英国文学批评家马修·阿诺德（Matthew Arnold）。他在《文化与无政府状态》（*Culture and Anarchy*）一书中称"文化"是"当前世界上所能理解的最优秀的知识和思想"，称大众文化或工人阶级文化为"无政府状态"。❸英国文化批评家利维斯（F. R. Leavis）承袭阿诺德之衣钵，直言"少数人文化"即以经典文学为代表的精英文化是"少数人的专利"，作为商业化低劣文化的"大众文明"或"大众文化"的登台使"少数人文化""处身于一个不仅是不舒适而且简直是充满敌意的环境之中。"❹ 法兰克福学派霍克海默和阿多诺指责大众文化通过为大众提供娱乐消遣来为现

---

❶ ［英］斯图亚特·霍尔："解构'大众'笔记"，戴从容译，载陆扬、王毅选编：《大众文化研究》，上海三联书店 2001 年版，第 48 页。

❷ ［美］约翰·费斯克：《理解大众文化》，王晓珏、宋伟杰译，中央编译出版社 2001 年版，第 201 页。

❸ ［英］马修·阿诺德：《文化与无政府状态》，韩敏中译，生活·读书·新知三联书店 2002 年版，第 147 页。

❹ Leavis and Thompson. Culture and Environment，转引自 John Storey：*Culture Theory and Popular Cclture：An Introduction*（影印本），北京大学出版社 2004 年版，第 24 页。

存社会进行辩护，因为娱乐消遣作品充斥于整个社会，使消费者"变得愚昧无知，从一开始就顺从地放弃对一切作品的苛求"，自动放弃反思并"摆脱思想"。❶美国学者麦克唐纳（Dwight Macdonald）通过比较"民间艺术"（folk art）与"大众文化"（mass culture），得出了与法兰克福学派几乎如出一辙的结论："大众文化则是自上而下强加的，它为商人雇佣的技师所制作，它的观众是被动的消费者，他们的参与仅限制在买与不买的选择上面。……大众文化将大众统一到高雅文化的低级形式之中，并因此成为政治统治的一个工具。"❷

大众文化的命运在 20 世纪 50 年代出现转机。1957 年，出版了两本改变大众文化命运的著作。一本是罗兰·巴特（R. Barthes）的《神话学》，作者在书中赋予了大众文化细致的文本分析，而这是利维斯传统先前献给"高雅文学"的。另一本是伯明翰中心首任主任理查德·霍加特（Richard Hoggart）的《文化的用途》。他在书中表达了自己对工人阶级文化的留恋之情。在扭转大众文化命运一事上，伯明翰学派的精神领袖雷蒙·威廉斯功不可没。他在《文化与社会》一书中明确反对利维斯视文化为少数人的专利并将它同工人阶级文化对立的观点；在《文化分析》一文中创造性地定义"文化"为"一种特殊生活方式"，呼吁不仅要关注"艺术和学问"，更要重视"制度和日常行为"的意义和价值。❸此后，由伯明翰中心确立的对大众文化的正面评价经由霍尔、费斯

---

❶ ［德］霍克海默、阿多尔诺：《启蒙辩证法》，洪佩郁、蔺月峰译，重庆出版社 1990 年版，第 130～131 页。

❷ Dwight Macdonald. "A theory of mass culture"，转引自 John Storey：*Culture Theory and Popular Culture：An Introduction*（影印本），北京大学出版社 2004 年版，第 29 页。

❸ ［英］雷蒙·威廉斯："文化分析"，赵国新译，载罗钢、刘象愚主编：《文化研究读本》，中国社会科学出版社 2000 年版，第 125 页。

克、斯托里等学者的发挥，逐渐获得普遍的认同。

在大众文化研究由被贬斥到得到理性对待的同时，一些学者开始对大众文化进行客观而深入的研究。

与法兰克福学派主流意见是贬低大众文化不同，同样属于该派的本雅明（Walter Benjamin）则对大众文化表现出一种理性和肯定的态度。他在《机械复制时代的艺术作品》（1936）里提出，对艺术作品的接受有两种侧重点：一是侧重于艺术的膜拜价值，这是传统艺术；二是侧重于艺术品的展示价值，这是现代艺术。现代艺术的展示价值意味着艺术实践从早期的仪式中解放出来，通过机械复制而为大众所有，艺术品如摄影和电影的展示价值开始压倒膜拜价值，艺术品越来越接近日常生活，储藏在艺术作品中的巨大潜能由此得到开掘。机械复制技术让观众坐在"考官"的位置上评判大众文化媒介呈现给他们的光、电、声。本雅明预言，包括好莱坞电影、广告工业和电视在内的 20 世纪机械复制艺术，由于能使受众在自己的环境中欣赏作品，从而赋予所复制的对象现实的活力，前景肯定很好。

法国文学理论家、批评家罗兰·巴特的文集《神话学》（1957），是大众文化研究的先驱。该书中的文章涉及角力、玩具、广告、肥皂粉、清洁剂、牛排、旅游以及对科学的流行看法等，旨在揭示各种现实背后所隐含的意识形态。而美国学者伯尔纳·吉安德隆（Bernard Gendron）的《阿多诺遭遇凯迪拉克》（*Theodor Adorno Meets the Cadillacs*，1986）一文用阿多诺的流行音乐观分析了 20 世纪 50 年代风靡一时的 Doo-wop 流行音乐，并反思了这一理论的得失。作者指出，阿多诺没有充分理解功能性产品如汽车与文本性产品如摇滚乐的生产之间的关键区别，功能性产品可由装配线大量复制，文本性产品往往是独一无二、不能复制的。阿多诺《论流行音乐》的功绩是通过音乐工业的标准化理论将政治经济学和符号学概念联系起来，在功能性产品的工业生产和文化文本的工业生产之间做了类比分析；其失误之处则在于夸大了流行音乐中标准化的范围，对标准化生产方式之外的因素注意不够。

约翰·费斯克（John Fiske）作为当代英美学术界著名的大众文化理论家，因其"文化消费主义"的研究主张而被西方学术界普遍称为西方当代大众文化研究代表人物。他的《理解大众文化》（*Understanding Popula Culture*，1989），堪称大众文化研究的经典。在这本影响深远的著作中，费斯克借用法国社会学家德塞图的"抵制理论"、苏联文艺理论家巴赫金（M. M. Bakhtin,）的狂欢化理论以及罗兰·巴特的身体"快感理论"，提出了一种全新的大众文化观。首先，费斯克确立了新的"大众"概念，认为大众是包含各种利益关系、政治立场和社会联系等因素的差异而形成的群体。第二，他借助"两种经济"观讨论了大众文化的复杂性。大众文化一方面具有商品化趋向，但又不同于一般的商品：它不仅在财经经济体制中流通，也在文化经济体制中流通，前者流通的是金钱，后者流通的是意义和快感。从财经经济体制的流通来看，大众文化的接受者是完全被动的消费者甚至是商品。从文化经济体制流通的角度来看，原来仅是被动的商品的大众观众变成了主动的生产者，他们利用大众文化提供的资源在消费过程中生产出意义和快感。意义和快感的生产有两种方式，一是躲避，二是对抗。第三，他提出"生产性文本"概念，揭示了对抗性意义产生的基础。他认为，"生产性文本"是一种"大众性的作者性文本"，既通俗易懂，又是开放的，以影视为代表的大众文化就是这样一种文本。

中国学者及大众接受大众文化也有一个过程。从20世纪80年代开始，大众文化东风西渐，开始渗进国人的生活。但人们对这种舶来品起先是拒绝、排斥，视之为流行感冒或"精神垃圾"，然后是见怪不怪、等闲视之，最后才由偶一尝之而至陶醉其中。摇滚乐、流行歌曲、时装表演、娱乐电视节目、广告、MTV、商业电影等，无不经历了此等命运。今天，大众文化在中国的地位已扶摇直上，不仅俨然成了一个风光的产业、一个新的经济增长点，而且后来居上，不时地给精英文化"温柔一刀"。学者们也改弦易辙，开始用客观、公允的态度来盘点大众文化的方方面面。不过，即使时至今日，人们对大众文化的看法也远远没有达成一致。以中国学界对日常生活审美化现象的态度为例，支持者认为，当今中国的文化正在经历一场深刻的革命，这场革命对传统文学艺术与审美活动的最大冲击是消解了审美或文艺活动与日常生活之间的界限，审美与艺术不再是少数精英阶层的专利，也不再局限于音乐厅、美术馆、博物馆等传统的审美活动场所，而是借助现代传媒走进了人们的日常生活空间。今天，欲望和快感已经进入更大的社会系统之中，它从对身体的压抑变成对身体的强调，过去以艺术审美为代表的静态快感体验方式已发展成为以日常生活为主要对象的动态快感体验方式。反对者则认为，日常生活审美化仅是少数人的话语在学术研究的合法名义下偷梁换柱成普遍性话语；同时，霓虹灯、广告牌、时装和小资休闲这类以身体快感为指归的审美价值观从根本上说是非审美的甚至反审美的，是消费主义或享乐主义的变种；进而视之，日常生活审美化表面上是对人的感性的解放，实质上是工具理性对人的更无情的操控，它将自由定位在消费能力上面，从根本上否定了人文理性/价值理性对于人的存在与人类社会发展的重要意义。况且，日常生活审美化古已有之，如古代仕宦之家的华裳美食、后花园与琴棋书画，把文艺学的研究领域扩大到日常生活的审美化并不代表美学新原则的崛起。

3.2 亚文化

什么是亚文化？

亚文化（subculture），又译次文化、副文化，是指与社会的主导文化的价值体系不同的群体文化。它通常会产生特殊的生活方式、语言和价值体系。《社会科学大辞典》认为："亚文化是区别于社会共有的文化价值体系，即整体文化或主导文化的非整体性文化或非主导性文化。亚文化虽然与整体文化或主导文化不尽整合，但并不与整体的文化价值体系发生冲突，而只是忽视或突出文化的某些方面。一般来说，亚文化分别与同一社会团体或同一整体文化中的不同性别、年龄、身份、阶层、职业以及不同方言和地区等因素相联系。任何文化中都可能不同程度地存在各种不同形式与不同性质的亚文化。"❶主流文化或主导文化是指特定时期占统治地位的文化，它代表某一社会中占支配地位的群体的利益，具有保守性；亚文化则代表社会中处于边缘地位的群体的利益，它对于社会秩序往往采取一种批判甚至颠覆的态度。然而两者并非完全隔绝，一些亚文化可能发展成为主流文化的组成部分，而主流文化的某些成分也可能被亚文化取代。

青少年亚文化是亚文化的主体。它是年轻人为了有别于主流文化和成人文化而创造的文化。青少年亚文化代表的是处于边缘地位的青少年群体的利益，其突出的特点是边缘性、批判性和颠覆性。此外，青少年亚文化还具有自发性、率直性、享乐主义、自我中心等特点。论者普遍认为，只有生活在某种与社会相隔离的环境中，青年们才能确保避免承担职责、责任以及生活的确定性。摇滚乐、青春期的穿着时尚和化妆方式，都充分象征着对整体范畴不负责任与享乐性释放的契机。❷

青少年亚文化的形成与发展同青少年的心理和价值观密切相关。青少年心理的最大特征是矛盾性，孤独感和对交往的渴望、

---

❶ 彭克宏主编《社会科学大辞典》，中国国际广播出版社 1989 年版，第358 页。

❷ ［英］伯尼斯·马丁：《当代社会文化流变》，李中泽译，四川人民出版社 2000 年版，第 169 页。

反抗与屈从、自负与自卑并存。其次是强烈的叛逆性。这是他们争取成年人权利和获得成年人认可的特定方式，也是自我张扬的表现形式。青少年亚文化是青少年形象的再现。

西方青少年亚文化的基本特征可以概括为如下4个方面。第一，关注政治与社会。20世纪50年代末至20世纪60年代的美国青年反叛运动，包括校园民主运动、妇女解放运动、黑人民权运动、反战和平运动，以及摇滚乐、性解放、吸毒、嬉皮士（Hippies）文化等，莫不如此。如嬉皮士文化，它起源于美国20世纪60年代反正统文化的运动。不少美国青年面对政治高压或异化现象，提倡政治和生活方式上的极端自由，试图借助毒品、情欲和疯狂的音乐摆脱内心的焦虑和空虚。再如摇滚乐，它本是20世纪50年代一些白人歌手根据一种伤感的美国黑人民歌改编成的音乐形式，后成为对抗主流文化和父辈文化、标榜"非暴力"的亚文化。英国"甲壳虫"摇滚乐队就是在此背景下红极一时的。第二，身份展示与标新立异。20世纪70年代，美国出现雅皮士（Yuppie），意为"年轻的都市专业工作者"，多为受过高等和专业教育的人士，他们不关心政治，思想前卫，追求舒适安逸豪华的生活。20世纪80年代，美国又出现所谓的高级雅皮士，他们的穿着、追求、气质往往就是一种身份的界分。第三，滥用毒品和性滥交，具有反道德的性质。美国社会学家帕森斯等人干脆称青少年亚文化为"反文化"。在西方性社会学理论中，性亚文化除了指青年亚文化之外，也包括少数种族的、同性恋者和双性恋者、性产业从业者、变性者以及易装者、迷恋情品者等。第四，商业主义。青少年亚文化常常在消费行为上注重怪异、新潮，这在很大程度上培植了青年的消费观念。

当代中国青少年亚文化的特点也很明显。首先，沉湎于网络文化来抵抗父辈文化、主流文化是其最突出的表现。"80后"或"90后"多为独生子女，因缺少情感支持，往往更独立更早熟，也养成了自我中心的性格。网络展示了一个全新的虚拟世界，为青少年提供了实现自身需求的极好环境。网络游戏成为不少青少年的狂欢仪式，网上聊天给了他们倾诉的空间和对象，"赛博空间"使其能够找到"独立"的精神家园。他们往往更愿意通过网络、时尚杂志、卡通读物、言情类读物、手机等来了解社会、与人沟通和交往。其次，以追星文化来抵抗主流文化也是当代中国青少年亚文化的重要特点。如层出不穷的"粉丝"（Fans）现象，韩日电视剧所创造的"哈韩""哈日"现象，以及对中国港台、欧美歌星、影星的痴迷。不过，中国的"粉丝"文化尽管有一些消极成分，但充满了轻松、自由和愉悦。最后，热衷于各种解构活动，表现出一定的叛逆性。如对传统经典的解构，《大话西游》对《西游记》的重构，各种"戏说"电影，对杜甫图像的涂鸦——"杜甫很忙"，对蒙娜丽莎画像的涂鸦，也包括对红色经典如刘胡兰故事、董存瑞故事的解构，等等。

青年亚文化是亚文化的主体，目前对青年亚文化的研究也最富有成果。

英国是青年亚文化的发源地。二战后，英国政府采取改良措施兴办公益事业，推广教育和福利改革，构建了"富裕"和"中产阶级化"的社会。加上美国大众文化的影响，从 20 世纪 60 年代开始，各种亚文化和流行文化现象，如侦探惊险小说和电影、甲壳虫乐队、摇滚乐、流行音乐、爵士乐、嬉皮士等风靡全英。这些都引起伯明翰学派的关注。伯明翰学派的青年亚文化研究的对象可谓包罗万象，大致包括特迪男痞（Teddy Boys）、摇滚乐手（Rockers & Greaser）、飞车党（Joy Riders）、摩得族（Mods）、哥特人（Goths）、光头仔（Skinheads）、嬉皮士、披头士（Beatles）、新世纪游客（New Age Travelers）、朋客（Punks）、新罗曼人（New Romantics）、拉斯特斯（Rastas，西印度群岛黑人亚文化风格）、粗鲁男孩（Rude Boys）、锐舞（Raves）、足球流氓（Football Hooligans）等。这些青年亚文化构成对体现中产阶级价值观的英国主流文化的反抗，平民阶层的青少年因无法进入主流文化而自创一种时尚文化，其形式和内容富有强烈的象征性反抗意味。

20 世纪 70 年代，伯明翰学派相继出版《仪式抵抗》（1976）、《学会劳作》（1977）、《亚文化：风格的意义》（1979）等研究青年亚文化的著作。霍尔等人主编的《仪式抵抗》（*Resistance through Rituals*，London：Hutchinson，1976），是伯明翰大学当代文化研究中心学者的青年亚文化研究报告集。此书广泛研究了 20 世纪 60 年代后期至 20 世纪 70 年代初期英国工人阶级青少年中流行的一系列"反文化"现象。这些青少年或者身着奇装异服，或者表现出一种离经叛道的生活方式与行为，如剃光头、开飞车、嬉皮士风格等，或者沉迷于强刺激的黑人音乐。这部著作受到英国社会学家科恩（P. Cohen）此前研究伦敦东区工人阶级社群的《亚文化冲突与工人阶级社群》（*Subcultural Conflict and Working Class Community*，1972）一文的影响。后者指出，青年亚文化存在于英国原有的阶级结构中，与它们的母体——工人阶级文化之间存在紧密联系。

威利斯（P. Willis）的《学会劳作》（*Learning to Labour*，1977），是对英格兰中部城市地区中下层青年亚文化的研究。这些出身于工人阶级的青少年把学校的管束看作一种控制和操纵，因而拒绝学校当局的教诲。他们鄙弃学校灌输的中产阶级文化，如循规蹈矩、注重仪表等，创造了一种反学校的文化。威利斯将工人阶级青少年拒绝学校教育的原因归结为如下两个方面：第一，学校承诺的更好的工作指脱离体力劳动的白领工作，接受这种工作就意味着脱离他们从小就十分熟悉的工人阶级生活方式，而这是他们不愿意看到的；第二，他们直觉地认识到，资本主义经济体制最终仍然需要大量普通劳动力，他们未来从事的体力劳动并非毫无价值。

海布迪基（Dick Hebdige）的《亚文化：风格的意义》（*Subculture：The Meaning of Style*，1979），对光头仔和朋克文化等做了

研究。光头青年用放荡不羁的形象和方式试图重建工人阶级集体的文化观念。特迪青年采用文化人类学的"拼贴"和结构主义的"对应关系"来创造新奇的文化意义，如打破各阶级选择服装和音乐的传统，穿上传统的绅士服装，唱着摇滚乐，或者用光头和无产者的工装代表清教徒的苦行。朋克（Punk，俚语词汇，或译"庞克""崩"），词义是小流氓、废物等，是 20 世纪 70 年代兴起于英国而后传播到美国的一种反传统摇滚的商业摇滚音乐。

3.3 大众传媒

什么是大众传媒？它的含义如何？它有哪些种类？这些是我们首先要弄清楚的问题。

大众传媒（mass media）指在信息传播过程中处于职业传播者和大众之间的媒介体，是大众传播的物质基础。它具体包括两类：一是作为信息载体的大众传媒，如报纸、杂志、图书、广播、电影电视、网络 6 种；二是作为组织机构的大众传媒，包括出版社、报社、杂志社、电台、电视台、网站等媒介集团等。

电视是目前最普及的大众传播媒介。美国传媒批评家波斯曼（Neil Postman）的《娱乐至死》（*Amusing Ourselves to Death*，1985）一书认为，印刷文字和电视的表达方式和思维方式迥然不同，印刷术偏好系统性阐述，"富有逻辑的复杂思维，高度的理性和秩序"等"所有成熟话语所拥有的特征"非常明显，而"电视对话会助长语无伦次和无聊琐碎"❶电视的最大特点是娱乐，为此，波兹曼甚至明确提出电视时代"娱乐至死"的特点："电视只有一种不变的声音——娱乐的声音。"❷ "娱乐是电视上所有话语的超意识

---

❶ ［美］尼尔·波兹曼：《娱乐至死》，章艳、吴燕莛译，广西师范大学出版社 2009 年版，第 58 页、第 72 页。

❷ ［美］尼尔·波兹曼：《娱乐至死》，章艳、吴燕莛译，广西师范大学出版社 2009 年版，第 72 页。

形态。不管是什么内容，也不管采取什么视角，电视上的一切都是为了给我们提供娱乐。"❶

网络是最新一代大众传媒的代表。所谓虚拟现实（virtual reality），是指由电脑创造的幻真性虚拟情境，通过各种电子工具（电子手套、头盔、耳机等）让使用者进入一个幻真世界。美国学者巴奥卡（Frank Biocca）认为："虚拟现实在我们面前展现为一种媒体未来的景观，它改变了我们交流的方式，改变了我们有关交流的思考方式。关于那种我们可望而不可即的媒体有许多说法：电脑模拟、人造现实、虚拟环境、扩展的现实、赛博空间等等。"❷赛博空间（Cyberspace）本指电脑屏幕后面的空间世界，是美国后现代小说家、科幻小说家威廉·吉伯逊（William Gibson）在《纽罗曼瑟》（Neuromancer，又译《神经浪游者》，1984）中生造的一个词汇，现在常常被信息科技界和商业界用作互联网或虚拟现实的同义语。英国学者、新西兰维卡托大学教授肖恩·库比特（Sean Cubitt）在《数字美学》，中对新兴的数字技术进行了深入研究。他发现，虽然数字化可以称为一场技术革命，但其内在驱动力仍然是驱动机械革命（或曰工业革命）的工具理性；数字化超文本的功能是"将文本文件彼此链接起来，与图像文本和声音文本链接起来的一组程序"，它"不仅聚集了不同的文件，而且改变了不同的阅读方式"。❸

网络文化具有两大特点：一是娱乐至上。"娱乐至死"的环境容易导致政治冷漠症，"网虫"陶醉于虚拟小世界而纯然忘我。二是网上权威的建立，甚至出现"网络暴力"。网络拥有者、网络记

---

❶ ［美］尼尔·波兹曼：《娱乐至死》，章艳、吴燕莛译，广西师范大学出版社 2009 年版，第 77 页。

❷ Frank Biocca and Mark R. Levy, eds. , *Communication in the Age of Virtual Reality*, Hillsdale：Lawrence Erlbaum, 1995, p. 4.

❸ Sean Cubitt, *Digital Aesthetics*, London：Sage Publieadons, 1998, pp. 4 ~ 5.

者（编辑）等把关人、来自民间的版主、管理员等草根意见领袖逐渐获得话语权。

博客或网络日志（blog），又译网志、部落格，是由个人管理，不定期张贴新的文章、图片或影片的网页或联机日记，用来抒发情感或分享信息。博客上的文章通常根据张贴时间以倒序方式由新到旧排列。博客作者常常专注于评论特定的课题或新闻。中国大陆往往将 blog 和 blogger（博客作者）均音译为"博客"。最早的博客命名人是美国科幻作家威廉·吉布森。目前通行的 blog 一词则是 Peter Merholz 在 1999 年命名的。在网络上发表 blog 的构想始于 1998 年，2000 年才真正流行；2004 年木子美事件让中国民众开始了解并运用博客。目前国内优秀的中文博客网有新浪博客、搜狐博客、中国博客网、腾讯博客、博客中国等。

微信（wechat）是深圳腾讯公司于 2011 年 1 月 21 日推出的一款可以快速发送文字和照片、支持多人语音对讲的手机聊天或通信软件。微信作为时下最热门的社交信息平台，正在演变成为一大商业交易平台，消费者通过微信平台，就可以实现商品查询、选购、订购与支付的线上线下一体化服务模式。

对于甚嚣尘上的网络霸权，有人做过这样的估计："在网络时代里，由于人人都可以上网，每个人既是接受者也是传播者，传统媒介里的传播者与接受者的对立将不复存在……'泡沫'说在媒介方面包括两种预测，一是传统媒介在文化层面的消失，即网络里的社会全息文化对传统媒介里的大众文化的代替，网络里的双向沟通对于传统媒介里的单向传播的代替，这是一种实质的消失。二是传统媒介在物质层面的消失，即现存的报纸、杂志、书籍、电影、广播、电视等都将基本消失。"❶其实，网络无法一统和

---

❶ 朱光烈："传统媒介，你别无选择"，载《中华读书报》2000 年 8 月 16 日。

独霸人们的文化娱乐生活。英国传媒理论家约翰·哈特利（John Hartley）在《流行现实》里就指出："我不相信传媒能操纵大众，而有些批评家的确是这么说的。如果传媒的说服力和操纵性果真在起作用，我们就犯不上为它担心，因为每个人都会按传媒广告所言去做、去买。但是当今大众传媒投资不断增长，这本身最好不过证明了它没起作用。"❶

大众传媒研究的情况如何呢？这里简要考察一下这方面的情况。

对大众传媒进行学术研究的，首推伯明翰学派。如果说法兰克福学派以精英主义倾向居高临下地批判大众传播，伯明翰学派则站在文化民粹主义立场平视大众文化和大众传媒。

雷蒙·威廉斯将大众传播研究看作文化研究的重要组成部分。他在《电视：技术与文化形式》（*Television*：*Technology and Cultural Form*，1974）一书里研究了电视文化，为电视正名。他分析的电视节目有两类：一是商业性质的，如肥皂剧、系列剧、商业电影及一般娱乐节目，美国电视多属此类；二是公共服务性质的，如新闻、公共生活报道、特写、纪录片、教育、艺术、音乐以及儿童节目，英国电视多属此类。威廉斯并不认为英国模式（公共服务性质）的电视节目比美国模式（商业性质）的电视节目高出一等，因为前者往往失于抽象，显得被动；而后者的内容往往人性化，有自己独特的知识形式。威廉斯还指出，电视节目日以继夜，是一个持续不断的"流"（flow），与传统文化的表达形式迥然不同，后者无论是一本书还是一出戏，都是单一的、不连续的文本，这样，电视的观众就有了一种新的接受体验。

霍尔关注最多、成就最大的研究领域是大众传媒。他在《作

---

❶ John Hartley, *Popular Reality*：*Journalism*，*Modernity*，*Popular Culture*，London：Arnold, 1996, p. 7.

为媒介的电视及其和文化的关系》（1971）一文里提出，电视赋予观众的并非文化传统大餐，而是日常生活，正如 1968 年巴黎大学墙头的那句著名的乌托邦口号："艺术已经死亡，让我们创造日常生活吧。"在大众传播研究领域，霍尔的特有贡献是引入意识形态和符号学策略。他认为媒介的意识形态功能包括 3 个方面：第一，社会知识。媒介绝非中立或被动地传达信息，而是主动选择信息，通过表意过程建构现实，赋予意义，塑造社会形象。第二，形成规范。媒介不但建构社会知识，而且将其分类、排序、褒贬善恶，赋予其规范及价值含义。第三，塑造共识与合法性。它基本上代表国家中居统治地位的社会集团的利益。❶不过霍尔也指出，受众对媒介所提供的内容并非照单全收。他在《电视话语：制码与解码》一文里详细分析了电视话语"意义"的生产与传播的 3 个阶段，提出了电视观众对电视话语的 3 种解码立场，即"霍尔模式"。

荷兰女学者莱恩·昂（Ien Ang，中文名为洪美恩），是联系特定社会语境进行影视观众研究的代表性成果学者。她的《观看〈达拉斯〉》（*Watching Dallas*, 1985）由其硕士论文改写而成。《达拉斯》是 20 世纪 80 年代风靡全球、在 90 多个国家上映的美国电视连续剧。当时许多欧洲国家的官方都对它表示厌恶，认为它威胁了本民族的文化。例如，法国文化部长杰克·朗 1983 年公开指责《达拉斯》是文化帝国主义的象征。各国的电视批评家、社会科学家和政治家以为这一类电视剧无非是浪漫爱情、善恶冲突以及悬念的设置等，实现了其经济功能，再现了资产阶级的意识形态。但奇怪的是，荷兰有超过半数国民收看了此剧。针对这一现

---

❶ ［英］霍尔："意识形态的再发现：媒介研究中被压抑者的回归"，转引自奥利弗·博伊德—巴雷特编：《媒介研究的进路》，汪凯等译，新华出版社 2004 年版，第 443～444 页。

象，洪美恩在一个妇女杂志上刊登启示，希望观看此剧的读者把自己喜欢或不喜欢此剧的理由告诉她。她把收到的 42 位观众（其中 39 位是女性）的回信分为 3 类：公开表示讨厌的，坦言喜欢的，既蔑视又喜欢因而显得矛盾的。作者从这些回信中发现一种矛盾现象：一方面，荷兰受众在《达拉斯》虚构无聊的剧情中获得极大的快感；另一方面，受众又批评其中的大部分内容，显示出对美国式文化的"嘲讽式疏远"。洪美恩得出两个结论：一是电视剧带来的快感不是来自内容，而是来自形式即叙事结构。叙事结构不是意识形态的帮凶，如肥皂剧中恶棍的叙事功能不过是让故事继续下去，他什么时候认输，故事就什么时候结束。二是大众对文化的审美要求首要的是快感，而快感是个人的事情。大众文化的意识形态批评常常将责任感、道德和审美放在中心，将快感发落为不合法的东西。

有些大众传媒的研究者致力于挖掘其中的媒介帝国主义。"媒介帝国主义"（media imperialism），也叫"传播帝国主义"（communication imperialism），是"文化帝国主义"的有机组成部分。它的锋芒所向是西方特别是美国的文化侵略和文化霸权，其结果是第三世界对西方的"文化依附"以及全球的资本主义化。

最早提出媒介帝国主义理论的是美国学者赫伯特·席勒（Herbert Schiller, 1920—2000）。他在《大众传播与美利坚帝国》（1969）一书里，运用美国社会学家、新马克思主义学者伊曼纽尔·沃勒斯坦（Immanuel Wallerstein）的"世界体系理论"和埃及经济学家萨米尔·阿明（Samir Amin）的"依附理论"阐发了美国大众传播中的"帝国主义"。沃勒斯坦认为，资本主义世界体系分成 3 个不同层次的国家，即核心国家、半边缘国家和边缘国家；核心国家能够借助不平等的经济、政治和文化力量分配，按照自身利益操纵全球系统的运行。阿明认为，核心国家在经济上支配边缘国家的情形同样也会通过上层建筑而得到巩固。席勒指出，跨国传媒公司的运作切合了资本主义世界体系的运转逻辑与意识形态需求，发达国家尤其是美国的传媒冲击了发展中国家，而对美国传播技术与投资的依附使得发展中国家大量进口美国的电视节目及广告，并接受资本主义的生活方式和个人主义、消费主义、享乐主义价值观。美国左翼学者阿芒·马特拉（Armand Mattelart，1936—）在与人合著的《如何解读唐老鸭》（1975）一书中，从貌似天真无邪的卡通故事背后解读出迪斯尼帝国主义意识形态的阴谋。

媒介帝国主义理论在 20 世纪 80 年代后期开始受到挑战，主要表现在：第一，这一理论既忽略了加拿大、澳大利亚、新西兰等中等发达国家的电视节目的流向与影响，又忽略了由于语言原因而形成的第三世界电视节目中心的影响，如拉美的墨西哥和巴西（西班牙语）、中国的台湾和香港（汉语）地区、埃及（阿拉伯语）的电视工业在 20 世纪 80 年代都获得长足发展。电视节目的本土性和不可翻译性使得美国的电视节目的影响受到限制。第二，"霍尔模式"使得电视的神秘影响受到挑战。霍尔认为，收看并不等于接受影响。美国传媒对其他民族国家的影响可能只流于表层。第三，理论范式的改变，如，后现代理论、后殖民批评、积极观众理论的提出使文化帝国主义受到冲击。按照后现代理论，世界性的文化生态环境朝向多中心、多层次方向发展，电视研究由中心转向边缘、私营电视、卫星电视和非英语电视。

3.4 视觉文化

法兰克福学派的本雅明早在 1936 年就在《讲故事的人》一文中慨叹，讲故事这种古老的表达方式已经日薄西山。故事、小说与信息传播是不同的叙事形式，他们的兴衰与不同的生产方式、社会生活相关联。讲故事流行于农业和手工业社会中。远游的水手和商人讲述异国他乡的奇闻异事，世代定居的农民讲述祖辈流传下来的逸闻趣事，他们是早期讲故事的人；后来，手工业人成为更有经验的故事讲述者。小说与新闻报道兴起之后，讲故事的艺术便走向了衰亡。这是因为小说不同于艺术的口传方式，而以书写的印刷形式流传，其作者和读者都是孤独的、封闭的个人，其传播离不开印刷术的进步和中产阶级的阅读环境，因此较之于故事更强调情节和生活的意义。后期的新闻报道则是更便捷的叙事和交流方式，它不仅同小说一道促进了讲故事艺术的衰落，还给小说本身的存在带来威胁。1938 年，德国哲学家海德格尔提出"世界图像时代"的说法："从本质上看，世界图像并非意指一幅关于世界的图像，而是指世界被把握为图像了……世界图像并非从一个以前的中世纪的世界图像演变为一个现代的世界图像；毋宁说，根本上世界成为图像，这样一回事情标志着现代之本质。"❶人类的眼球从来没有像今天这样忙碌和疲倦，因为当代文化的高度视觉化提供了丰富而具诱惑力的图像。英国艺术史家、电影理论家约翰·伯格（John Berger）感叹："在历史上的任何社会形态中，都不曾有过如此集中的形象，如此强烈的视觉信息。"❷

什么是视觉文化？它有哪些种类?

关于"视觉文化"这一概念，有如下几种理解。第一，视觉文化是晚近兴起的文化形态和文化发展趋势，不同于以文本、语言为主体的传统文化和前期现代文化，它是一种高度视觉化的文化，是以静态或动态的图像形式存在、通过视觉接受的文化形式。有学者说视觉文化是后现代文化。例如，美国学者尼古拉斯·米尔佐夫（Nicholas Mirzoeff）在《视觉文化导论》一书中指出，后现代日常生活已经被彻底视觉化了，是一个海德格尔所说的"世

---

❶ ［德］海德格尔："世界图像时代"，转引自孙周兴编译：《海德格尔选集》，上海三联书店 1996 年版，第 899 页。

❷ John Berger, *Ways of Seeing*, London: Penguin Books, 1972, p.135.

界图像时代"或法国思想家、实验主义电影大师居伊·德波（Guy Debord）所谓的"景观社会"："视觉文化并不依赖于图像本身，而是有赖于一种将存在图像化或视觉化的现代趋势。这种视觉化使得现时代迥异于古代和中世纪。"❶第二，视觉文化指一些与视觉媒介密切相关的领域，它们构成了一个文化场域。英国学者斯特肯和卡特赖特认为："视觉文化这个术语涵盖了许多媒介形式，从美术到大众电影，到广告，到诸如科学、法律和医学领域里的视觉资料。"❷第三，视觉文化指一个研究领域或对象。英国学者伯纳德（Malcolm Barnard）认为，视觉文化涉及种种体制、对象和实践的结构系统，借此视觉经验和社会秩序完好地确立起来。❸

概括而言，视觉文化有两个基本含义：一是指一个文化领域或形态，它不同于以词语或话语形式存在的文化，是以静态或动态的图像形式存在、通过视觉接受的文化形式，图像性和视觉性是其主要特征；二是指一个研究领域，是文化研究的重要分支。

视觉文化的具体表现形式主要有两种：一是读图时代，二是奇观电影。

所谓读图时代，其实质就是图像取代文字的时代的来临。读图时代是指当下图像类印刷物越来越多、越来越流行，人们越来越愿意阅读图像类读物的情形。

从美学角度来说，文字与图像各具特色，图像以直观性和形象性见长，文字以抽象性和联想性著称。从受众接受的角度考虑，"读图时代"体现的是接受经济学的"快感+节约"原理。受众不

---

❶ Nicholas Mirzoeff, *An Introduction to Visual Culture*, London：Routledge, 1999, pp. 6 ~ 7.

❷ Marita Sturken and Lisa Cartwright, *Practices of Looking：An Introduction to Visual Culture*, Oxrord：Oxrord University Press, 2001, p. 2.

❸ Malcolm Barnard, *Art, Design and Visual Culture*, London：Macmillan, 1998, pp. 18 ~ 19.

可避免地倾向于那些付出较少但得到较多的媒体或文本。"读图"是最经济的接受方式，因为接受和理解视觉的直观性远比接受文字的抽象性来得省力、愉悦。基于此，读图时代的到来不可避免。

今天是否存在图像对文字的霸权？罗兰·巴特肯定地说："这是一个历史性的转变，形象不再用来阐述词语，如今是词语成为结构上依附于图像的信息。这一转变是有代价的。……过去，图像阐释文本（使其变得更明晰）。今天，文本则充实着图像，因而承载着一种文化、道德和想象的重负。过去是从文本到图像的含义递减，今天存在的却是从文本到图像的含义递增。"❶读图时代的图像霸权具有文化政治意味，它突出地表现为图像拜物教的蔓延。对图像的崇拜就是对感性主义和快乐原则的崇拜，读图时代因而具有与理性主义价值观抵牾、冲突的文化政治意义。

奇观电影是视觉文化的典型。所谓奇观（spectacle），就是具有强烈视觉冲击力和吸引力的影像和画面，或是借助高科技手段创造出来的奇幻影像和画面。

当代电影里的奇观可以归纳为4类。一是动作奇观，即人体动作构成的惊险刺激的场面和过程。从美国西部片的牛仔动作，到警匪片的枪战，再到科幻片的特技动作，以及中国武打片如李安《卧虎藏龙》、张艺谋《英雄》的武打动作，均属此类。二是身体奇观。如女性身体的极度性感化，如何满足男性观众窥视癖和自恋的欲望成为女性身体再现的基本要求。男性的阳刚之气也是身体奇观，如史泰龙、施瓦辛格的健壮、刚强和力量。三是速度奇观。"快看"和"看快"是其典型形态。《生死时速》《007》可谓典范之作。有哲学家称当代文化突出的现象就是所谓的"动力学"，加快的生活节奏驱使人们对视觉提出速度方面的要求，而传

---

❶ Roland Barthes, "The Photographic Message", in Susan Sontag, ed., *A Barthes Reader*, New York: Hill and Wang, 1982, pp. 204~205.

播技术的进步也为人们提供了快速观看的条件。有人说电视的霸权是速度的胜利，是实时（real time）对延时（deferred time）的胜利。❶四是场面奇观。自然景观是一类，如《英雄》展现的神奇而独特的九寨沟和西北沙漠；虚拟景观是一类，如《人工智能》里的未来世界，以及《星球大战》《阿凡达》里的外层空间；人文景观是一类，如《英雄》中秦宫的宏大场面；等等。

叙事是电影的传统形态，奇观是电影的当代形态。英国女性主义电影理论家劳拉·穆尔维（Laura Mulvey）指出，在奇观电影中，叙事的要求或逻辑被边缘化为外在的、可有可无的因素了。电影的转型表明：电影已开始从话语中心范式向图像中心范式转变，已从时间深度模式向空间平面模式转变，已从理性文化向感性（快感）文化转变。

视觉文化中最受关注、最值得研究的是视觉消费与视觉权力两个问题。

视觉消费又称"注意力经济""眼球经济"。它包括如下含义。首先，看的行为本身就构成消费。消费行为已不限于单纯地对物品的占有或实现其使用价值，也在实现着本雅明所说的商品符号性"展示价值"，视觉消费越来越趋向物品的符号交换价值。一件名牌西装的功能不只是御寒或遮体，也是用来看的，是用来表明其拥有者的趣味、教养、身份、社会地位的。第二，视觉消费包括对商品或服务本身的视觉关注，以及与之相关的所有视觉关注，这些关注同时也是一种意义的生产。例如，濮存昕所做的"商务通"广告，将一种电子工具与成功的中产阶级的生活方式联系起来，使它产生独特的意义，即成了白领阶层成功的条件。同时，形象的消费在生产出对形象的欲望的同时，也会生产出大量过剩

---

❶ James der Derian ed. , *The Virilio Reader*, Oxford：Blackwell, 1998, p. 16.

的图像。美国后现代批评家苏珊·桑塔格（Susan Sontag）在分析摄影与消费的关系时说："需要拍摄一切的最后理由就在于消费本身的逻辑。消费就意味着挥霍，意味着耗尽——因此，就意味着补充。由于我们制造影像消费影像，我们就需要更多的影像，越来越多的影像。"❶第三，视觉消费从根本上讲是一种体验性消费，是一种心理满足或视觉快感。从"小资"到"白领"，从"先锋"到"炫酷"，种种诉求实际上都在传达一种认同归属和追求优越的心理体验和满足。

视觉消费具有如下几个特征。第一，当代社会的高度视觉化构成了"以形象为基础的现实"；第二，经济活动偏向于形象的生产、传播与消费，导致"以形象为基础的经济"；第三，人们的消费行为越来越受制于形象，出现了所谓"视觉导向的消费行为"。

视觉文化和视觉消费中存在着"权力关系"。福柯指出，眼睛作为重要的权力器官施行着复杂的权力机能，"权力之眼"在17到18世纪经历了从最初的对瘟疫控制的封闭性监视向后来的全景性敞视的转变，传统的"观看机制是一种暗室，人们进入里面偷偷地观察。现在它变成了一个透明建筑，里面的权力运作可以受到全社会的监视"❷。

视觉文化的核心问题是视觉经验的社会建构，这就涉及英国艺术史家约翰·伯格（John Berger，1926—）所说的"观看之道"（ways of seeing），即人们观看与如何理解所看之物的方式。在伯格看来，看是一种交往性的社会行为，它不仅与社会地位有关，也与种族、性别、年龄等因素有关。例如，不同文明有自己的视觉禁忌：肯尼亚某些部族的人不能看自己的继母，日本人只能看对

---

❶ ［美］苏珊·桑塔格：《论摄影》，黄灿然译，湖南美术出版社1999年版第196页。

❷ ［法］福柯：《规训与惩罚》，刘北成、杨远婴译，生活·读书·新知三联书店1999年版，第233页。

方的颈项而不能盯着别人的脸，中国古代平民不能正面凝视皇上；现代开放办公空间里，老板坐在独立的可以监视员工的房间里，而员工却无法发现老板的目光。这就存在着不平等的视觉关系。约翰·伯格在1972年BBC播放的系列剧《观看之道》（同名书随后出版）中，最早提出视觉中的权力问题。他发现，西方裸体绘画中，女人的目光总是温顺的、充满诱惑的，她们身体的姿势更多考虑的是男性的观看，于是女人被物化，变成被观看的对象和景观。女性受男性凝视的统治，从而将男性的观念和社会的意识形态内化，并影响着她们自我意识的建构。

4 文化研究的基本特征

发端于伯明翰学派、繁盛于英语国家和地区学术界的文化研究，表现出鲜明的特点。笔者认为，文化研究的特点可以概括为如下 4 个方面，即当下性或现实性、日常性或世俗性、政治性或批判性、跨学科性或开放性。

4.1 当下性或现实性

伯明翰学派研究的"当代文化"，首先指当下的、现实生活中的文化现象，而非历史中的、古代的文化现象。受伯明翰学派影响的文化研究，一直特别关注当代的各种文化现象，表现出鲜明的当下性与现实性。从这个意义上说，文化研究是最"潮"、最"时髦"的理论思潮与学术研究。

事实上，文化研究一直热衷于追踪和关切当下社会中的热点现象与问题。随着时代和社会主体诉求的变迁，文化研究的兴趣不断转变，由 20 世纪六七十年代对大众文化、大众传媒、工人阶级、意识形态的关注，到 70 年代开始的对种族/族群、性属、身体问题的关注，再到 20 世纪末 21 世纪初对全球化、身份认同、文化表征等问题的集中关注。例如，20 世纪 60 年代以来，西方发达资本主义国家进入富裕社会和消费社会时代，以个人为核心的中产阶级生活方式与价值观即消费主义向全球传播扩展。正如霍尔所指出的，全球化进程中最突出的特征是大众文化以视觉形象为主导，以电影、电视、时尚和广告等为媒介，迅速传播西方的生活方式。❶受此影响，文化研究关注大众传媒，研究传媒的意识形态，

---

❶ Stuart Hall, "The Local and Global: Globalization and Ethnicity", Anthony King (ed)., *Culture*, *Globalization and World-System*, Minneapolis: University of Minnesota Press, 1997, p. 27.

传媒受众的接受美学，传媒政治经济学，传媒与公共政策、公共领域的关系，传媒与女性、儿童、家庭的关系，以及传媒与少数民族、族裔及弱势群体的关系，等等。

下文着重以对"阶级"和"身份"问题的关注为例，说明文化研究的与时俱进的特色。

英国文化研究特别关注"阶级"这一概念，并不断追踪和及时修正它的内涵。"阶级"（class）的概念产生于英国工业革命时期，是指具有相同的经济和社会地位或者参加共同的经济活动的某一人群。18 世纪英国政治经济学家约翰·穆勒（John Stuart Mill），根据经济状态划分出地主、资本家和劳工三大阶级。马克思和恩格斯在《共产党宣言》中，将资本主义社会分成对立的资产阶级和无产阶级。与从经济或政治角度划分阶级的做法不同，一些社会学家着眼于阶级的意识和文化。德国社会学家马克斯·韦伯（Max Weber）在《新教伦理与资本主义精神》一书里指出，正是新教伦理中节俭、禁欲、勤奋这些精神或文化因素导致资产阶级以及资本主义的崛起。法国社会学家布尔迪厄（Pierre Bourdie）提出阶级"习性"（habitus）这一文化性概念，淡化了阶级分析中的经济因素。所谓习性，主要成型于童年时代，是通过家庭及学校教育而把一系列物质条件内化而成的人格建构。

从 20 世纪 20 年代开始，西方马克思主义者如葛兰西、卢卡契和法兰克福学派已开始反对马克思主义阶级分析中的经济决定论，而围绕阶级意识展开研究。伯明翰学派第一代的"阶级"观受此影响。雷蒙·威廉斯认为，马克思最初在《资本论》里沿用穆勒的地主、资本家和劳工三大阶级的划分，随后用资产阶级和无产阶级的两分法取而代之。这一两分面临一个难题，那就是：如果从经济关系上看，阶级可以是一个范畴（category），如工薪阶层；也可以是一种形构（formation），如工人阶级。威廉斯认为，马克思倾向于把阶级视为一种形构，并在此基础上归纳了"阶级"的 3

种含义："一、集团（客观的）：见于不同层面上的社会或经济范畴；二、等级：相对的社会地位，无论是天生的还是达成的；三、形构：感知的经济关系，社会、政治和文化组织。"❶汤普森在《英国工人阶级的形成》里提出：阶级是一种关系，不是"一样东西"（a thing）；是一个历史现象，不是一种"结构"，更不是一个"范畴"，换言之，阶级是流动不居的东西。他这样描述阶级的产生："当一批人从共同的经历中得出结论（不管这种经历是从前辈那里得来的还是亲身体验），感到并明确说出他们之间有共同利益，他们的利益与其他人不同（而且常常对立）时，阶级就产生了。……阶级觉悟是把阶级经历用文化的方式加以处理，它体现在传统习惯、价值体系、思想观念和组织形式中。"❷

20世纪五六十年代，各种激进社会运动兴起，性别、种族等问题蜂起，阶级问题与性别研究、种族研究逐渐融合。20世纪70年代后期，伯明翰中心第二代和第三代相继出版一系列研究工人阶级文化的著作，如《仪式抵抗》（1976）、《学习劳动》（1979）、《制服危机》（1979）等。这些著作继承了霍加特、汤普森以及英共历史学家对工人阶级文化关怀的传统，但与早期马克思主义者假定工人阶级文化具有某种共同的本质并且致力于挖掘这一本质不同，这些著作的作者则强调工人阶级文化的"异质性和复杂性"，这种异质性和复杂性是由工人阶级内部的种族、性别等多种因素构成的。

20世纪后半叶，西方国家多经历了福特主义向后福特主义（Post-Fordist）的转变，进入后工业社会，"阶级"的含义发生变迁。后福特主义畅行其道的结果是社会的重心由传统的工业制造

---

❶ R. Williams, *Keywords*: *A Vocabulary of Culture and Society*, New York: Oxford University Press, 1983, p. 69.

❷ ［英］E. P. 汤普森：《英国工人阶级的形成》，钱乘旦等译，译林出版社2001年版，第1～2页。

向服务业转移，信息和文化产业替代重工业成为国民经济的重点。与此相应，制造工人阶级的队伍发生分化，白领和服务人员崛起。传统的阶级区分以财产和工种为标准，新兴阶级的标志则是技术和知识。美国社会学家丹尼尔·贝尔（Daniel Bell）说："正在形成的新社会里，主要阶级首先是一个职业的阶级，它的基础是知识而不是社会。"❶他指出，在后工业社会里，新的阶级大体包括职业阶级、技术和半职业阶级、职员和销售阶级、半熟练操作工和手工阶级。此时，传统的工人阶级已经缺席了。法国马克思主义者、社会学家安德列·高兹（Andre Gorz）在《告别工人阶级》（1980）一书里，指出，马克思曾经寄予厚望的工人阶级已趋于解体，战后产业结构调整，传统工人阶级手工劳动的岗位大量流失，许多人成为失业者或半失业者。这些失业者或半失业者和生态主义、女权主义等"新社会运动"汇合，成为否定资本主义的重要社会力量。传统的工人阶级已分化为 3 个阶级：一是追逐工薪的工人阶级，二是高工资且享有特权的工人"贵族"阶级，三是失业的底层阶级。他们终究未能完成颠覆资本主义社会的历史使命。

网络时代，对阶级的划分则以对流动空间的控制权为标准，分为精英与大众两大阶级。美国社会学家卡斯特尔（Manuel Castells）在《网络社会的兴起》（1996）一书里，提出"流动空间"（space of flows）和"地方空间"（space of places）两个概念。网络产生一种"流动空间"，替代传统的"地方空间"。流动空间有 3 个物质支持层面：一是电子交换的回路，二是终端和网络中心，三是管理精英们的空间组织。其中，第三个方面是流动空间最突出的特征。网络管理精英在网络社会里占支配地位，精英联合，大众解体，是当代社会阶级分化的新机制。虽然大多数人还是生活在地

---

❶ Daniel Bell, *The Coming of The Post-Industrial Society*, New York：Basic Books, 1973, p. 374.

方空间，但流动空间已在今天占据了支配地位，网络化的逻辑被强加到地方空间，地方空间之间的联系愈见稀薄，分享文化代码的能力愈益贫弱。所以，卡斯特尔在《身份的权力》（1997）里忧虑精英空间即流动空间和普罗空间即地方空间之间的二元对立："除了一小部分全球政治的精英，遍布世界的大众愤愤不平，恨不复能够像过去那样，控制他们的生活、他们的环境、他们的工作、他们的经济、他们的政府和国家，最终，控制地球的命运。"❶

同样，随着时代的变迁，文化研究在20世纪70年代以后开始关注此前并不受重视的身份问题。

身份（identity），又称身份认同，指文化身份，主要包括种族或民族身份、性别身份两个方面。身份认同成为20世纪70年代以来西方社会备受关注的社会问题。美国的黑人文化研究、非裔美国文化研究、亚裔美国文化研究、拉丁裔美国文化研究等开展得如火如荼。加拿大和澳大利亚的文化研究主要关心后殖民地写作/话语、民族文化的身份认同问题。形成这一现象的主要原因，一是西方国家的社会构成日益多元化，如移民迁徙、技术服务业白领超过体力劳动者蓝领以及就业妇女的增多等。二是少数民族与族裔的社会运动此起彼伏，如美国的民权运动、女权主义运动，以及更大范围的第三世界民族解放运动、非殖民化运动先后出现。三是理论反思和批判力度加强。后现代主义、后殖民主义理论扩展了对资本主义现代性的批判视野。霍尔认为，女性主义、种族和族裔问题的介入对文化研究具有革命性的影响。这表现在把身份认同的个人问题上升为政治问题来研究，把性别、种族的认同放在权力和霸权的中心来思考批判。❷四是全球化现象。全球化不

---

❶ Manuel Castells, *The Power of Identity*, Malden（Mass）and Oxford：Blackwell Publishers, 1997, p. 69.

❷ Stuart Hall, "Cultural Studies and Its Theoretical Legacies", Simon During ed., *The Cultural Studies Reader*, London：Routledge, 1993, p. 103.

仅对人们的生活、工作和思维方式产生了巨大影响，而且使得传统的民族和国家的人为界限被打破，经济一体化和市场化正在取代民族国家政府的权力，民族文化身份变得日益不确定，单一身份为多元身份认同所取代，身份认同危机出现。

作为文化研究分支的身份研究（Identity Study），研究对象多种多样，重点可以对日常生活中的身份焦虑现象展开研究。比如，在没有固定中心和总部的跨国公司任职的人往往是"全球化的"（globalized）人：一方面，他为了生存和进入所在国的民族文化主流，不得不与该民族的文化相认同；另一方面，他又难以抹去所出生其中的民族的文化印记，这样，他就面临"身份焦虑"。

4.2　日常性或世俗性

文化研究所说的"文化"是指"一种特殊的生活方式"。英国文化理论家雷蒙·威廉斯在《关键词：文化与社会的词汇》（1976）一书中，称"文化"为"用来表示一种特殊的生活方式"❶。伯明翰学派发起的文化研究，直接目标就是破解精英主义的高雅文化，而使文化演化为意义的生产与再生产，最终指向人们的全部日常生活。因此，文化研究关注社会生活方式、日常生活与大众文化，具有强烈的日常性和世俗性。从这个意义上讲，文化研究可以说是最"接地气"的学术研究。这一点在美国尤其突出，因为它是大众文化最重要的生产和消费基地。美国的好莱坞电影、电视、流行音乐、牛仔服、麦当劳快餐等成为大众文化的代名词。

下着重结合文化研究的两个领域——性属研究（Gender Study）和身体研究（Body Study），来考察文化研究的日常性或世俗性

---

❶　［英］雷蒙·威廉斯：《关键词：文化与社会的词汇》，刘建基译，生活·读书·求知三联书店 2005 年版，第 106 页。

特点。

"性别"是战后西方第二次女权主义浪潮中出现的概念。英文中，有两个词表示性别：一是表示生理性别的"sex"，二是表示社会性别的"gender"。文化研究中所说的"性别"是指社会性别，又称性属。"性别"是一个难以界定的词。美国后现代主义思想家、性别理论家、加州大学伯克利分校修辞与比较文学系教授朱迪斯·巴特勒（Judith butler）在《性别麻烦》（1990）一书里说："性别是在一定时间内慢慢形成的身份，是在公共空间之中通过重复程式化的动作来建构的。它通过身体的程式化动作来发生作用，因而我们可以说身体姿态和动作等构成一个认同性别身份的幻想。"❶ 概括来说，可从如下两个方面来理解"性属/性别"的内涵。第一，它是一种社会建构。性别角色是后天形成的。制度因素和文化因素是造成男性和女性的角色、行为差异的原因，生理差异不是决定性因素。反过来，性别又规范和制约着人们的行为和选择。例如，社会期望女性承担家务等角色，从事教师、护士和秘书等类工作。第二，性别角色是动态的。例如，原来社会一般认同异性恋，现在则对 LGBT（Lesbian—女同性恋、Gay—男同性恋、Bisexual—双性恋、Trangender—跨性别者）——性属理论家统称"酷儿"（Queer，本指怪异、反常的，后指同性恋者）也逐渐持接受态度。

性属/性别研究（Gender Study）是文化研究的重要分支。性属研究的主要内容包括如下两个方面。第一，女性气质（femininities）。关于女性气质的形成，有两种不同的看法：一种认为女性气质是天生的，应该强调女性的固有特点，如美丽、温柔、会关心和照顾人等，是为"本质主义"；另一种认为女性气质是后天建

---

❶ Judith Butler, *Gender Trouble*: *Feminism and the Subversion of Identity*, New York: Routledge, 1990, p. 26.

上篇 何谓文化研究

构而成的，是为"建构主义"。后者现在已经成为主流。例如，对变性人和易装癖的研究就证明：性别是社会建构的，而不是由生理决定的。然而"女性气质"这一概念的内涵的确是复杂甚至矛盾的，如贪图享受、举止轻佻的女性，或勤勤恳恳、乐于奉献的母亲，都代表了女性的某些特点，所以只有复数的女性气质。

第二，男性气质。有学者指出："理想的男性气质拥有各式各样的权力和能力：控制女性的权力，控制其他男性的权力，控制自己身体的能力，以及操纵机器和掌握技术的能力。"[1] 女权主义认为，在大多数情况下男性气质被看作优于女性气质，对女性的性控制是男性气质和身份的核心内容。但20世纪90年代以后，对"男性气质"开始了重新认识。首先，男性气质被认为不是与生俱来的，而是社会实践的产物。其次，男性气质不只是与暴力和控制有关，相反，它的建构也束缚和压抑男性，有人干脆认为男性气质是男人的负担："正是在这个身份之下他们经受了各种各样的痛苦，同时也犯下了骇人的罪行。"[2] 美国学者罗伊·W. 康奈尔在《男性气质》（1995）一书里，将男性气质划分为4种主要类型：一是"支配型男性气质"（或译"霸权性男性气概"，hegemonic masculinity）。好莱坞影片"007"系列中的英雄詹姆斯·邦德就是这一男性气质的典型。二是从属性男性气质。一个典型的例子是男性同性恋。在很长时间里，它处于男性气质等级结构的底层。三是共谋性男性气质。它指为了自己的利益而认同和支持支配型男性气质，以求得到好处。四是边缘性男性气质。它涉及阶级和种族对男性气质的影响，如，美国黑人的男性气质、下层人的男性气质都是如此。

"身体"也是文化研究中最接地气的一个话题。

---

[1] Gill Allwood, *French Feminisms*, London: UCL press Limited, p. 4.
[2] Gill Allwood, *French Feminisms*, London: UCL press Limited, p. 47.

何谓身体？加拿大文化研究学者约翰·奥尼尔（John O'Neill）认为，身体（body）有两种，一是"生理的身体"，二是"交往的身体"。前者是一个生理实体，通过它，人们体验到生、死、痛苦、快乐、饥饿、恐惧、美、丑等；后者是一个道德实体，是社会交往和体验的符号，它使人们拥有尊敬、互助和关怀。"生理身体"相对于"交往身体"被遮蔽起来，退回到私人领域。"交往身体"是呈现在外的、通过刻意着装打扮而用于感知外界的身体，这个层面上的身体被认为是公共领域可以接受的。❶ 英国人类学家、伦敦大学教授玛丽·道格拉斯（Marry Douglas）在《自然象征：对宇宙观的探索》（1970）一书里提出了类似的看法，认为人的身体具有双重性，一是"生理的身体"，二是"社会的身体"；并认为："社会的身体构成了感受生理的身体的方式。身体的生理的经验总是受到社会范畴的更改，正是通过这些社会范畴，身体才得以被认知，所以，对身体的生理的经验就含有社会的特定观念。在两种身体经验之间存在着持续不断的多种意义的交换，目的在于彼此加强。"❷ 这即是说，身体首先是生理的、物质的和自然的，同时，生理的身体又必然会受到社会的身体的制约或塑造。法国女性主义文化批评家唐娜·哈拉威（Donna Haraway）也指出："身体不是天生的，它们是被制造出来的……身体就像是符号、语境和时间一样，完全被去自然化了。"❸

"身体"成为文化研究的热门话题，主要由于3个方面的原因。一是女性主义的崛起。女性主义关注女性身体被赋予的性别、

---

❶ ［加］约翰·奥尼尔：《身体形态——现代社会的五种身体》，张旭春译，春风文艺出版社1999年版，第3页以后。

❷ Marry Douglas, *Natural Symbols*, Harmondsworth：Pelican, 1973, p. 93.

❸ Donna Haraway, "The Biopolitics of Postmodern Bodies", in Steven Seidman & Jeffrey C. Alexander eds. , *The New Social Theory Reader*, London：Routledge, 2001, p. 280.

性意义，以及由身体引发的权力结构和对身体的控制。女性主义者认为，妇女的身体不是天生和自然的，而是各种社会压力的产物，对女性身体的控制是传统的权力话语。1993 年，法国女艺术家奥兰（Orlan）通过录像和实况转播了自己按照美的标准再造身体各个部位的 9 次美容手术（节目名为"圣奥兰的转世"）。这些美的标准包括达·芬奇塑造的蒙娜丽莎的前额、波蒂切利描绘的维纳斯的下颚、布歇刻画的欧罗巴女神的嘴等。奥兰解释说："我的这个作品并不是反对美容手术，而是反对美的标准，反对那种对女性和男性身体施加越来越多影响的主导意识形态的主宰。"❶这即是说，身体在视觉文化转向中已成为一个政治问题，奥兰要揭露流行的身体标准对女性的暴力和意识形态本质。二是消费主义的盛行。女性身体与消费主义关系密切。以妇女身体为市场的工业，如时装、美容、健美、皮肤保养等不仅影响广告及媒体的兴趣和口味，也通过构造"美女神话"（如湖南经视台的亚韩美容节目）影响人们的理想对象和消费模式。三是后殖民主义的挑战。后殖民理论认为身体被赋予了种族主义的意义。身体与种族、族群的身份认同有密切关系。种族主义对皮肤颜色、人体外形的种族化旨在维护正统的权力结构。

身体研究的主要内容包括如下几个方面。

第一，揭示女性身体被男性"凝视"所隐含的权力与等级关系。女权主义的文本研究直指作家笔下女性刻画的男性视角。20世纪 70 年代以来，女权主义涉足绘画、电影等视觉艺术，发展出"男性凝视"理论。"凝视"是携带着权力运作的观看方式，观者被赋予看的权力，通过"看"确立自己的主体地位，而被看者在沦落为"看"的对象的同时，体会到观者的目光带来的权力压力，

---

❶ Orlan, "This is my body, This is my software", http：//www. orlan. net//index. Html, 2006 – 03 – 16.

通过内化观者的价值判断进行自我物化。英国艺术史家、电影理论家约翰·伯格（John Berger）于1972年在 BBC 播放的系列剧《观看之道》（同名书随后出版）中最早提出凝视中的性别意识和权力问题。女性受男性凝视的统治，女性将男性的观念和社会的意识形态内化，从而束缚她们自我意识的建构。他认为女性的自我意识被一分为二：为自己和为他人。"男人看着女人，女人看着自己被观看。这不仅决定了绝大多数男人和女人的关系，而且规定了女人和她们自己的关系。"❶ 于是，女人被物化，变成被观看的对象和景观。

第二，通过身体在社会空间中的审美化现象或身体外观的塑造，透视消费主义对身体理论的影响。大众传媒对人体审美化具有深刻的影响，这种影响是通过制造偶像的方式来完成的。诸如选美小姐、时装模特、演艺明星、体育明星、电视节目主持人、青春偶像、形象大使等多种角色，经由选美或模特大赛、体育运动、广告形象、演艺节目、画册海报、偶像照片等视觉媒介向大众灌输形体美的理念与眼光。英国学者玛莉塔·史特肯（Marita Sturken）和莉莎·卡莱特（Lisa Cartright）在《看的实践：视觉文化导论》一书里指出："自20世纪70年代以来，广告描绘女性身体越来越强调令人崇拜的各个部分——腿、唇、乳房等，与身体的其他部分相脱离，这些身体的局部向消费者描绘了某些完美理想。"❷

4.3　政治性或批判性

文化研究具有丰富的政治内涵，并具有鲜明的批判性。从这个

---

❶　John Berger, *Ways of Seeing*, London: Penguin Books, 1972, p. 47.

❷　Marita Sturken and Lisa Cartright, *Practices of Looking*: *An Introduction to Visual Culture*, Oxford: Oxford University Press, 2001, pp. 215～216.

意义上讲，文化研究是最"激进"的学术研究。霍尔明确指出，文化研究植根于英国的"新左派"政治之中，伯明翰当代文化研究中心甚至是新左派政治在大学体制内的避难所："我们因此是来自一个远离英国学术中心的传统，我们对文化变革问题的研究，诸如怎样理解它们，怎样描述它们，怎样从理论上来说明它们，以及它们产生怎样的社会影响和结果，最初都是在肮脏的外部世界里得到认可的。文化中心是光天化日之下对话无以为继之后，我们退隐其中的一方土地，它是其他手段的政治。"❶ 英国文化理论家托尼·本内特（T. Bennett）则强调："不论其立场如何不同，文化研究者们都致力于审视文化与权力之间的互动与关联。"❷ 换言之，文化研究特别关注文化和权力的关系。

文化研究的政治性和批判性特征主要表现在如下两个方面。

第一，与一般学术研究通常遵循客观、中立的原则相反，文化研究往往采取较为激进、批判的立场与方式。文化研究的关注焦点是社会关系、社会意义以及社会权力的生产和再生产，它表明阶级、性别、种族在文化传统中远不是中性的语汇，而与经济和政治的不平等密切相关。所以，文化研究与其说是一种理论知识，不如说是一种政治实践。

如"表征"这一关键词，表面上是中性的、客观的，实际上其中蕴含着丰富的政治性内涵。对此，文化研究加以了充分的关注。如果把文化看作意识形态，文化研究的核心问题就是"再现/表征"（Representation）问题。表征探讨知识/话语与权力的关系。实际上，再现不可能是客观的、中性的。在西方马克思主义看来，再现是文化内部权力关系的一种体现，那些能够再现自身和他人

---

❶ Stuart Hall, "The Emergence of Cultural Studies and the Crisis of the Humanities", *October*, 1990（53）, p. 12.

❷ Simon During ed. , *The Cultural Studies Reader*, London：Routledge, 1993, p. 3.

的人握有权力，而那些不能再现自身和他人的人则处于无权的地位，只能听任他人再现自己，于是常常看到这样的再现："工人阶级是粗鲁的""妇女天生就是卑贱的""少数民族是愚昧无知的"，等。因此，那些处于社会边缘的受压迫、受排斥、受支配的社会群体反对文化霸权的斗争集中到一点，就是用一种对自身真实的、正确的再现来取代统治阶级和主流文化对自身的错误或歪曲的再现。

后殖民主义以及种族研究的本质也是"表征"问题。后殖民主义的研究对象是西方对东方的"文化再现"，以揭示西方在这一再现过程中表现出的"认识论暴力"。研究者发现，西方作为再现的主导者，不断地将自己的文化规范和价值观念强加于作为被再现者的第三世界身上。法属马提尼克黑人理论家法侬（Frantz Fanon，又译范农）在《黑皮肤，白面具》（1952）、《世上的不幸者》（1961）等著作中，揭露了西方文化对被殖民、被压迫民族的文化再现时往往存在"善恶对立寓言"这一话语模式。尽管它会以各种变体出现，如文明与野蛮、高尚与低贱、强大与弱小、理性与感性、中心与边缘、普遍与个别等，但不变的是，西方永远代表前者，代表善；而东方或被殖民地民族永远代表后者，代表恶。美国巴勒斯坦裔批评家赛义德（Edward W. Said, 1935—2003）在《东方学》（*Orientalism*，又译《东方主义》，1978）和《文化与帝国主义》（*Culture and Imperialism*, 1993）等著作中深刻地指出，从古希腊开始，在欧洲各种著作中呈现出来的东方，就不是一种历史存在的真实的东方，而是欧洲人的一种文化构想物与人为的话语，欧洲人用这种虚构的文化上的"他者"来陪衬和确证自身的优越、维护自己的利益，并为自己的侵略行为张目。所以，赛义德把"东方主义"界定为西方人的"权力象征""位置上的优越感"。同时，赛义德向西方学术遵从的理性主义和人文主义原则发起挑战，认为必须透过这些外衣看穿西方学术与权力、政治和经济利益的密切关系。美国印度裔理论家斯皮瓦克（G. C. Spivak，1942—）在《在他者的世界》（*In Other Words*，1987）、《后殖民批评家》（*The Post Colonial Critic*，1990）等著作中，运用西方马克思主义理论来解构西方殖民话语中的普遍主义。她在论文《贱民能说话吗?》中，运用解构主义方法重读了马克思《路易·波拿巴的雾月十八日》关于"再现"和"代表"的论述。这两个词在英文里都是"representation"，但含义不同。她认为，马克思关于阶级的论述讨论了政治意义上的"代表"和文化及意识形态意义或修辞上的"再现"之间的复杂关系。

再如，文化研究对文化差异的凸显往往导致文化的政治化。文化总是与它的承载者民族、种族、性别和阶级等实体密切相关，文化的差异实际上就是民族、种族、性别和阶级等实体的差异。因此，曾经超然的文化如今便染上了一层浓厚的政治色彩，具有了强烈的意识形态功能。赛义德指出：今天，"文化积极地与民族或国家联系在一起……成为身份的来源，而且火药味十足"；"文化成了一个舞台，各种政治的、意识形态的力量都在这个舞台上较量"；文化"甚至可以成为一个战场，各种力量在上面亮相，互相角逐"。❶ 伊格尔顿也感慨："曾经被构想为共识领域的文化已变成了一个冲突的地带。简言之，文化已由解决问题的办法一变而为问题的一部分。……作为符号、形象、意义、价值、身份、团结和自我表达的文化，正好成了政治斗争的通货。"❷

第二，文化研究常常从理论批判的角度分析当代话题。通常认为，法兰克福学派的批判理论和后结构主义理论是文化研究的重要理论基础，而马克思主义与左翼立场是文化研究的主要立场与

---

❶ ［美］爱德华·W. 萨义德：《文化与帝国主义》，李琨译，生活·读书·新知三联书店 2003 年版，第 4 页。

❷ Terry Eagleton, *The Idea of Culture*. Malden：Blackwell Publishers Inc.，2000，p. 38.

依据。不过，文化研究者与"经典的马克思主义"（classical Marxism）、前苏联及东欧的"正统马克思主义"（orthodox Marxism）保持了一定距离，而与西方马克思主义的立场基本一致。从现有成果来看，文化研究的批判对象主要是当代资本主义社会及其文化体系，其中包括现代学术和知识体系与建构。文化研究对知识的生产和传播、学术建制与社会政治经济权力的高度自省与批判精神，充分体现了人文与社会科学研究应为公共利益、社会公正服务的立场与倾向。

下文以文化研究分支中的种族研究（Race Study）为例，说明文化研究的批判性立场。

种族研究受 20 世纪 60 年代至 80 年代盛行的后殖民主义理论的影响甚巨。后殖民主义是继列宁、卢森堡等人的（旧）殖民主义理论、埃及新马克思主义者萨米尔·阿明（Sarmir Amin）等人的新殖民主义理论之后的第三个阶段，它最大的特点在于突出文化问题。后殖民理论的创始人是法侬和赛义德，以及它的继承者斯皮瓦克、霍米·巴巴（Homi K. Bhaba）等，其都不约而同地指出了第三世界国家与民族在文化、知识和精神等方面受到西方殖民主义国家控制的事实。

从具体内容来看，作为文化研究分支的种族研究常常揭露西方文化吹嘘自我种族优越、"贬抑非我族类"的种族歧视言行。雷蒙·威廉斯早就指出："种族"一词"一直被用来贬抑非我族类的不同群体"，并因而"产生负面影响"❶；"Racialism（种族主义）"和"racialist（种族主义的）"更是两个"带有敌意意涵的词，被用来描述支持种族优越或种族歧视者的言行"。❷ 美国当代非裔文

❶ ［英］雷蒙·威廉斯：《关键词：文化与社会的词汇》，刘建基译，生活·读书·新知三联书店 2005 年版，第 378 页。

❷ ［英］雷蒙·威廉斯：《关键词：文化与社会的词汇》，刘建基译，生活·读书·新知三联书店 2005 年版，第 377 页。

化批评家科内尔·韦斯特（C. West）则认为，导致"现代散居黑人的无形（invisibility）和无名（namelessness）"状况的一个重要原因，就是这些黑人在抵制非黑人准则和模式时不加批判地接受了非黑人的标准和传统，以致"不仅避开了黑人与白人之间在历史和文化上的差别"，而且"也抹掉了黑人之间阶级、性别、地区、性取向的差异"。❶ 他深刻地揭示了白人中心主义者以白人标准对黑人的思想观念乃至黑人文化的浸染。南非文化批评家库珀（A. Kupper）也指出："霸权文化（白人的，盎格鲁的，中产阶级的，男性的，异性恋的）强加它的规则给别人，使得别人因为不同而受侮蔑。"❷ 英国文化批评家、社会学家特纳（B. S. Turner）发现，在西方话语里，"东方成了西方的负面印记（negative imprint）"，但这种"负面印记"或否定形象往往与事实不符，如，"在东方主义话语里，中国明显地是一个停滞的、静止的社会，要发现中国怎样能够创造主要的技术进步和科学发展是很困难的"，而实际上，"当代许多科学和技术都产生于中华文明"。❸ 这些学者的研究都具有鲜明的针对性和强烈的批判性。

4.4 跨学科性或开放性

霍尔认为："文化研究不是一个事物，从来就不是。"❹ 本内特指出："它并非一门学科，而且它本身并没有一个界定明确的方法论，也没有一个界限清晰的研究领地。""文化研究是一个方便的

---

❶ ［美］韦斯特："新的差异文化政治"，陈永国译，载罗钢、刘象愚主编：《文化研究读本》，中国社会科学出版社2000年版，第152~153页。

❷ Adam Kuper, "Culture, Difference, Identity"，转引自王晓路等编著：《当代西方文化批评读本》，四川人民出版社2004年版，第377页。

❸ Bryan S. Turner, "From Orientalism to Global Sociology". 王晓路等编著《当代西方文化批评读本》，成都：四川人民出版社，2004年，第364~365页。

❹ Stuart Hall, "Introduction", Simon During ed., *The Cultural Studies Reader*, London：Routledge, 1993, p. 3.

称谓，指的是一组相当宽泛的不同理论与政治的立场。"❶ 对此，至今仍然难以断定文化研究究竟是一门学科、一方学术领域，还是一股学术思潮、一种研究方法。由此也可看出，文化研究是跨学科、超学科甚至反学科的，具有极强的开放性。

文化研究的跨学科性或开放性主要体现在如下几个方面。

第一，与一般学科遵循的认识论截然不同，文化研究的认识论基础是霍尔从福柯那里借用来的"话语构成"（discursive forma-tion）。一般学科的认识论基础是西方启蒙运动以来的理性主义和经验主义，因而认为学术是对既定研究对象的分析、演绎和归纳推理，从而发现真理、衍生知识；而文化研究从后结构主义立场出发，认为学术和知识总是真理与谬误并存、洞见与偏见互现，强调知识和理性的话语构成性以及认识主体的历史性。

第二，文化研究从一开始就强调其研究对象和疆域的不确定性，并以此作为学术探索的前提。传统的人文学科，如文学、史学、人类学、政治学、经济学等都强调固定的研究对象和范畴；而文化研究不仅打破高雅文化与大众文化的壁垒，将整个社会生活纳入研究视野，而且同文学社会学、人类学、传播学、史学等学科联系紧密，互有交叉。例如，文化研究与社会学联系紧密：一方面，社会学一直关注文化，韦伯对传统价值与新教伦理的比较、涂尔干对"失范"的研究等都可视为早期社会学家对文化的关注；另一方面，20 世纪 60 年代之后，社会学开始"文化转向"，文化社会学悄然兴起。

第三，文化研究从一开始就强调其研究方法的不确定性。它并不排斥现有的学术方法，如实证的、量化的社会学方法，或解释的、文本细读的人文科学研究方法，但更强调以质疑和批判的态

---

❶ Simon During ed.，*The Cultural Studies Reader*，London：Routledge，1993，p. 1，p. 4.

度从事课题的研究。

　　值得指出的是，因其跨学科特征，文化研究的学术建制显得有些特别。一方面，它质疑和批判现代学术分工和知识领域的划分；另一方面，它最终又被纳入现有的学术体制之内。在英国，伯明翰的文化研究发端于成人教育和开放大学。在美国，文化研究学者主要集中在文学、人类学及新闻传播等领域，今天已在各高校的人文学科如比较文学系、英文系扎根。

文化研究与文学研究
WENHUA YANJIU YU WENXUE YANJIU

下篇　文化研究视域中的
　　　文学研究

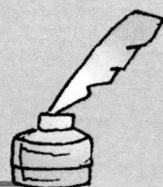

5　文化研究与文学研究的关系

　　传统的文学研究与文化研究相比，可谓壁垒分明：前者注重历史的、过往的经典，后者注重当代的、现实中的文化；前者注重精英文化，后者注重大众文化；前者注重主流文化或主导文化，后者注重边缘文化与亚文化；前者封闭在象牙塔中，后者注重与社会的联系，关注文化中蕴含的权力及其运作机制如文化政策的制定与实施；前者强调学科的稳定性，后者提倡一种跨学科、超学科甚至反学科的态度。

　　但是，文化研究由最初从事文学研究和文学创作的英国"新左派"学者霍加特、威廉斯、汤普森、霍尔等人开启，由此可以说，文化研究诞生于文学研究的母腹之中。这就意味着两者之间先天就具有密切的关联。同时，从概念的内涵来说，"文学"从属于"文化"，是后者的子集，这种"母子"关系也从另一个方面预示了文化研究与文学研究之间的密切联系。

　　那么时至今日，这样两种既壁垒分明又先天相关的理论思潮或学术研究究竟是一种什么样的关系呢？或者说，昔日饱受争议、今天已成气候的文化研究反过来又会对文学研究产生怎样的影响呢？笔者的看法是，文化研究对文学研究既构成冲击，又具有深刻的启发意义，文学研究在文化研究的刺激与影响下出现了新的图景。

5.1　文化研究对文学研究的冲击

　　在当今全球化和多元文化的语境下，文化研究和文学研究界出现了一个无法回避的发展趋势，即文化研究日益崛起和盛行，而文学研究逐渐受到冷落甚至式微。文化研究和文学研究之间似乎形成了一种跷跷板效应。这即是说，象牙塔式的精英文学或经典文学研究日益与社会脱节，越来越成为少数人把玩的古董。文学研究一方面不屑于与大众文化为伍，另一方面又无法对当代社会的文化现象做出有说服力的阐释。相反，"接地气"的、"时髦"的文化研究却日益拓展自己的研究领地，并且不避嫌疑地将自己的触角伸向文学研究不屑涉足的领域，不断地丰满和充实自己。显而易见，文化研究对文学研究的威胁与日俱增。

其实，诞生于 19 世纪初期的文学研究从问世之日起，就一直面临各种威胁。单从 20 世纪来说，文学研究就受到多次冲击和挑战，其中最大的是两次。第一次是 20 世纪初期以俄国形式主义批评为代表的科学主义思潮的冲击，其结果是造成文学研究越来越趋于科学化和形式化。尽管其间具有人文性质的阐释学理论仍然有一定的活动空间，但直到后结构主义和解构主义的反拨，形式主义占主导地位的情况才真正有所改变。第二次冲击则来自发源于 20 世纪 60 年代英语文学界并在 20 世纪 80 年代后期进入国际学术前沿的文化研究。如前所述，文化研究使得原有的学科界限被打破，精英文化和大众文化的界限日渐模糊，东方和第三世界的文化纷纷从边缘向中心运动，文学研究的当下倾向和非精英倾向日益显露，始自新批评的形式结构分析逐渐让位于更为广阔的文化学分析和理论阐释。近年文学研究领域出现的"人类学转向"表明，一种新的注重社会文化分析的批评方法已经占据当代文学批评的主导地位。

具体来说，文化研究对文学研究的冲击主要体现在如下 3 个方面。

首先，文化研究使具有明确内涵的文学理论有被宽泛的文化批评理论取代的可能，文学理论的前景因而显得黯淡。

事实上，不少西方学者就主张用其他概念取代"文学理论"概念，并承包其任务。相对于有着比较固定的读者群的文学创作而言，强调哲学的透视因而显得抽象的文学理论所面临的状态更为尴尬。当年以介绍法国哲学家德里达（Jacques Derrida）解构主义理论而著称的美国文学理论家、批评家乔纳森·卡勒（Jonathan D. Culler, 1944—），在20世纪80年代就主张用"文本理论"（textual theory）或干脆用"理论"来取代传统的文学理论。这实际上是将文学理论泛化为文化理论或文化批评理论的先声。耶鲁学派主将、美国解构批评代表希利斯·米勒（J. Hillis Miller, 1928—）则主张用含义更广的"批评理论"（critical theory）取代或包容行将衰落的文学理论。

从另一个方面来讲，20世纪90年代以后，文学理论对于重大文化问题的参与和介入能力日益萎缩，也容易导致文学理论地位的衰落。这与文学理论的日益学科化以及因之而导致的文学理论与社会现实、公共领域的日益分离密切相关，与文学理论的参与能力和批判精神的日益丧失密切相关。重建文学理论、文学批评与社会文化公共领域的有机联系，是有志于批判性知识分子志业的文学研究者的紧迫使命。

其次，文化研究的勃兴，也在一定程度上使整个文学研究的地位开始发生变化甚至动摇。

在当今北美的文化、教育与学术界，文学的社会效应越来越不被看好，文学系科不少学生的就业情况不容乐观，一些人毕业后便改行从事更为实际的工作。与此同时，一些文学研究者也将注意力投向与现实社会生活密切相关的大众文化现象，以开放性的文化研究来干预社会现况。虽然不乏像耶鲁学派主将之一哈罗德·布鲁姆（Harold Bloom, 1930—   ）这样的文学理论家，至今依然对文化研究和文化批评持明显的敌视态度，并坚定相信"理论已经死亡，而文学则将永远有人诵读"，但更多的文学研究者对纯文学研究的前途表示怀疑和担忧。有人甚至认为文学研究作为一门学科已濒临消亡。从体制层面来说，一些英语国家传统的文学系逐渐转向文化研究，不少大学的英文系不得不削减传统的文学研究课程，增加文化研究课程，开设女性研究、种族研究、区域研究、传媒研究和身份研究等诸如此类的课程。

希利斯·米勒在《跨国大学中的文学与文化研究》（1998）一文中，对当前全球化语境中美国大学里的文学研究与文化研究的定位进行了反思。文章开篇指出，今日美国大学已经失去 19 世纪以来德国大学一直信奉的人文主义理念传统，师生员工趋之若鹜的是服务于跨国公司的技术与职业训练。从 20 世纪 60 年代起，随着人文学科的转型与式微，美国不少大学不再让文学教授照老路子教书；同时，大学里流行着多元文化观念，英语文学的教授们也不可能再围绕意识形态教授乔叟、莎士比亚、弥尔顿等经典作家。该文着重谈到近年来美国文学研究领域的各种变化，其中最显著的变化就是文化研究的兴起。这一变化大致始于 20 世纪 80 年代。外部事件如越战和民权运动固然起了一定的作用，但关键的因素是新的传播技术与日俱增的影响，即电子时代的到来。转向文化研究的年轻学者大多是受电视和流行音乐熏陶的第一代人。他们多为新型的视觉文化与听觉文化所形构。同时，文学研究的不景气也逼迫文学专业的学者们转而研究大众文化、电影和流行刊物等。希利斯·米勒这样描述今日文化移位的时代特征："随着从书本世纪到超文本世纪这一划时代的文化移位加速进行，我们以前所未有的快捷步子，给引入一个充满威胁的生活空间。诚如德里达（法国解构主义哲学家——引者）近年在一个研讨班上中肯地指出，这个新的电子空间，这个电视、电影、电话、视频、传真、电子邮件和互联网的空间，已经从根本上深切地改变了自我、家庭、工作场所，以及民族—国家的政治学。"❶ 今天，电视、网络本身就是大众传媒的重要代表，它们渗透并深刻影响着人们的生活方式、习惯甚至思考方式，必然受到

---

❶ J. Hillis Miller, "Literary and Cultural Studies in the Transnational University", in John Carlos Rowe ed. , *"Culture" and the Problem of Disciplines*, New York: Columbia University Press, 1998, p. 45.

下篇 文化研究视域中的文学研究

人文学者的关注。

最后，也是文化研究对文学研究最直接的冲击，是精英文学的边缘化以及传统文学经典面临解体与重构的威胁。

文化研究追求日常性或世俗性，有着强烈的反精英意识和反文学等级意识，这对有着强烈的精英意识和等级观念的传统文学研究构成了有力的挑战。在大众文化流行的时代和氛围里，传统的经典文学作品不再被当作自足的审美现象得到欣赏和观照，而是逐渐被放逐到研究视野的边缘。20世纪80年代以来，大众文化研究大有取代经典文学研究之势。希利斯·米勒在《跨国大学中的文学与文化研究》一文里指出，英语文学研究本来是传布资本主义意识形态的得力工具，但今天美国大学里英国和美国文学系的教授们耗在各种理论上的时间远比教授具体文学作品的时间为多，他们每个人都试图开出自己心目中的经典作家和书目，传统经典背后那个相对稳定的意识形态构架已被弃之如敝屣。反过来，一些原来常常被忽略或者被置于边缘地位的非西方文学作品、女性文学作品、少数族裔文学作品、流行文学作品、网络文学作品等日益受到重视。只要假以时日，它们很可能会跻身世界文学经典的行列。

面对日常生活审美化现象的出现以及日益受到大众欢迎的场景，有中国学者感叹，这一现象很可能表明当今中国的文化正在经历一场深刻的生活革命，这场革命对传统文学艺术与审美活动的最大冲击是消解了审美/文艺活动与日常生活之间的界限，审美与艺术不再是少数精英阶层的专利，也不再局限于音乐厅、美术馆、博物馆等传统的审美活动场所，而是借助现代传媒特别是电视走进了人们的日常生活空间。"占据大众文化生活中心的已经不是小说、诗歌、散文、戏剧、绘画、雕塑等经典的艺术门类，而是一些新兴的泛审美艺术活动，如广告、流行歌曲、时装、美容、健身、电视连续剧、居室装修等，艺术活动的场所也已经远远逸出与大众的日常生活严重隔离的高雅艺术场馆，深入到日常生活空间。可以说，今天的审美/艺术活动更多地发生在城市广场、购物中心、超级市场、街心花园等与其他社会活动没有严格界限的社会空间和生活场所，在这些场所中，文化活动、审美活动、商业活动、社交活动之间不存在严格的界限。"❶ 由此，传统的精英文学和文学经典观念必然受到空前严重的挑战。

5.2 文学的命运及其与文化研究的兼容

面对文化研究的咄咄逼人之势，文学研究似乎都失去了立脚的根基，似乎很快就要不复存在了。那么事实又如何呢？

事实上，虽然文化研究对文学研究产生了一定的冲击，但两者依然可以和谐共处，相互兼容，互相促进。

笔者认为，文学和文学研究在今日没有死，在将来很长一段时间甚至永远都不会死。关于这一话题，美国文学批评家希利斯·米勒讨论得非常详细、深刻。他在《论文学》（*On Literature*（*Thinking in Action*，2002；中文简化本的标题译为"文学死了吗?"）的开篇宣称："文学就要终结了。文学的末日就要到了。是时候了。不同媒体有各领风骚的时代。"但作者随即话锋一转："文学虽然末日将临，却是永恒的、普世的。它能经受一切历史变革和技术变革。文学是一切时间、一切地点的一切人类文化的特征。"希利斯·米勒最后点题："如今，所有关于'文学'的严肃反思，都要以这两个互相矛盾的论断为前提。"❷ 所谓两个互相矛盾的论断，一是指文学即将终结，文学的末日即将来临的说法；二是指文学是永恒的、普世的，文学永远不死的判断。

对于这一问题，希利斯·米勒后来在《文学在当下的"物质性"和重要性》（*Literature Matters Today*，2012）一文里讨论得更

---

❶ 陶东风："日常生活审美化与文化研究的兴起"，载《浙江社会科学》2002 年第 1 期，第 166 页。

❷ ［美］希利斯·米勒：《文学死了吗?》，秦立彦译，广西师范大学出版社 2007 年版，第 7 页。

为详细。他指出："总体而言，文学在当下的世界里到底有多重要？显然，诗歌、戏剧和小说的重要性每况愈下。我们处在漫长的文学印刷术繁荣时代的末尾，它的历史还不到四百年，其结束可能并不等同于文明的死亡。当然，虽然文学作品仍然在世界上被广泛阅读，但文学对于许多人——包括教育程度很高的人——来说，其重要性已经江河日下。文学提供进入想象世界的乐趣，帮助人们了解现实世界，学会为人处世，但这种作用越来越由新型通讯技术承担：电影、电子游戏、电视秀节目、流行音乐、'脸谱'网站，等等。"❶ 希利斯·米勒敏锐地发现了新的载体或媒体对传统纸质文学的存在方式和生命力的重大影响："文学作品的物质性是一个重要的问题，新电脑'媒体'使文学完全不同于其旧的存在形式。'媒体'在此必须既是一种新的物质基础，又是一种奇怪的、精神的、媒介性的、遥感的通信传播手段。"❷ 正因为新载体或新媒体的出现，虽然文学词汇的含义会发生一定的变化，存在形式也在一定程度上发生了改变，但文学的内容和重要性依然如故。所以，希利斯·米勒断定："'文学性'的转移无疑在发生，但这种转移的代价是该词所具有的正常意义的丧失，如在'文学很重要吗'这一问句中的意义。如果说文学印刷品正逐渐成为明日黄花，那么类似文学的东西在其他媒介却生存着。而且，文学印刷品将继续拥有读者（更多地常常以电子书的形式），并在学校和大学里成为教学内容。例如，今天的中国对英语文学的研究正在勃兴。"❸ 显然，希利斯·米勒认为，文学的处境虽然越来

---

❶ ［美］希利斯·米勒："文学在当下的'物质性'和重要性"，丁夏林编译，载《国外文学》2013 年第 2 期，第 5 页。

❷ ［美］希利斯·米勒："文学在当下的'物质性'和重要性"，丁夏林编译，载《国外文学》2013 年第 2 期，第 5 页。

❸ ［美］希利斯·米勒："文学在当下的'物质性'和重要性"，丁夏林编译，载《国外文学》2013 年第 2 期，第 7 页。

越困窘，但是，一来，它退出历史舞台远不是朝夕之间的事情，二来，文学本身的独特性和特质是无法取代的，也不是宽泛的"文化"所能包办的。

不仅如此，希利斯·米勒还认为，文学研究具有自己不可取代的价值。2006年秋，他在清华大学举行的比较文学与比较文化研讨会上做了题为《全球化和新电子技术时代文学研究辩》的发言，为书面文学或印刷文学辩护。他认为，全球化有3个特征：一是发生在不同国家和地区，速度和方式各不相同；二是它异彩纷呈，而不是单一的事件；三是一切全球化形式的公分母都是电子通信技术。在全球化背景下，必然会出现一种全新的"世界文学"。今天出现的是一种世界范围的新媒体文化：电视、电影、流行音乐、互联网、电子邮件、播客、音像、网络游戏等。这些新媒体具有平易近人的特点，如容易翻译、容易传输、容易适应各种文化，而印刷文学更多地被限制在母语上面，受制于本土文化，所以，今天部分文学工作者转向新媒体是情有可原的。但尽管如此，文学可以言新媒体所不能言，为新媒体所不能为，例如，文学中那种悲天悯人的情怀就是任何技术和技巧都不能代替的。因此，文学研究就有自己的独特价值，它可以也应该和文化研究和谐共处，相得益彰。

有学者断言，文化研究本来是从文学研究中脱胎而出的，虽然中间两者曾经分道扬镳，但文化研究终将复归文学研究。2004年7月，当代美国最负盛名的哲学家理查·罗蒂（Richard Rorty）在南开大学做了题为《救赎真理的衰落和文学文化的兴起》的演讲，谈及宗教、科学、哲学和文学的流变问题。演讲的底本是他在2000年12月发表的同名文章。"救赎真理"指一系列据称能够一劳永逸地终结人们思考如何生活的信念，它满足了宗教和哲学之需。罗蒂认为西方的知识分子从文艺复兴开始至今已经走过了3个阶段，先是从宗教那里寻找救赎，接着从哲学那里寻找救赎，如今则是从文学中寻找救赎。由宗教转向哲学始于文艺复兴运动柏拉图主义东山再起之时，而由哲学向文学的转移是在黑格尔时代，文学挑战哲学其实早在塞万提斯和莎士比亚时代就已见端倪，现在正处于巅峰时期。罗蒂认为，文学文化是人类营造的最后一个乌托邦，在当今的文学文化之中，宗教和哲学就如同不同的文学类别，不过是相对原始的文学类型。不过，罗蒂也指出，他所说的文学文化并不专指传统的狭义的文学本身，也包括电影、电视等一切大众文化形式，是泛文学，因为它们都是想象力的文化，而不是理性中心主义的文化。

罗蒂后来说得更明确，他将自己的分析哲学称作后哲学文化，认为文学和文学研究在后哲学文化中占据着最重要的位置。他在论文集《后哲学文化》（2004）里指出："50年前，在杜威的影响下，美国自由主义政治思想不假思索地认为，需要的是政治思考中运用'科学方法'。但在今天，'仔细阅读'的观念已经替代了先前的'科学方法'观念。文学崇拜替代了科学崇拜。我们听到的不再是：只有接受了自然科学家的态度和习惯，生活和政治才可能变得更好；而是：只有接受了文学批评家的态度和习惯，生活和政治才可能变得更好。"❶ 按照罗蒂的说法，文学研究者和批评家的态度和习惯甚至成了社会生活和政治的标准，文学之重要性由此可见一斑。

文化研究与文学研究的兼容关系可以从两个方面来考量。

一方面，文化研究可以对激活文学研究、扩大文学研究的范围产生积极的建设性作用。

当前西方特别是英语世界的文化研究，常常会促使传统的文学研究扩大自己的疆界，使之变得越来越具有跨学科和跨文化的性质。一些思想开放的文学研究学者期望将文化研究的某些合理因

---

❶ ［美］理查·罗蒂：《后哲学文化》，黄勇译，上海译文出版社2009年版，第140页。

素和有价值的课题引进文学研究，这样既可以扩大文学研究的范围，也可以为未来跨越东西方文化的文学研究提供新的思路与视角。美国早先的精英文学研究者如围绕《新文学史》杂志的一批学者，如今所从事的文学研究实际上是扩大了学科范围的文学的文化研究。例如，创办于 1969 年、在欧美文学研究界具有导向作用的《新文学史》（*New Literary History*）主编拉尔夫·科恩（Ralph Cohen）就密切关注文化研究的新进展，并及时在自己主编的刊物上发表具有理论导向意义的文章：《新文学史》第 27 卷（1997 年）第 1 期的专辑就是《文化研究：中国与西方》，并刊载了不同意见的甚至持批判意见的文章，第 29 卷（1999 年）第 1 期则刊发了以"修正主义专题讨论"为议题的一组文章。

另一方面，当代文学研究也日渐从纯粹的文学经验领地中解脱出来，注意与文化理论和批评融合并互补。事实上，20 世纪一些公认的文学研究大师，如英国的利维斯、威廉斯和伊格尔顿，俄苏的巴赫金，加拿大的弗莱，美国的詹姆逊、赛义德、斯皮瓦克、希利斯·米勒等，也常常被公认为文化研究的先驱或代表。作为文化研究学者，他们的著述不但没有排斥文学研究，反而对扩大文学研究的范围多有裨益。

5.3　文化研究对文学研究的宏观启迪

文化研究对文学研究的启迪与推动可以从宏观与微观两个层面来考察。就宏观层面而言，在文化研究大潮的影响之下，文学研究与批评走出了长达大半个世纪之久的"语言学转向"，进入"文化转向"或"人类学转向"，实现以语言为中心的"文本"（text）向以社会文化为中心的"语境"（context）的转化，形成文学的文化批评。就微观层面而言，文化研究为文学研究提供了新的研究对象，扩大了文学研究的范围，也提出了新的关注点和问题。鉴于文化研究对文学研究在微观层面的影响更为深刻和系统，本书拟在后文开辟两章的篇幅展开论述，这里先扼要讨论文化研究对文学研究在宏观层面的影响。

从宏观层面来说，文学研究可以借用文化研究的理论、视角与方法来展开。此处着重以文化研究对中国的文学研究在思路与方法方面的启迪为例加以讨论。

自20世纪90年代初在中国港台地区登陆以来，文化研究目前已在整个中国成为继后现代主义、后殖民主义之后的又一个重要的理论思潮。中国有一批活跃在文学理论界、比较文学界和传媒研究界的学者，一直致力于追踪和引进英语国家和地区的文化研究的最新成果，并试图将这一外来话语应用于中国的文学批评实践，有效地推进了中国文学的文化批评。中国当代的文化批评有两大特点。第一，着眼点是文学艺术现象，而不是无边无际的文化现象。批评者借用西方文化研究及其各种分支的理论、视角和方法来解释中国的文学现象，同时又从中国的文学现象出发，对西方的文学与文化理论进行质疑、改造甚至重构，建立了既不同于西方的文化批评又超越传统的中国文化批评的当代文化批评。第二，正确处理了文化批评与传统的人文批评的关系。文化批评与人文批评是一种对话和互动的关系。人文批评注重审美理想、文学本质与人文关怀，文化批评偏重于阐释文学的当下性特征和政治性内涵；人文批评注重文学本身的价值判断，文化批评注重对考察对象的理论分析和文化阐释。中国当代的文化批评有选择地融入人文批评的人文精神和文化批评的批判意识。

受文化研究影响而形成的中国当代文化批评，主要有"第三世界文化理论"和性别批评两大分支。

首先，来看看"第三世界文化理论"的情况。

"第三世界文化理论"可以说是中国的种族批评，它与后殖民理论，尤其是美国文学批评家詹姆逊的"第三世界文学理论"的引进密切相关。

后殖民理论在中国的译介发端于张京媛翻译的詹姆逊（Fredric Jameson，又译杰姆逊、詹明信）《处于跨国资本主义时代的第三世界文学》一文（载《当代电影》1989 年第 6 期）。詹姆逊从后现代主义向"第三世界文学理论"的转向引起中国学者对文学的民族性问题的关注。译作最早将詹姆逊的"第三世界文学理论"引进中国文学研究界。在此文中，詹姆逊特别提及了 20 世纪前期中国文学的"民族寓言"现象。张京媛 1991 年开始着手《后殖民理论与文化批评》一书的翻译，最终于 1999 年由北京大学出版社出版。此书第 1 篇为詹姆逊的《现代主义与帝国主义》，第 2～3 篇是美国学者、后殖民批评主要奠基人萨伊德（又译赛义德）的《想象的地理及其表述形式：东方化东方》（《东方主义》节选）和《差异的意识形态》，第 4～5 篇是斯皮瓦克的《在国际框架里的法国女性主义》《三个女性的文本与帝国主义批评》（均出自论文集《在他者的世界》）。1999 年，罗钢、刘象愚主编的《后殖民主义文化理论》由中国社会科学出版社出版，收录了国外学者最新的对于萨伊德"东方主义"的几篇讨论文章。选本兼及后殖民各种流派。与此同时，后殖民理论创始人赛义德（又译萨伊德）的著作汉译单行本开始面世。1999 年，全球第一个完整的《东方学》汉译本由北京三联书店出版了；同年，中国社会科学出版社出版谢少波等人翻译的《赛义德自选集》；2003 年，赛义德的《文化与帝国主义》（1993）由北京三联书店出版。

主要受詹姆逊"第三世界文学理论"的启发，北京大学张颐武教授提出了"第三世界文化理论"。这一主张也成为中国种族批评的代表。20 世纪 80 年代中期热衷于后现代理论介绍与应用的张颐武，1990 年在接受采访时大谈后现代主义的局限性，如一针见血地指出：德里达的解构主义理论提出要消解二元对立，但是他没能消解掉第一世界和第三世界的对立。张颐武倡导"第三世界文化理论"的重要著述，有专著《在边缘处追索——第三世界文化与当代中国文学》（时代文艺出版社 1993 年）和论文《第三世界文化与中国文学》（载《文艺争鸣》1990 年第 1 期）、《第三世界文化：一种新的批评话语》（载《读书》1990 年第 6 期）、《叙事的觉醒——第三世界文化与当代小说探索》（载《上海文学》1990 年第 5 期）等。在分析詹姆逊的关于中国现代作家创作的"民族寓言"说时，张颐武指出，中国现代知识分子一方面是西方话语的接受者，另一方面又是本土知识的传授者，他们将西方知识内化，从而确立了自己的"主体"地位：中国知识分子既是民族的代言人，热衷于将自己民族的处境呈现出来，又为民族提供它所缺乏的知识，使民族获得觉醒，从而达到启蒙人民的目的。鲁迅的《呐喊·自序》最好地表述了这种"代言"与"启蒙"的双重合法性。张颐武由此进一步指出，追随西方的"民族寓言"式写作在新时期文学中不仅没有消除，反而愈演愈烈。如，"反思文学"对于封建主义的批判及其现代主义反传统的姿态，就属于证明中国滞后的"时间寓言"；"寻根文学"则是表现中国特异的"东方性"的"空间寓言"。在"实验小说"与"新写实小说"写作潮流中，"寓言化"仍未终结：前者对语言和叙事的激进实验，正是一种对本土语言或生存时间滞后性的焦虑的结果，也是一种冲刺式地"赶超"西方文学的最新努力，因而仍然体现了"时间寓言"的基本特点；后者力图以一种"似真"性的修辞对中国人的生存进行一种静观式描述，仍然具有"空间寓言"的特点。

一些学者进而将"五四"新文化运动以至整个"现代性"的 20 世纪中国文化置于后殖民理论的框架中予以重审。美国当代文艺批评家、乔治梅森大学教授张宽（Karl Kuan Zhang）在《文化新殖民的可能》（1999）一文中指出，近代以来的中国文化的主潮一直未能摆脱殖民话语的诅咒和西方霸权的控制，"五四"新文化运动否定传统、崇尚西方，在一定程度上是中了殖民主义的圈套。张艺谋的一系列电影因为屡屡得到国际大奖，成了中国新时期文化实践的骄傲和中国走向世界的象征，但张颐武、陈晓明、王一川等人发现了这一骄傲背后的陷阱，揭示出张艺谋电影与东方主义的关联。

除了受詹姆逊的第三世界文学"民族寓言"说的影响之外，后殖民批评的最重要创始人赛义德的东方主义与文化帝国主义理论的影响也不容小觑，与赛义德的观点一脉相承，中国学者的"第三世界文化理论"也尽力凸显了文化的政治内涵。赛义德在《文化与帝国主义》一书的序言中特别揭示了两个层面的"文化"的内涵，并特别挖掘了"文化"的政治内涵。所谓两个层面的"文化"，一是指相对独立于经济、社会、政治领域的所有以审美的形式出现的实践，诸如描述、交流和表征的艺术等，包括人种学、历史学、语文学、社会学以及文学史等，其中赛义德尤其关注的文化形式是作为文学体裁之一种的小说；二是指形形色色的政治和意识形态的力量较量于其中的"文化"，它俨然是一个政治舞台。就后一种含义，赛义德指出："文化这个概念包含了一种精致和精华成分，那是每一个社会所知所思的最好的东西的储存库，诚如马修·阿诺德 1860 年所言。……有时候，文化经常是以咄咄逼人的态势，同民间和国家联系起来；这样就把'我们'和'他们'区分开来，几乎总是带有某种排外倾向。文化在这一意义上，乃是一种身份资源。"❶ 赛义德的潜台词是，文化作为所思所言最好的东西，即作为艺术和教育，往往成为帝国主义殖民扩张的遮羞布而已。

"第三世界文化理论"是中国式种族批评，它几乎颠覆了延续一个世纪的中国现代性文化传统。问题是，简单将 20 世纪中国文化等同于文化殖民，未免过于粗疏。首先，赛义德《东方主义》中解析的对象是阿拉伯及伊斯兰国家，并没有涉及中国，而中国

---

❶ Edward Said, *Culture and Imperialism*, London：Vintage, 1993, p. xiii.

的处境与这些殖民地国家也并不相同，完全套用并不合适。其次，事实上，西方的中国学或汉学与赛义德所说的"东方主义"并不一致，因为 19 世纪中期以前西方眼中的中国主要是正面形象，如马可·波罗对中国文明的渲染、法国启蒙学者对孔子儒学和宋明理学的推崇，只有到了 19 世纪中期以后，由于清帝国沦落为西方列强掠夺的对象，中国形象才逐渐被丑化。但即便如此，中国从来没有沦落到为异族统治、外语成为官方语言的境地。随着全球化趋势带来民族文化身份的不确定性和认同的多元性，文化研究以及受其影响的文学研究纷纷将注意力放在文化身份的探讨上，这应该是中国当下和未来种族批评探讨的核心问题。

然后，再来看看性别批评的情形。

文学研究里的性别批评和文化研究里的性属研究有密切联系，前者可以借用后者的理论与方法对相关文本展开讨论。然而两者仍然有明显的不同：前者基本上持中性立场，较为客观、理性，后者则呈现出鲜明的政治化和批判性倾向。

适合性别批评的文学作品，一是以女性为主人公的作品，二是女性作家创作的作品，而以后者为主体。

北京大学教授戴锦华对于中外电影中的女性形象及其潜藏的男权中心主义，进行了深入而系统的研究。中山大学教授艾晓明、湖南师范大学教授赵树勤等人的女性文学研究，都堪称当下中国女性文学研究的代表。程亚丽的《郁达夫小说女性身体叙事的思想性论析》（2014）对中国现代作家郁达夫创作中的女性形象塑造、女性身体书写及其思想主题内涵做了全方位的透视，不愧为近年来性别批评的代表作。

在笔者看来，最适合做性别批评的文学作品，首先就是获得诺贝尔文学奖的女性作家创作中的女性形象及其蕴含的女性意识。扬州大学肖淑芬教授的《诺贝尔文学奖获奖作家作品女性形象论》（1996）一书着重分析了获奖作家作品中的 41 位女性形象，开其先河。据统计，截至 2015 年，获得诺贝尔文学奖的女性作家共有 14 位。按照获奖时间的先后，她们依次是：（1）瑞典的塞尔玛·拉格洛夫（Selma Lagerlof, 1858—1940），1909 年获奖；（2）意大利的格拉齐娅·黛莱达（Grazia Deledda, 1871—1936），1926 年获奖；（3）挪威的西格丽德·温塞特（Sigrid Undset, 1882—1949），1928 年获奖；（4）美国的赛珍珠（Pearl S. Buck, 1892—1973），1938 年获奖；（5）智利的加布里埃拉·米斯特拉尔（Gabriela Mistral, 1889—1957），1945 年获奖；（6）瑞典的奈丽·萨克斯（Nelly Sachs, 1891—1970），1966 年与人分获诺贝尔奖；（7）南非的纳丁·戈迪默（Nadine Gordimer, 1923—2014），1991 年获奖；（8）美国的托妮·莫里森（Toni Morrison, 1931— ），1993 年获奖；（9）波兰的维斯瓦娃·希姆博尔斯卡（Wislawa Szymborska, 1923—2012），1996 年获奖；（10）奥地利的埃尔夫丽德·耶利内克（Elfriede Jelinek, 1946— ），2004 年获奖；（11）英国的多丽丝·莱辛（Doris Lessing, 1919—2013），2007 年获奖；（12）德国的赫塔—穆勒（Herta Müller, 1953— ），2009 年获奖；（13）加拿大的爱丽丝·门罗（Alice Munro, 1931— ），2013 年获奖；（14）白俄罗斯的斯维特拉娜·阿列克谢耶维奇（Svetlana Aleksijevitj, 1948— ），2015 年获奖。对她们的代表作乃至全部作品进行整体关照，然后集中分析其中的女性意识，将是一件非常有意义的学术工作。其中，赛珍珠因为有中国文化背景，对中国文学研究者来说往往更具研究价值。此外，20 世纪 90 年代至 21 世纪获奖的 8 位女作家，因为与现时代的密切联系，也特别值得研究。

需要指出的是，这些女作家的创作不可能是女性主义单纯而简单的传声筒，因而不能将问题简单化。同时，她们的创作中往往有着多重声音、多重主题，因此有必要将这多重声音和多重主题厘析出来，这更加有利于剖析其女性主义主题的深刻内涵。这里以美国黑人女作家托妮·莫里森的创作为例。表现黑人妇女的痛苦是她创作的重要主题，她在《最蓝的眼睛》（1970）、《所罗门之歌》（1977）、《宠儿》（1987）等中一再表现了这一主题。这里实际上就不仅涉及女性主义的话题了，同时也指向种族、族裔问题，这就势必要对两者整合进行研究。

当然，对于获得诺贝尔文学奖的男性作家的作品中的女性形象，也适合展开性别批评。如果能够将这些男性作家笔下的女性形象及其所蕴含的女性意识，同女性作家笔下的同类女性形象做细致而系统的类比，将更加可以凸显女性意识在不同时期、不同国度的差异和演变趋势。

中国作家中适合女性研究的热门对象，现代阶段有以张爱玲（1920—1995）、丁玲（1904—1986）等为代表的中国现代女性作家的创作。前者的《金锁记》《倾城之恋》《半生缘》《红玫瑰与白玫瑰》，后者的《莎菲女士的日记》《我在霞村的时候》《阿毛姑娘》，都是适合此类研究的文本。当代阶段有以诗人翟永明（1955—　），小说家陈染（1962—　）、林白（1958—　）等为代表的新时期中国女性作家的创作，还有以卫慧（1973—　）、棉棉（1970—　）、虹影（1962—　）、九丹（1968—　）等为代表的中国"美女作家"的写作。例如，华裔诗人、香港浸会大学教授林幸谦用西方女性主义理论解读张爱玲作品，写成"张爱玲女性主义批评"两部曲：《荒野中的女体》和《女性主体的祭奠》（均由广西师范大学出版社2003年出版），具有开创性的贡献。

同样，20世纪至21世纪初期中国男性作家笔下的女性形象也值得关注。研究男性作家塑造的女性形象，不仅可以透视相关男性作家本人的女性观，而且可以对他们笔下的女性形象做更为系统的研究，置于一种谱系中去考察，由此可以反观一个时代、一个民族的女性观的变迁。

6 文化研究对文学研究的启迪（一）：领域的拓展

文化研究对文学研究不仅在宏观上有所启迪，在微观层面的启示更多。这种启示主要体现在两个方面：一是有助于扩大文学研究的范围，二是为文学研究提供了新的问题或话题。本章集中探讨文化研究对文学研究在研究领域的拓展方面的启发。

受文化研究的启发，过去专心于经典文学或主流文学研究的文学研究开始拓宽自己的范围，将流行文学或通俗文学、网络文学、儿童文学、影视文学，甚至流行歌曲的歌词、手机短信、网络热词、动漫等都纳入自己的视野之内。

6.1 流行文学研究

流行文学，又称通俗文学。古今中外，流行文学或通俗文学一直不绝如缕，但传统的文学研究一直未将它纳入自己的研究范围。不少文学研究者甚至不屑于谈论流行文学，最温和的态度是将它列入"副文学"。但是，随着伯明翰学派文化研究将"文化"定位为"日常生活方式"，文化不仅指向精英文学、经典文学，也囊括了过去几乎难登大雅之堂的各种文化现象。在此背景下，昔日一直被忽略的流行文学或通俗文学将会越来越受到文学研究者的关注，得到越来越深刻、系统的研究。

首先，来看看国外的流行文学及其研究情况。

文学史表明，不少今天被视为经典的作家作品曾几何时被归于不入流的流行文学或通俗文学之列。例如，文艺复兴时期英国戏剧大师莎士比亚的戏剧就曾经被视为流行文学或通俗文学作品；19 世纪英国现实主义作家夏洛蒂·勃朗特、艾米丽·夏洛蒂、狄更斯、萨克雷等今日被视为文学大师的作家及其作品，在 20 世纪前期还受到贬斥。例如，英国文学批评家、剑桥大学文学教授 F. R. 利维斯（F. R. Levis，1895—1978）在《伟大的传统》（1948）一书中，仅将简·奥斯丁、乔治·艾略特、享利·詹姆斯、约瑟夫·康拉德和 D. H. 劳伦斯归为小说大家，而认为梅瑞狄斯、哈代等人"盛名之下，其实难副"，甚至认为在狄更斯的作品中"找不到要求人经久保持一种非同寻常之严肃性的东西"。利维斯的夫人 Q. D. 利维斯在《小说和阅读公众》（1932）一书中，更是细致地将体现 18 世纪传统的简·奥斯汀小说与开启 19 世纪风气的夏绿蒂·勃朗特小说进行了对比，认为前者趣味高雅、理智清楚，与感情保持一种微妙的距离，后者则一头钻进情感里，听任情感摆布，所以《简·爱》不过是一个白日梦竟然成真的寓言；她还进一步指责说，维多利亚时代狄更斯和萨克雷发明的"含泪的笑"，正是后来各种畅销小说和好莱坞电影吸引读者和观众的招数。利维斯夫人最后断定，正是从没有节制的《简·爱》和炮制廉价情感的狄更斯开始，大众趣味和高雅趣味开始见出分别，而且前者越来越流行。

与利维斯夫妇的态度与研究相反，受文化研究启发而开启的流行文学研究，不仅为流行文学或通俗文学正名，更致力于揭示流行文学或通俗文学与严肃文学或纯文学之间的内在关联，凸显流行文学或通俗文学在思想主题与艺术手法方面的价值。

众所周知，伯明翰学派的任务之一就是提升大众文化和通俗文化的地位。具有文化研究背景的文学研究者就很容易致力于发现流行文学中间所蕴含的深刻内涵。例如，美国后殖民批评家赛义德（Edward Said）在《文化与帝国主义》（1993）一书里对狄更斯晚年的长篇小说《远大前程》的分析就独辟蹊径、颇具特色。

赛义德认为，作品中的贫苦孤儿皮普早年帮助过逃犯马格维奇，后者流亡到澳大利亚后成了暴发户；出于感恩，马格维奇赠予皮普一笔巨款。因为经办律师没有告诉皮普款项的具体来源，莫名其妙过上上等人生活的皮普还以为自己的恩主是老太太郝薇香，所以后来马格维奇潜回伦敦，竟然遭到皮普的冷遇。直到小说的结尾，明白真相的皮普才拜马格维奇为义父。赛义德由此发现，狄更斯对澳大利亚这块"白色"殖民地的态度体现出文化帝国主义的色彩。澳大利亚作为英国罪犯的流放地始于 18 世纪末，刚好替代丢失不久的北美殖民地。狄更斯对待马格维奇的态度与当时大英帝国对待流放澳大利亚的罪犯的态度如出一辙：他们可以成功发财，可以赎清罪孽，但是不能期望回来，因为他们永远是出局的人。赛义德由此发现，欧洲人从 500 年前开始与欧洲之外的人即"他者"交往以来，有意无意之间总有一个"我们""他们"的界限。

英语国家和地区的文学研究界对流行文学或通俗文学越来越给予更多的关注，对它的研究也日益深刻。其中，加拿大学者安·芭·斯尼陶（Ann Bar Snitow）的《大众市场的罗曼司：女人的色情是不同的》（*Mass Market Romance: Pornography for Women Is Different*, 1979）一文对"禾林小说"（Harlequin Romance）的主题与艺术的分析，堪称一个典范。禾林小说是加拿大多伦多的禾林出版公司 1958 年开始出版、20 世纪 70 年代风靡北美的妇女浪漫小说系列，它们的作者一律是女性，迄今已经超过百位。此类小说结构精巧，但有固定的套路和模式：题材不外写年轻温柔的穷女子与比自己大 10～15 岁的老练、富有、强健的英俊男子的恋爱与婚姻故事；叙事模式也几乎没有什么变化，开篇总是女方渴望浪漫的爱情，而男方却心怀鬼胎，只想逢场作戏，不思婚娶，结局总是苦尽甘来，有情人终成眷属。从文学史的渊源来说，禾林小说是 18 世纪英国小说家理查生《帕美拉》的翻版。斯尼陶认为，

"禾林法则"推崇的是两性之间的距离美。小说表现起先对性一无所知的女主人公对性的浪漫化想象，描写她们野性而热烈的性欲的涌动与滋长的过程，最后，性在结婚中得到恩准，"结婚"成为"性交"的代码。所以，"性"是这些小说的主旨，或者如有的批评家所说，禾林小说本质上是那些羞于读色情小说的人的色情小说。斯尼陶这样表述小说中的性、浪漫和婚姻之间的关系："禾林小说中的女主人公坚持认为，当性行为中包含有很深的感情时，会更兴奋、更难忘。她的这种坚持是很有意思的。但是，如果她只是把很深的情感限定为，一方面是对神秘的浪漫的渴望，另一方面则是婚姻的话，她打的是一场失败的战役。在禾林小说中，如果想要得到亲密的感情，代价就是她必须在那里被动地等待，焦虑地猜测。"❶ 此类小说中，女主人公的任务就是"把强奸转换成做爱"，教会男人如何悠着点、如何学会浪漫。禾林小说的风行，说明浪漫是女性想象力的主要组成部分，也说明作为流行文学或大众文化的禾林小说比高雅女作家们的作品更接近女性对爱情的期待。这一文学研究的案例借用了文化研究关注文本与社会（习俗、心理）的关系的模式与思路，对传统文学研究不屑一顾的流行文学的挖掘别开生面。

就笔者所知，目前最为流行的通俗文学恐怕非玄幻/奇幻文学莫属了。因此，对玄幻/奇幻文学的研究也需要提上议事日程。目前流行的玄幻/奇幻文学中，吸血鬼题材和穿越题材最受人关注。

吸血鬼题材以美国两位女作家斯即蒂芬妮·梅尔的《暮光之城》系列和 L. J. 史密斯的《吸血鬼日记》最为著名。斯蒂芬妮·梅尔（Stephenie Morgan Meyer, 1973— ）出生于美国康涅狄格州，毕业于杨伯翰大学。她本是有 3 个孩子的全职主妇，没有丝毫

---

❶ ［加］安·芭·斯尼陶："大众市场的罗曼司：女人的色情是不同的"，陆扬、王毅选编：《大众文化研究》，上海三联书店 2001 年版，第 179 页。

的写作经验。2003 年某天，她做了一个改变自己的命运的梦：一位少女和一个英俊迷人的男子坐在阳光明媚的草地上谈情说爱。这个梦最终成了她第 1 部小说《暮色》（2005）中的一个章节。《暮色》出版后，梅尔又写了《新月》《月食》《破晓》《午夜阳光》。这 5 部长篇小说统称为"暮光之城"系列。该系列从 2005 年 10 月开始出版，讲述了 17 岁的女中学生贝拉·斯旺与青春帅气而又神秘的吸血鬼、同班同学爱德华·卡伦这一对苦命鸳鸯的爱情故事。爱德华来自一个吸血鬼家族，贝拉最吸引他的是她身上的特殊香气，他一闻到这股香气就想吃掉她，可他为了爱又拼命压抑自己的食欲，同时还要和别的同样想吃她的吸血鬼争斗，想尽办法保护她。作品叙述了吸血鬼和人类之间禁忌的爱，犹如现代版的罗密欧与茱丽叶。该系列融合了吸血鬼传说、狼人故事、校园生活、恐怖悬念、喜剧冒险等各种吸引眼球的元素，而凄美动人的爱情则是全书"最强烈的情绪"。斯蒂芬妮·梅尔因此奠定了一流畅销书作家的地位。2008 年 5 月，她被《时代》周刊评为全球百名最具影响力人物之一。

L. J. 史密斯（Lisa Jane Smith）的代表作《吸血鬼日记》（1991），是童颜成年吸血鬼恐怖系列小说。美国导演 Marcos Siega 根据同名创作改编成一部集青春、魔幻、恐怖、剧情于一体的电视剧。2009 年播出第 1 季，至 2014 年已播出第 6 季。故事以高中女生艾琳娜·吉伯（Elena Gilbert）在一对吸血鬼 Damon Salvatore 和 Stefan Salvatore 兄弟间左右为难的爱情纠葛为中心而展开。这部系列小说最初在 1991 年以 3 部曲的形式出版，然后出于读者的强烈要求，作者又创作了第 4 部《暗黑归来》（1992）。2008 年，L. J. 史密斯在停笔多年后又高调宣布创作一部稍有改动的以吸血鬼 Damon 兄弟为主角的 3 部曲续集，题名为《吸血鬼日记：归来》，第 1 部《归来：暮色降临》（*The Return：Nightfall*，2009），第 2 部《归来：灵魂的阴影》（*The Return：Shadow Souls*，2010），第 3 部

《归来：午夜》（*The Return*：*Midnight*，2011）。

吸血鬼（vampire）在英文中意为僵尸、吸取血液的恶魔，是西方传说中著名的魔怪。他既不是神，也不是鬼，更不是人。他们没有心跳，没有体温，永生不老；但他们会思考，会交谈，会走动，甚至还会受伤。英语中第一次出现 vampire（吸血鬼）这个词，是在 1732 年。当时欧洲爆发了大规模的狂犬病，开始流行有关吸血鬼的传说。有关吸血鬼形象的起源，有两种看法比较流行。一种说法认为，吸血鬼源于《圣经》中的该隐，他因为杀死自己的亲弟弟亚伯，被上帝耶和华诅咒，永远"流离飘荡在地上"。二是加略人犹大，即出卖耶稣的门徒，后来因为后悔而自杀，传说上帝使他不死，但永远孤独，作为惩罚。据说时至今日，吸血鬼已经传到第 13 代至第 15 代了。

吸血鬼通常隐藏在人群中间，作为一个和人类关系密切的恶魔形象，它在开始几百年的传说里一直带有离奇、迷幻而又恐怖的色彩。19 世纪以来，随着浪漫主义文学和电影电视的兴起，带有神秘、唯美色彩的吸血鬼形象开始出现。浪漫主义诗人塑造了一批迷死人的女吸血鬼形象。例如，英国诗人柯勒律治的诗歌《克里斯特贝尔》（未完）中，济慈的《无情的美人》《拉弥亚》中，都有这样的形象。在法国诗人波德莱尔的《吸血的变形》中，吸血鬼成了堕落的女花痴。总之，这些女吸血鬼美丽、迷人且神秘，让男人们止不住心猿意马，颇类似于古代中国文学作品中的狐狸精。此外，还有一本署名"拜伦"创作的《吸血鬼》（1816？），则将拜伦本人的性格移植到了小说中的吸血鬼身上。实际上，这是拜伦的秘书波利多里完成的 1 部书，出版时被出版商署上了拜伦的名字。

19 世纪末期至今，西方不少小说家、诗人都借吸血鬼故事来影射人类社会，借吸血鬼形象来塑造某类现实中的人物形象。说到吸血鬼文学，首先就要提到布莱姆·斯托克（Bram Stoker，

1847—1912），他是爱尔兰小说家，被誉为"吸血鬼之父"，现在所有的吸血鬼原型几乎都脱胎于他所创作的故事。斯托克所创造的"德拉库拉"已经成为吸血鬼的代名词。在文学史意义上说，第 1 部具有经典地位的吸血鬼文学作品就是他的哥特式恐怖小说《德拉库拉》（*Dracula*，又译《惊情四百年》，1897）。《德拉库拉》讲述了一个邪恶的吸血鬼的经历，整部小说情节跌宕、诡异，气氛阴森、恐怖，读来令人震悚、深思。东欧的"吸血鬼之乡"特兰西瓦尼亚迎来了一位名叫乔纳森的英国年轻律师，他因房地产业务前往该地与德拉库拉伯爵会面。但不久乔纳森发现，这个外貌英俊的伯爵其实是个吸血鬼，而自己已身陷囹圄，成为对方的侵害对象。后来，乔纳森瞅准一个机会，设法逃离了伯爵的城堡。与此同时，在英国，乔纳森的未婚妻米娜和她的朋友露西度假的海滨胜地也因吸血鬼德拉库拉作祟而频频出事。德拉库拉开始引诱露西，她因而梦游墓地，撒手人寰；死后，她成了德拉库拉的同类，到处嗜食儿童鲜血。在范·赫尔辛博士的帮助下，众人摧毁了实为吸血鬼的露西，又全力追捕德拉库拉，捣毁他在伦敦的许多巢穴，并与他斗智斗勇，终于将这个邪恶的吸血鬼化为乌有。历史上的真实人物德拉库拉曾是罗马尼亚的王子，能征善战，但性格凶暴，喜欢看着把人剁去四肢并用铁钎穿起来痛苦而死，曾这样结束了 3 万人的生命；后来，他在一次同土耳其侵略者的战斗中身亡。这部作品中的吸血鬼德拉库拉，在一定意义上代表被侵略者统治的人民反抗的决心不死，并将其愤怒转化为对侵略者的仇恨。作者斯托克所属的爱尔兰当时正处于英国的高压统治之下，而他作品中的主人公德拉库拉代表的罗马尼亚人也处于土耳其的高压统治之下。

后世流行文学和各种民间传说中的吸血鬼的正面形象，大都受到斯托克的《德拉库拉》的影响。美国作家和编剧李察·麦森（Richard Matheson，1926—2013）创作的科幻恐怖小说《我是传奇》（*I am legend*，1954），已经多次被搬上大银幕。作品中，吸血鬼成了人类的报复者和毁灭者。被誉为"吸血鬼小说女王"的美国作家安妮·赖斯（Anne Rice，1941— ），原名霍华德·爱伦·奥布里安，以假名发表了《夜访吸血鬼》（*Interview with the Vampire*，1976）、《吸血鬼黎斯特》（*The Vampire Lestat*，1987）。在随后的15年里，她创作了《被诅咒的女王》（又译《吸血鬼女王》(1989)、《肉体窃贼》（又译《偷尸贼的故事》，1992）、《恶魔迈诺克》(1995)、《潘多拉》(1998)、《吸血鬼阿曼德》(1998)、《吸血鬼维多利奥》(1999)、《梅瑞克》(2000)、《血和黄金》(2001)、《布莱克伍德庄园》(2002)、《血之颂歌》(2003) 10 部吸血鬼小说。1994 年，《夜访吸血鬼》被拍成电影。美国作家伊丽莎白·柯斯托娃（Elizabeth Kostova，1964— ）历时 10 年精心创作了处女作小说《历史学家》（*The Historian*，2005）。他们的创作在欧美文坛掀起了新一轮吸血鬼文学的热潮。吸血鬼形象和吸血鬼文学很快传入其他国家和地区。日本作家菊地秀行（1949—）20 世纪 80 年代的小说系列《魔界都市》(1982)、《吸血鬼猎人D》(1983)，都以吸血鬼为作品的主人公。日本轻小说作家吉田直（1969—2004）的巴洛克风奇幻小说《圣魔之血》于 2001 年开始在 *The Sneaker* 杂志上连载，内容主要讲述了"大灾难"后人类文明衰落，异种智慧生命体吸血鬼与人类持续争斗的黑暗时代的故事，作品将吸血鬼故事与圣经中的相关传说融于一炉。该作品后被改编成动画，广受欢迎。中国香港地区作家乔靖夫（1969—）出版了《吸血鬼猎人日志》系列 5 册，分别是《恶魔斩杀阵》(1996)、《冥兽酷杀行》(1997)、《杀人鬼绘卷》(1999)、《华丽妖杀团》(2002)、《地狱镇魂歌》(2005)。该系列堪称中国吸血鬼小说的典范。中国台湾地区小说家九把刀（本名柯景腾，1978— ）的小说《猎命师传奇》(2005) 中，也有吸血鬼出现。

穿越是玄幻文学的另一个重要题材。英国意识流小说家、女性

主义理论先驱伍尔夫（Virginia Woolf，1882—1941）的长篇小说
《奥兰多》（*Orlando*：*a Biography*，1928），可谓第一部涉及穿越题
材的名作。作品记录了主人公奥兰多从 16 世纪的男性到 20 世纪的
女性的转变过程，作品的主体是奥兰多 400 多年里的离奇经历：初
为男子身，受伊丽莎白女王宠幸，失意于詹姆斯王时代，隐居乡
间从事文学创作；在一次出使土耳其期间昏睡数夜，醒来后发现
自己成了女儿身；成为女性后，开始感受女性受到的歧视、束缚
和压迫，经历战争、爱情、生育和新生后，至 20 世纪初成长为一
名成熟的女作家。此时的她，在内心深处已是女性与男性的共同
体。这一人物形象体现了作者雌雄双性同体的性别观。

美国女作家、哥伦比亚学院教授奥黛丽·尼芬格（Audrey
Niffenegger，1963— ）创作的《时间旅行者的妻子》（*The Time
Traveler's Wife*，2003），是她的第 1 部小说。作品是一部科幻爱情
小说，交织贯穿了亨利和克莱尔不同角度的视野和叙述，传神地
表达出女主人公克莱尔那种总是被丢下后的思念，那种不寻常的
生活方式，以及她对亨利超乎一切的爱；同时，作品也生动传神
地描绘了亨利这个永远不知道自己下一刻将身在何方的男人的恐
惧，和他对来之不易的爱情的无尽感激。作品中的时间完全不符
合现实中的时间：相遇那年，克莱尔 6 岁，亨利 36 岁；结婚那年，
克莱尔 22 岁，亨利 30 岁；离别后再度重逢时，克莱尔 82 岁，亨
利 43 岁。患有慢性时间错位症的亨利一次又一次把爱人抛在后
面，而她却用一生的时间来等待爱人的再次出现。是什么过滤着
这一对恋人炙热的爱意，又是什么推动他们在复杂交错的命运中
勇敢地探索，终于让时间在爱的面前也变得微不足道？这像是一
本科幻小说，却洋溢着浓浓的诗意；这像是一本爱情小说，却饱
含了信念与时空的哲理。如果生命是一场旅行，亨利的旅程肯定
比常人的更加迂回，他会不知不觉地游离在时间之间。而在时间
的正常旅途中行走的克莱尔，却被丈夫远远抛在后面，焦急地渴

望着爱人能早日回到身边。克莱尔虽然拥有时间，却只能通过触摸亨利来触摸时间。美国《芝加哥论坛报》评价这部小说是"一首爱战胜了时间的高昂颂歌"。这让人联想到哥伦比亚作家马尔克斯的《霍乱时期的爱情》中的男主人公历经战乱和瘟疫，在长达半个世纪的时间里，痴情等待他深爱着的女子的感人故事。所以，《华盛顿邮报》称："奥德丽·尼芬格和马尔克斯一样，他们试图告诉我们，在如此崇高的爱情里，没有悲剧可言，也永远不会被任何限制所困。"

然后，再来看看中国的流行文学及其研究的情况。

笔者认为，以琼瑶小说、三毛散文为代表的言情文学，以金庸、梁羽生、古龙作品为代表的武侠小说，以及以韩寒、郭敬明、张悦然为代表的青春文学，大体上可以代表中国当代流行文学的主要成就。这些昔日难登大雅之堂的"副文学"，在受到文化研究影响的文学研究者看来，是具有独特价值的。

琼瑶（1938— ），原名陈喆，中国台湾地区著名作家、编剧、影视制作人，祖籍湖南省衡阳县渣江镇。从 1964 年开始，她先后出版了近 50 部小说。其主要作品有：中长篇小说《六个梦》《烟雨朦朦》《几度夕阳红》《庭院深深》《心有千千结》《一帘幽梦》《在水一方》《我是一片云》《月朦胧鸟朦胧》《聚散两依依》《问斜阳》《青青河边草》《水云间》，散文集《不曾失落的日子》，游记《剪不断的乡愁》，以及自传《我的故事》等。琼瑶的作品相继改编成电影、电视剧，造就了一批又一批因扮演其剧作中的人物角色脱颖而出的影视明星，从而拥有大量的读者和观众群，在华语文坛形成了一种历时 30 余年而不衰的"琼瑶现象"。研究者发现，琼瑶的小说大多以爱情为主题，富有浓厚的情感色彩和文化精神，描写中国的人生、人情、传统伦理道德，又将传统观念和现代意识、艺术美感融会贯通，打动了亿万读者的心。同时，其作品构思巧妙，文笔淡雅，以情动人，因而深受少男少女的喜爱。

三毛（1943—1991），原名陈懋平（后改名陈平），中国台湾地区作家。她 1943 年出生于重庆，1948 年随父母迁居中国台湾地区，1967 年赴西班牙留学，后去德国、美国等地游历，1973 年定居西属撒哈拉沙漠，和荷西结婚。1981 年回台后，她曾在文化大学任教，1984 年辞去教职，而以写作、演讲为重心。三毛著有散文、小说集《撒哈拉的故事》《哭泣的骆驼》《雨季不再来》《温柔的夜》《梦里花落知多少》《背影》《我的宝贝》等 10 余种。其记游散文如《撒哈拉的故事》《万水千山走遍》等，融知识性、趣味性、艺术性为一体，具有较高的文化审美价值；叙述哀情的散文如《云在青山月在天》《不死鸟》《背影》《似曾相识燕归来》等，风格沉郁，淡泊，显得炉火纯青，更具耐读性。三毛生性浪漫，3 岁时读张乐平《三毛流浪记》，印象极深，后遂以"三毛"为笔名。为了追寻心中的那棵"橄榄树"，她踏遍万水千山。然而无论是异国都市的生活情调，还是天涯海角的奇风异俗，都不能消解她深埋于心中的中国情结。尽管她嫁给了一个深眼高鼻的洋人，但她仍是一个完整的东方女性。三毛的散文取材广泛，不少散文充满异国情调，文笔朴素浪漫而又独具神韵，表达了作者热爱人类、热爱生命、热爱自由、热爱大自然的情怀。三毛从来不刻意追求某一种技巧和风格，一切都显得平实与自然，然而在她信笔挥洒之中，却又蕴含无限意味。

对于琼瑶小说和三毛散文的言情主题的研究，不仅可以透视人情，而且可以据此理解人性和人生。这些也正属于雷蒙·威廉斯所说的"文化"的范畴。

金庸（1924—　），原名查良镛，中国香港地区武侠小说作家、新闻学家、社会活动家。他于 1948 年移居中国香港地区。金庸是新武侠小说的代表作家之一，被公认为"武林泰斗"。自 1955 年的《书剑恩仇录》开始，至 1972 年的《鹿鼎记》正式封笔，金庸共创作了 15 部长、中、短篇小说，除短篇小说《越女剑》（1970）之外，合称"飞雪连天射白鹿，笑书神侠倚碧鸳"，即：《飞狐外传》（1960）、《雪山飞狐》（1959）、《连城诀》（1963）、《天龙八部》（1963）、《射雕英雄传》（1957）、《白马啸西风》（1961）、《鹿鼎记》（1969）、《笑傲江湖》（1967）、《书剑恩仇录》（1955）、《神雕侠侣》（1959）、《侠客行》（1965）、《倚天屠龙记》（1961）、《碧血剑》（1956）、《鸳鸯刀》（1961）。金庸的作品脍炙人口，大多被改编成影视剧、游戏、漫画等产品。金庸的小说既继承了传统白话小说的语言风格，又对旧式武侠小说从思想内容到艺术手法做了全面的革新。这些作品以古代生活为题材，却体现出现代精神，同时富有深厚的文化内涵，因而赢得亿万读者的喜爱，达到雅俗共赏的境界。其作品内容丰富，情节跌宕起伏，有豪侠气概，有儿女柔肠，有奇招异法，凡此种种，引人入胜。

梁羽生（1924—2009），原名陈文统，与金庸、古龙并称为中国武侠小说三大宗师，被誉为新派武侠小说的开山祖师。在评价自己的武侠创作地位时，梁羽生曾说："开风气也，梁羽生；发扬光大者，金庸。"梁羽生摒弃了旧派武侠小说一味复仇与嗜杀的倾向，将侠行建立在正义、尊严、爱民的基础上，提出"以侠胜武"的理念。他著有武侠小说 35 部，代表作品有《白发魔女传》《七剑下天山》《萍踪侠影录》《云海玉弓缘》等。梁羽生的功绩在于开了武侠小说的一代新风。旧武侠小说虽也热火朝天，但自始至终为新文学所瞧不起，始终难登大雅之堂，当时自命为大雅的报纸都不屑于刊登武侠小说，武侠小说的读者还缺少知识分子，主要是下层的"识字分子"。梁、金一出，局面顿时改观，各大报都以重金做稿酬，争相刊登，读者也普及到社会各个阶层，港、台、新、马一时风起云涌，开创了武侠小说的一个新世纪。随后，关于武侠小说的专门研究也渐成热潮，完全可以与纯文学媲美。

古龙（1938—1985），原名熊耀华，中国香港地区著名武侠小说家，籍贯江西。古龙以无比丰富的创作力，留下了 70 多部精彩绝伦、风行天下的武侠巨作。其代表作有《多情剑客无情剑》《绝代双骄》《浣花洗剑录》等。古龙把武侠小说引入经典文学的殿堂，将戏剧、推理、诗歌等元素带入传统武侠小说之中，又将自己独特的人生哲学融入其中，开创了近代武侠小说新纪元。他的武侠小说创作理念是"求新求变"，不受传统拘束，将中外经典镕铸一炉，为"武侠美学"理念的形成与"武侠文化"的推广做出了巨大贡献。

对金庸、梁羽生和古龙等人的武侠小说的研究，不仅可以了解有关武侠和历史方面的知识，而且可以参透和领悟人生的终极意义、宇宙的神奇规律。

韩寒、郭敬明、张悦然等都是"80 后作家"。

韩寒（1982—　），是作家、赛车手。他在学生时期因为获得新概念作文比赛第 1 名而一举成名，之后又因为 2000 年 4 月 4 日主动从上海市松江二中退学而引发社会争议，成就了"韩寒现象"。韩寒在 2000 年出版了第 1 部长篇小说《三重门》，创畅销纪录；其他作品还有《毒》《零下一度》《通稿 2003》《就这么漂来漂去》等。2009 年，他主编《独唱团》，销量突破 200 万册，后被停刊。2010 年，被美国《时代周刊》评选为 100 名影响世界人物之一，理由是"这位 27 岁的年轻作家在出版以自己的中学辍学经历为背景的第 1 本小说后一炮而红，成为中国最畅销的作家之一"。他的代表作《三重门》通过少年林雨翔的视角，向读者揭示了一个真实的高中生的生活，把亲子关系、师生关系、同学关系中的种种矛盾和问题展现开来，体现了学生式的思考、困惑和梦想。

郭敬明（1983—　），网名"第四维"，媒体常称"四维"或"小四"，知名作家，上海大学肄业。他的主要作品有《幻城》

《梦里花落知多少》《岛》《1995—2005 夏至未至》《悲伤逆流成河》《小时代》等。他主编了青春文学杂志《最小说》（2006 年 10 月上市，2008 年 1 月正式成刊）。该杂志旨在刊登最优秀、最精彩的青春题材小说，力求打造成年轻读者和学生最喜欢的课外阅读杂志。2009 年 1 月开始，郭敬明主编《最漫画》，30 万册起印，创国内漫画期刊销售纪录，杂志提出新主题口号："梦想新世界，少年最漫画。"2012 年 1 月，他又推出和主编全新月刊《放课后》。刊名源于日语，意为"放学后""下课后"。杂志为年轻有活力、独立思考并且追求新鲜体验的学生群体而设，主要以青春校园为基调，加入类型阅读、绘本、漫画等多种形式。郭敬明的小说代表作是《小时代》系列，已出《折纸时代》《虚铜时代》《刺金时代》3 部，连载于《最小说》（漫画《青木时代》连载于《最漫画》，内容与《折纸时代》同）。小说以经济飞速发展的上海为背景，讲述了林萧、南湘、顾里、唐宛如 4 个从小感情深厚、有着不同价值观和人生观的女生先后经历的友情、爱情乃至亲情的巨大转变，是一部当下时尚年轻人生活的真实写照。它以敏感、细微的笔触将当代青少年、大学生或都市白领的生活和情感娓娓道来，融入对整个时代的观察和思考，正如郭敬明所言，该作品是"一部反映我们现在这个年代的青春心灵史"。同时，本书加入大量时尚元素，呈现出极强的日常生活审美化特点，随处可见轻松搞笑的对话与内容，时而让人捧腹大笑，时而令人扼腕叹息。

张悦然（1982—　　），"80 后女作家"的优秀代表。她已出版的作品有：短篇小说集《葵花走失在 1890》《张悦然十爱》，长篇小说《樱桃之远》《水仙已乘鲤鱼去》《誓鸟》，图文小说集《红鞋》，主编主题书《鲤》系列等。张悦然 14 岁开始发表作品，《陶之隅》《黑猫不睡》等作品在《萌芽》杂志发表后，在青少年中间引起巨大反响，并被《新华文摘》等多家报刊转载。她于 2001 年获第 3 届"新概念作文大赛"一等奖，2002 年被萌芽网站评为

"最富才情的女作家""最受欢迎女作家"，2003 年在新加坡获得第 5 届"新加坡大专文学奖"第 2 名，2004 年获第 3 届"华语传媒大奖"最具潜力新人奖。她的长篇小说《誓鸟》（2010），被评选为 2006 年度"中国小说排行榜"最佳长篇小说。作品书写了一部慑人心魄的悲剧，所写的故事发生在大航海时代的宏大历史背景下，美丽的中国少女春迟远下南洋，海啸夺走了她的记忆，她在大海里、岛屿上颠沛流离，被欺侮，被抛弃，饱受生育、病痛、牢狱之苦。为了寻找自己的过去，春迟甘愿穷尽一生，但还是没能在沧海中找到那枚藏着她的记忆的贝壳。后来，有人说曾在旧城的废墟瓦砾中看到过一个眼瞎的女人，她像一只鸟儿一样掠过地上的死人，拾起散落在他们身边或握在他们手中的贝壳。攻进贝壳城邦的那些士兵们都曾看到这个女人踮着鲜红的脚掌在坍塌的木梁和死人的身上跳舞，她还蒙上患病的儿童的眼睛，引领他们阅读装载着快乐记忆的贝壳，为他们驱除病痛。最后，她被人们视为圣女，被人们视为世上最富有的女人。作品中的人物有海盗、歌女、宦官、部族首领、西洋牧师，他们的命运在南洋的魔幻旖旎的风光里交汇。《誓鸟》延续了张悦然华丽、残忍的笔触，又增添了魔幻的色彩。

对以韩寒、郭敬明、张悦然为代表的"80 后作家""90 后作家"的青春文学的研究，可以有助于了解年轻一代的心态、习惯、性格与价值取向。他们大多是独生子女，又正处于孤独、叛逆的青春期，所以，这些作品中的人物形象往往多姿多彩，性情独具。同时，他们的生活习性和价值观念又可以折射出时代的风云变化和特色。

6.2 儿童文学研究

与流行文学一样，儿童文学通常也被视为亚文学或副文学。首先，来看看国外儿童文学研究。

　　据笔者所知，近年国外最为热门的儿童文学作品非《哈利·波特》莫属了。该系列童话的作者是英国女作家 J. K. 罗琳（J. K. Rowling, 1965—　　），她毕业于英国埃克塞特大学。她于 1997 年 6 月推出哈利·波特系列的第 1 部《哈利·波特与魔法石》（*Harry Potter and the Philosopher's Stone*），引起轰动，后又接连推出第 2 部至第 7 部：《哈利·波特与密室》（*Harry Potter and the Chamber of Secrets*，1998）、《哈利·波特与阿兹卡班的囚徒》（*Harry Potter and the Prisoner of Azkaban*，1999）、《哈利·波特与火焰杯》（*Harry Potter and the Goblet of Fire*，2000）、《哈利·波特与凤凰社》（*Harry Potter and the Order of the Phoenix*，2003）、《哈利·波特与混血王子》（*Harry Potter and the Half-Blood Prince*，2005）、《哈利·波特与死亡圣器》（*Harry Potter and the Deathly Hallows*，2007）。2001 年，美国华纳兄弟电影公司决定将小说第 1 部《哈利·波特与魔法石》搬上银幕，直到 2010 年，哈利·波特电影系列的完结篇《哈利·波特与死亡圣器》拍摄完成。截至 2008 年，《哈利·波特》系列 7 部小说被翻译成 67 种文字在全球发行 4 亿册，名列世界上最畅销小说之列。作品的主人公哈利·波特（Harry Potter）是一个 10 岁小男孩，瘦小个子，黑色乱蓬蓬的头发，明亮的绿色眼睛，戴着圆形眼镜，前额上有一道细长、闪电状的伤疤。作品前 6 部以霍格沃茨魔法学校为主要舞台，描写了主人公哈利·波特在霍格沃茨魔法学校 6 年的学习生活和冒险故事；第 7 部描写了哈利·波特在校外寻找魂器并消灭伏地魔的故事。伏地魔（Voldmort）原名汤姆·马沃罗·里德尔，被称为"史上最危险的黑巫师"，他是杀死哈利父母的凶手。

　　《哈利·波特》虽然是童话，但有着很强的现实指向性。首先，作品涉及现实社会中的种族主义观点、种族灭绝论等偏见。小说将以马尔福一家为代表的魔法师归为纯种魔法师，他们有着高度的优越感，看不起像赫敏这样的非魔法家庭出身的魔法师。

在魔法世界中，也会因为出身的低贱遭到不公平的待遇，例如，赫敏这类魔法师无论付出多大的努力、本身是多么优秀，都还是会遭到纯种巫师的蔑视。伏地魔所构建的魔法世界的宗旨主要是保留纯种巫师，对那些非纯种的巫师进行残忍的杀戮。与之相反，以邓布利多校长及哈利为代表的魔法世界兼容并包，他们认为出身并不重要，最重要的是个人的努力。在最后的战斗中，哈利一方取得了彻底的胜利，伏地魔势力土崩瓦解。现今社会，种族歧视问题虽然有所缓解，但不可否认的是在某些地区仍然存在。作品的主题对现实世界具有警醒的现实意义。其次，作品对善与恶问题的思考也非常有启发意义。小说中的善与恶对立主要分为两条线索，一条是以哈利与伏地魔为代表的善与恶的对立，另一条是哈利心中的善恶抗争。哈利最终战胜心魔，回归自我，从而完成了从普通人向英雄人物的转变。这也昭示着作者对于恶的看法：恶并非与生俱来，伏地魔也曾是一个优秀的学生，而虽然哈利是一个正面的形象，但一些恶念也会随着时间的推移而堆积在自己的思想中。

同时，《哈利·波特》系列童话的艺术性也非常强。首先，全书全程透过哈利自己的视角叙述，读起来有亲切感。其次，书中的主要角色刻画深刻，次要角色也活灵活现。再次，作品巧妙地继承了欧洲经典文学的传统，突出体现在母题的运用和文化寓意的传承两个方面，而这些母题主要来自欧洲文明的两大源头——希腊罗马神话传说和圣经。又次，设置人物形象和故事时，常常采用先抑后扬或先扬后抑的手法，从而使得故事更加扑朔迷离，丰富多彩。最后，小说具有深刻的现实性，环境和人物都真实可信。虽然魔法世界是神奇梦幻的，但其中随时能够找到现实的影子。小说的主人公哈利虽然是英雄，但并不是无所不能、如同神仙，反而有各种各样的缺点和弱点，有着与现实世界中的孩子们一致的共性。这是小说能够吸引全球数以万计读者的重要因素。

中国当代儿童文学创作日趋繁荣。当下中国最受关注的儿童文学作家是郑渊洁、杨红樱两位，此外，北京大学的曹文轩、湖南师范大学的汤素兰两位教授堪称学院派儿童文学作家的代表。

郑渊洁（1955—　），有"童话大王"之称，还是国家民政部"中华慈善楷模奖"的获得者。他从1977年开始文学创作，至今已出版《郑渊洁童话全集》共33卷。皮皮鲁、鲁西西、大灰狼罗克、舒克和贝塔是他笔下的著名形象。1985年创刊的《童话大王》半月刊是专门刊登郑渊洁童话的杂志，至今畅销不衰，最高期发行量达百万册。1991年，中国台湾地区《童话大王》半月刊创刊，郑渊洁的作品受到台湾地区读者的喜爱。《皮皮鲁总动员》（由105本书构成）是作者近千万作品中皮皮鲁故事的首度汇集，同时以皮皮鲁形象为线索，串连了郑渊洁童话中其他最受读者欢迎的精彩故事，堪称"郑渊洁童话观止"。在2011年联合国评出的世界十大图书中，《皮皮鲁总动员》名列第4位。本套作品保持了郑渊洁一贯的文笔风格，语言轻松幽默，流畅风趣，而又不乏思想的深度，字里行间闪烁着深邃的思想火花。同时，每册书采取图文混排形式，让作品的趣味性显得更加浓烈，寓教于乐。

杨红樱（1962—　），儿童文学作家，作品被翻译为英文、韩文、泰文、德文、西班牙文等语言。她做过7年小学老师、7年儿童读物编辑，平生最大的愿望就是破解童心。她曾获"冰心儿童图书奖""海峡两岸童话一等奖"。2000年，杨红樱以《女生日记》拉开"杨红樱校园小说系列"序幕，其后出版的《男生日记》《淘气包马小跳》《漂亮老师和坏小子》《笑猫日记》也反响巨大。其中，《男生日记》《漂亮老师和坏小子》分获2003年、2004年全国优秀畅销书奖。"淘气包马小跳系列"是目前中国孩子最喜爱的文学读物，成为中国原创儿童文学第一品牌书。2004年5月24日，中央电视台《焦点访谈》对该系列在全国孩子中引起的热读现象进行了深度评论。

曹文轩（1954— ），中国儿童文学作家，任北京作家协会副主席、北京大学教授，是中国少年写作的积极倡导者、推动者。他的主要小说有《草房子》《青铜葵花》《山羊不吃天堂草》《根鸟》等。他的代表作《草房子》的故事发生于20世纪60年代初中国政治运动旺盛时期，但没有牵扯上政治色彩。它通过一个少年的眼光看待世界，展现了20世纪60年代纯朴的风土人情，同时透出一种淡淡的忧愁。作品反映了中国人特有的"情"：父子情、朋友情、家庭中的感情、团体间的感情、老师之间的感情。作品写了男孩桑桑刻骨铭心、终身难忘的6年小学生活。期间，他亲眼目睹或直接参与了一连串看似寻常但又催人泪下、撼动人心的故事：少男少女之间毫无瑕疵的纯情，不幸少年与厄运相拼时的悲怆与优雅，残疾男孩对尊严的执着坚守，垂暮老人在最后一瞬闪耀出的人格光彩，在死亡体验中对生命的深切而优美的领悟，大人们之间扑朔迷离且又充满诗情画意的情感纠葛。荡漾于作品中的悲悯情怀，在人与人之间的关系日趋疏远、情感日趋淡漠的当今世界，显得弥足珍贵、格外感人。作品格调高雅，叙述风格谐趣而又庄重，情节曲折。通篇叙述既明白晓畅，又有一定的深度，是那种既是孩子喜爱也可供成人阅读的儿童文学作品。

　　汤素兰（1965— ），湖南师范大学文学院教授。其主要作品有《笨狼的故事》《小巫婆真美丽》《小朵朵和大魔法师》《小朵朵和半个巫婆》，以及儿童小说"酷男生俱乐部"系列等。汤素兰被评论家喻为"一棵特立独行的树"。有趣、好看的故事，优美的想象，机智、风趣的叙事方式，真挚的感情和爱心投入，纯美、清澈的浅语艺术，还有无处不在的、优雅的抒情意味，这一切都是汤素兰童话的魅力所在。

　　在文化研究思潮的影响之下，学界对儿童文学的研究越来越重视，也越来越有深度。儿童文学不仅可以反映儿童的生活、性格，也可以折射儿童对世界、人生观的认识历程。同时，儿童文学同

样也可以反映时代风云，反映普遍的、共通的人性。这些都必然
是儿童文学研究的题中之义。

6.3　网络文学研究

　　和流行文学、儿童文学等一样，网络文学也被列入亚文学或副
文学之列。由于诞生的时间较晚，也因为质量还良莠不齐，网络
文学尚未得到应有的重视，对网络文学的研究也远远谈不上深入。

　　所谓网络文学，就是以网络为载体发表的小说、随笔等文学作
品，或是指以互联网为平台和传播媒介、借助超文本链接和多媒
体手段表现主题、供网民阅读的文学作品、类文学文本。其作者
通常被称为写手。

　　中文网络文学起源于 1991 年年初王笑飞在海外创办的中文诗
歌网（chpoem-1 @ listserv. acsu. buffalo. edu）。留美网络作家少君
1991 年 4 月发表的《奋斗与平等》是目前所知的最早一篇中文网
络小说。1993 年 3 月，诗阳通过电邮网络发表诗歌，被称为第一
位中国网络诗人。1994 年 2 月，方舟子等人创办了第一份中文网
络文学刊物《新语丝》。1998 年，电子公告栏（BBS）上出现"痞
子蔡"（蔡智恒）的《第一次的亲密接触》，这是 20 世纪最有代表
性和影响力的中文网络小说。21 世纪开始，网络文学日趋繁荣。
2000 年安妮宝贝的《告别薇安》、2001 年今何在的《悟空传》、
2002 年慕容雪村的《成都，今夜请将我遗忘》和林长治的《沙僧
日记》、2005 年邓安东的《有个流氓爱过我》、2008 年邓安东的
《不够时间好好来爱你》等优秀作品不断出现。个人博客的成熟更
是掀起一场全民写作运动。

　　据中国互联网络信息中心（CNNIC）的统计数据表明，截至
2012 年年底，中国网络文学用户数达到 2.33 亿，网络签约写手现
已突破百万，通过网络、手机和其他数码终端阅读网络作品的读
者超过 5000 万，网络文学作品已经超过当代文学 60 年在纸质媒体

上发表作品的数量总和。时任中国作家协会副主席、作家出版社社长何建明曾在接受新华社记者采访时说："'网络文学'的迅速发展，是我国文化大发展大繁荣过程中值得肯定和可喜的事。它的健康成长和发展，有利于社会主义文化大发展大繁荣。"2011年11月下旬召开的第八次全国作家代表大会上，不仅有网络文学的作家代表，而且还有网络作家进入了作协全委会。唐家三少成为第一个加入中国作家协会的网络作家。据悉，近5年来，中国作家协会新发展会员1969名，其中45岁以下新会员830人，当年明月、笑看云起、唐家三少、月关、晴川等20多位当红网络作家被吸收入会。仅仅2013年，网络人气作家申报加入中国作家协会的就有52人，最后通过16人，包括国内女性文学网站红袖添香签约网络作家唐欣恬、携爱再漂流、天下尘埃，以及《甄嬛传》作者吴雪岚（笔名流潋紫）、《步步惊心》作者任海燕（笔名桐华）。何建明认为，这说明中国作家协会是一个开放型的群众团体，同时也证明了网络文学已经被作家协会这样的专业文学组织接受和重视，并视其为文学的一个方面军。此外，从2009年开始，鲁迅文学院已经举办多期网络作家培训班，帮助网络文学作家打开认识世界的多维视角和宏观视野。从2010年起，鲁迅文学奖、茅盾文学奖首次将网络文学作品纳入参评范围。

对网络文学的研究包括许多方面。

首先，可以关注网络作家的富豪榜。

从2012年开始，华西都市报发布的第7届中国作家富豪榜增加了一个新的子榜单——"中国网络作家富豪榜"。当年排在前3位的依次是：唐家三少（经典代表作《斗罗大陆》）、我吃西红柿（经典代表作《吞噬星空》）、天蚕土豆（经典代表作《斗破苍穹》），版税分别是3300万元、2100万元和1800万元。2013年第8届中国作家富豪榜品牌子榜单"网络作家富豪榜"显示，唐家三少（《斗罗大陆》）、天蚕土豆《大主宰》）、血红（《光明纪元》）

分别以 2650 万元、2000 万元、1450 万元的版税收入荣登前 3 甲。2014 年第 9 届中国作家富豪榜品牌子榜单"网络作家富豪榜"显示，唐家三少（《斗罗大陆》）、辰东（《遮天》）、天蚕土豆《大主宰》）分别以 5000 万元、2800 万元、2550 万元的版税收入荣登前 3 甲。从已经发布的 3 次榜单来看，上榜作家作品的题材多集中在玄幻、仙侠领域。

研究网络作家富豪榜，其实就是研究这些作家的作品的发行量。而考察其作品的发行量，也就是了解读者的兴趣所在，以及其兴趣随着时间推移而发生的变化。就现有的网络文学作品来看，大多数是玄幻类题材，读者对玄幻文学感兴趣，这就在一定程度上表明，他们不满意于现实生活，希望甚至渴望去虚构的理想世界中寻求变相的满足。

其次，可以关注典型的个案，包括作家和作品。

近年来最受关注的网络作家，当推连续 3 次获得网络作家富豪榜状元的唐家三少（1981— ）。唐家三少本名张威，自称"三少"，笔名由来是因为小时候喝豆浆喜欢放糖，糖加 3 勺。他曾获得"网络作家之王"的称号。唐家三少被书友们戏称为"网络时代的赛车手"，他的创作速度是每月 30 万字。2005 年 7 月，《善良的死神》这部 160 万字的长篇巨著完工，从起笔到结束只用了 4 个月。他的代表作《斗罗大陆》（2008）是长篇玄幻小说，漫画由《知音漫客》穆逢春工作室绘画。小说主要描绘了一个名叫斗罗大陆的武魂世界。唐门外门弟子唐三，因偷学内门绝学而为唐门所不容，跳崖明志时却发现穿越到另一个世界，即斗罗大陆的圣魂村。这里没有魔法，没有武术，没有战斗力，却有神奇的武魂。这里的每个人在 6 岁的时候，都会在武魂殿中在魂师的帮助下进行武魂觉醒。武魂有动物，有植物，有器物，武魂可以辅助人们的日常生活，有特殊天赋的人可以用之修炼并进行战斗。魂师是斗罗大陆上最强大也是最荣耀的职业，它的等级分为：魂士，魂师，大魂师，魂尊，魂宗，魂王，魂帝，魂圣，魂斗罗，封号斗罗，巅峰斗罗（超级斗罗），以及绝世斗罗（极限斗罗）。主角最后修炼成神，主角自己是海神，但与小舞融为一体时又可转为杀神，而且是海神、杀神于一体，可同时作战。显然，《斗罗大陆》所虚构的武魂世界与现实生活相去甚远，但它对奇异本领的强调，对陌生而新奇的世界的描绘，也许暗合了读者对异域风情或异国情调的渴慕心理。

中国台湾地区网络作家九把刀也是值得关注的个案。九把刀（1978— ），本名柯景腾，外号"网络文学经典制造机"。他自2000年在网络上出版第一本书开始，已创作近60本书，不少作品被改编成电影、电视剧、舞台剧、网络游戏等。他的作品题材多样化，涉及言情、恐怖、超能力等，他还是演说家、导演、编剧。1999年，他因为《功夫》在KKCity BBS站连载而开始备受瞩目。他的代表作品有《那些年，我们一起追的女孩》《功夫》《杀手》《少林寺第八铜人》等。其中，《那些年，我们一起追的女孩》（2007）是九把刀影响最大的作品，叙述了两个高中生之间的爱情故事。柯景腾读国中时是一个成绩暴烂而又调皮捣蛋的男生，老师将他"托付"给班里最优秀的女生沈佳宜。只要他不认真学习，沈佳宜就会用圆珠笔戳他的衣服。在沈佳宜的监督和鼓励下，柯景腾的成绩就像芝麻开花节节高，渐渐地，他也喜欢上了气质优雅的沈佳宜。然而柯景腾不敢向心爱的女生表白，因为几乎被所有男生喜欢的沈佳宜对追求她的男生一律有一种反感，她只想好好学习，不希望别人介入自己的生活。而沈佳宜唯独愿意把心事与柯景腾分享，可惜柯景腾暗恋沈佳宜8年，最终还是没能修得正果。柯景腾常常将丰富的历史内容以颠覆的姿态轻松地融入自己的作品之中，而这种融入又不同于奇幻小说中那些从头脑中生发的没有现实基础的幻想。他喜欢在小说中探讨社会学、心理学问题。如，他的新作《杀手》系列就通过两个杀手的故事探讨了正义与公道，而另一本被归为"异色小说"的《阴茎》则表达了阳具崇拜带来的莫名焦虑。在风行内地的《功夫》里，他探讨了"集体主义"。九把刀与其他网络作家不同的地方在于，他勇于尝试各种类型，结合奇幻、推理、爱情等类型，用充满漫画及电玩图像的文字幽默地说故事。柯景腾凭借武侠小说《少林寺第八铜人》获得中国台湾地区第一届可米瑞智百万电视小说奖首奖。

最后，网络文学研究还可以关注和总结网络文学的特点，包括它的缺陷，以便进一步推动网络文学的发展。

时任中国作家协会副主席何建明认为，网络文学的创作对传统的文学创作至少有 3 点启示。第一，创作者的创作爱好和情绪获得更多的释放，创作行为也更为自由。第二，可以更多地表达作者所想表达的思想和意识，同时在表现形式上有了更多的探索和实践空间。第三，在出版和传播方面少了许多环节，作品的传播更快捷，受众面更为广泛。前面提到的中国台湾地区网络文学作家九把刀曾经深入研究过网络文学。他的硕士论文题目就是《台湾 BBS 网络小说社群与其迷文化》。九把刀认为，研究中国台湾地区网络小说要重视那些在电子公告栏（BBS）里连载发表并且与读者互动的作品。他认为台湾地区网络小说与其含有大量年轻人的"迷"社群文化密不可分。换言之，年轻的网络文学作者与阅读者都希望生产或再生产作品，以追求与他人的沟通与认同。

不过也得承认，因为审查和筛选的鞭长莫及，同时也因为网络文学的发展史实质上是一部文学向金钱不断妥协的商战史，作为整体的网络文学中充斥着低级趣味的文化垃圾。网络文学写手的素质良莠不齐，网络文学的文学性不强，虽然涉及言情、军事、玄幻等适合甚至迎合大众口味的题材，但很少涉及对人生和社会关系的深度思考。对于网络小说未能获得 2011 年度茅盾文学奖，中国作家、2011 年度茅盾文学奖评委麦家回应："网络小说放在文学平台上来看，有一定的局限性。厚度不够，大多数的作品都是在故弄玄虚、谈情说爱，不能让读者产生共鸣，缺乏思想性，这就像一道菜里没放味精，少了点味道。"英国女作家、2007年诺贝尔文学奖获得者多丽丝·莱辛在受奖词中也说："年轻的男女们接受了很多年的教育，却不曾了解这个世界。他们不读书，只对一些特殊性的东西感兴趣，例如电脑。电脑、电视和互联网是让人惊异的发明，这也不是人类第一次技术革命。我们，我们的思想将伴随互联网改变，会导致整整一代人的精神空虚。"在她看来，互联网传播的是"快餐文化/文学"和"复制文化/文学"，快速、流行，但浅白、浮躁。因此，网络文学的总体水平亟待提高。正如何建明所强调的，在看到网络文学良好发展前景的同时，还应看到其存在的不足，比如，作品数量多，但质量较好的少，甚至相当数量的文字还不是标准意义上的文学作品；再如，参与的创作者多，但能真正具备文学功力、思想底蕴等基本素质的作家不多；等等。

6.4　影视文学研究

20世纪末21世纪初，原先被压抑在边缘的各种非精英文学或亚文学异军突起，包括电影和电视在内的大众传媒日益抢占精英文学艺术的领地，就是其中一个突出的现象。

影视文艺作品与纸质文学的关系颇为复杂。

一方面，影视对纸质文学作品常常"殖民化"。电影、电视是集阅读、观赏和获得审美快感为一体的综合艺术，可以让读者或观众在一两个小时内"看"完数百页的纸质文学名著，而对后者的阅读可能需要一个月的时间。所以，电影与电视对印刷文学市场是一个强有力的冲击。文字形态的文学面临的窘境不断呈现。不少古典和现代文学名著被改编成电影或漫画，也助长了公众只顾通过图像媒介来知晓和理解文学名著，从而冷落了纸质文学文本，使文学文本边缘化甚至成为影视文学的"臣仆"。

　　然而另一方面，影视也可以对纸质文学起推动作用。事实证明，一部电影或电视的成功往往带来相关的文学原著的畅销。例如，20世纪50年代至60年代中外的《牛虻》《暴风骤雨》《林海雪原》《红与黑》《悲惨世界》《安娜·卡列尼娜》《苔丝》《基督山伯爵》等电影、电视剧的流行，就促成了相对应的文学原著的走红。再如，20世纪80年代至90年代根据莫言、王朔、苏童、余华和刘恒的小说改编的电影《红高粱》《顽主》《一半是海水，一半是火焰》《阳光灿烂的日子》《大红灯笼高高挂》《活着》《菊豆》等的走红或获奖，也推动了原著的热销。以外，诸如"《围城》热""《三国》热""《水浒》热""《环珠格格》热"等，也属于此类情形。

　　影视文学研究的一项重要内容就是对影视文学作品与纸质原著的比较研究。例如，对《暮光之城》《哈利·波特》《魔戒》《加勒比海盗》《阿凡达》《来自星星的你》等奇幻、穿越电影文学与原著的比较研究，就容易引起大家的关注。

　　这里有两个例子值得特别提出。一是《魔戒》的作者、英国作家 J. R. R. 托尔金（J. R. R. Tolkien, 1892—1973）。他是牛津大学教授，2008年，《泰晤士报》把他列为"1945年后50位最伟大的英国作家"榜单第6位。他的主要作品有奇幻作品《霍比特人》（1937）、《魔戒》（或译《指环王》，*The Lord of the Rings*）3部曲（《魔界现身》，*The Lord of the Rings：The Fellowship of the Ring*，1954；《双城奇谋》，*The Lord of the Rings：The Two Towers*，1954；《王者再临》，*The Lord of the Rings：The Return of the King*，1955）、《精灵宝钻》（1977）等。二是中国台湾地区作家琼瑶。1998年、1999年，她的新作《还珠格格》由湖南经济电视台拍摄成两部巨型电视连续剧，在台、港、大陆上演后，引起很大反响。对这两位作家的纸质作品和据此被改编的电影、电视作品的比较研究，就是一项非常有价值，同时也具有代表性意义的工作。

对根据中外文学名著甚至文学经典改编的电影电视作品与原著的比较研究，是更有意义的工作。由于纸质文学作品是语言艺术，而影视作品属于综合艺术，它们的载体和表现手段差别很大，读者和观众感知它们的途径也不一样，所以，影视的改编者在改编文学原著时往往会对内容帮出重大的调整，或删掉，或增补，或改变。因此，研究者首先就要对这些现象一一核对落实。然后，在此基础上，要揭示改编者这些行为背后的原因和动机。这些原因中，有些是改编者出于对两者不同艺术的差异的认识而做出的主观努力与艺术创新，也有的可能是出于时代推移、社会环境差异的因素而被迫做出的改变。最后，研究者需要对同一部作品在两个领域的不同表现做出整体的判断，并总结规律。

6.5　其他文学形式研究

除了关注和研究上文提及的流行文学、儿童文学、网络文学和影视文学等文学种类之外，还有其他一些文学形式，如动漫、流行歌词、手机或网络段子、广告及网络热词等，都可以纳入文化研究视域中的文学研究范畴。

比如，不少漫画、卡通、游戏等是由文学作品改编而成的。文学研究者可以考察这一现象。第6届中国作家富豪榜增加了一个新的子榜单"漫画作家富豪榜"，统计时间为2001年到2011年10年间的情况。根据这一榜单的统计，10年间，收入超过1000万元的漫画作家共有6位，依次是：第1名，朱德庸，6190万元；第2名，几米，2500万元；第3名，周洪滨，1830万元；第4名，猫小乐，1700万元；第5名，敖幼祥，1350万元；第6名，朱斌，1200万元。据笔者所知，这些漫画家的创作的一个重要来源就是对最初以纸质形态出现的文学作品的改编。因此，将他们的创作同纸质文本进行对比研究，不仅可以窥探语言文字形态的文学与色彩、图像形态呈现的艺术之间的差异，而且由此可以进一步揭示文字形态的文学的独特性价值，揭示文字形态的文学的不可取代性。

对流行歌词的研究也是一个备受关注的话题。网络上曾经盛传两位北大前校长在迎新或毕业典礼上演唱或引用流行歌词赠送学生的故事。一是在北京大学 2008 年新年联欢晚会上，时任北大校长许智宏在百周年纪念讲堂里，面对成千上万的学生演唱了流行歌曲《隐形的翅膀》（张韶涵原唱），将晚会推向高潮。二是 2010 年 7 月，时任北大校长周其凤引用了《千里之外》（周杰伦原唱）中的歌词"送你离开，千里之外，你无声黑白"来送别 3118 名本科毕业生。

据研究发现，目前的流行歌曲大多以爱情主题为主，其中又以抒写失恋的忧伤或直白地表达爱情观为多。如几年前流行的《老鼠爱大米》和近两年流行的《小苹果》，堪称直白宣示爱情的代表。前者的歌词里说："我爱你/爱着你/就像老鼠爱大米/不管有多少风雨/我都会依然陪着你/我想你想着你/不管有多么的苦/只要能让你开心我什么都愿意……"后者的歌词中有这样的句子："摘下星星送给你/拽下月亮送给你/让太阳每天为你升起/变成蜡烛燃烧自己只为照亮你/把我一切都献给你只要你欢喜/你让我每个明天都变得有意义/……你是我的小呀小苹果/怎么爱你都不嫌多/红红的小脸儿温暖我的心窝/点亮我生命的火……"两相比较，其主题都是直白不过的爱情宣示。而《爱情买卖》的歌词则是失恋和哀怨的代表，其中有这样的歌词："出卖我的爱/逼着我离开/最后知道真相的我眼泪掉下来/出卖我的爱/你背了良心债/就算付出再多感情/也再买不回来/当初是你要分开/分开就分开/现在又要用真爱把我哄回来/爱情不是你想卖/想买就能卖/让我挣开/让我明白/放手你的爱……"

手机短信和网络里的段子也很有研究的价值。在手机短信里和网络上，经常流传网友编写的一些段子。从内容方面来看，这些段子中，除了极少数属于时事或者政治方面的内容之外，如网友模仿司马迁笔调编写的《史记·周永康列传》，大多数都属于带有调侃性质的轻松、娱乐的范畴，充分地体现了老百姓的智慧，即所谓"高手在民间"。例如，2013年暑期酷热之际，湖南不少高校的学生就纷纷在网上发布了自己创作的主题为"求空调"的打油诗。这里摘抄几首如下：

长沙理工大学版《长沙理工·求空调》：长理学子耐热强，电风扇，背靠墙。金村云村，何处可乘凉？莫说心静自然凉，进寝室，桑拿房，辗转反侧梦难香。汗湿裳，床板烫！遥望湘江，唯有汗千行。料得今年夏更长，装空调！求校长！

湖南文理学院版《湖南文理·热热热》：柳城学府热难忘，盼空调，常思量。今生无奈，顶楼小聚场，难诉免费汗蒸房，开地铺，加蚊帐，双面均煎肉难香。汗浃背，水流长，暗思故乡，岁月有彷徨。莫名小主二逼词，不敢道，热疯了！

湖南工业大学版《江城子·工大学子》：工大学子耐热强，电风扇，冰豆浆。同心湖畔，何处觅清凉。纵使心静暑难消，进寝室，桑拿房。辗转反侧梦难香，汗湿裳，板床烫。欲哭无泪，唯有泪千行。料得年年夏日长，装空调，王校长！

随着电视剧《甄嬛传》的热播，网上涌现出许多模仿甄嬛语气而编写的"甄嬛体"笑话。如：

在本宫身边，皆为嗜睡贪睡之人，却没有比本宫更能睡的，更不会有宣扬早起之人。敢打扰本宫睡懒觉，统统都得死。其实虽然本宫着实喜欢打瞌睡，却也处处小心。毕竟皇室衰微，还得要上班，万一不小心被领导看到，拉进小黑屋，就不好了！说人话，别睡了，领导来了！

早膳用的烧卖，味道是极好的。只是这烧卖内里油脂虽多，却看不见一丝肉丁，有些油腻了倒不打紧，实在是辜负了这一元五角的价钱。虽喜爱，但总难免有失落之感，又恐吃多了，误了减肥之大事。说人话，这一块五的烧卖真特么不值！

今日醒来全身酸痛，感觉很乏，想来怕是前几日玩得太尽兴所致；同事几日未见，只望不要生分了才好；私心想着若是这三日太阳眷顾，闻花之芬芳，沐阳光之温存，定可心情大佳，那对工作学习必是极好的，日子也能过得快些，不过想来三日后又能休息倒也不负恩泽。说人话，这周只上三天班，噢也！

能在假期最后一日闭关念书本是极好的，可惜内容甚多，前记后忘，臣妾为此寝食难安，倍感力不从心。又奈何天公不作美，消极了背书的兴致，因而甚想与君结伴出游，陶冶性情。说人话！Mlgb，老子想出去玩！

2012年3月，被揭陈年艳照的舒淇逐一删除过去的千条微博，最终让自己已有过千万粉丝的新浪微博变成"0微博""0关注"。舒淇删微博，一石激起千层浪，越来越多的圈中人为之发声，其中，著名音乐人高晓松的力挺，字里行间道尽光鲜背后的辛酸，引发各行业网友讨论，短短时间内，各种行业不同版本的仿写层出不穷，"高晓松体"在网络迅速爆红。高晓松在微博上力挺舒淇的一段话是这样的："我们这个行业，卖身卖艺卖青春，用欢笑泪水，献爱与自由。从未巧取豪夺，鱼肉乡里，干过什么伤天害理之事。演好了，鞠躬拜票谢观众；演砸了，诚惶诚恐不成眠。顶三五载虚浮名，挣七八吊养老钱。终归零落成泥，随风散去。观众总会有新宠，不复念旧人。看在曾带给大家片刻欢娱，能否值回些人间温暖？谢谢！"随后，在网络上出现一批模仿之作"高晓松体"。如：

（"高晓松体"之证券分析师版）我们这个行业，卖身卖笑卖脑浆，用诚信亲和，献专业与创新。从未巧取豪夺，鱼肉乡里，干过什么伤天害理之事。行情好了，与投资者共欢愉；行情差了，夹紧尾巴低调为人。顶数十载虚名，挣七八吊养老钱。终归零落成泥，随风散去。投资者总会有新宠，不复念旧人。看在曾点过一两只牛股，能否值回些人间温暖？谢谢！

（"高晓松体"之股民版）我们这个行业，砸锅卖铁买股票。以匹夫之驱，博 A 股一笑。从未巧取豪夺，鱼肉庄家，干过伤天害股之事。股票涨了，谢天谢地谢证监会；股票跌了，彻夜割肉两鬓霜。图一二载虚浮名，挣三两吊糊口钱。天若有情天亦老，人若有股死得早。看在曾经拜仙拜佛求涨停，能否值回些牛市温暖？谢谢！

（"高晓松体"之作家版）我们这个行当，卖力卖身卖文章，用欢笑泪水，献爱与自由。从未巧取豪夺，鱼肉乡里，干过什么伤天害理之事。写好了，诚惶诚恐谢读者；写砸了，辗转反侧不成眠。顶三五载虚浮名，挣七八吊养老钱。终归零落成泥，随风散去。读者总会有新宠，不复念旧人。看在曾带给大家片刻愉悦，能否值回些人间温暖？谢谢。

（"高晓松体"之大学老师版）我们这个行业，卖声卖文卖嘴皮，用声音与 PPT，说理论与实务。从未巧取豪夺，鱼肉乡里，干过啥伤天害理之事。讲好了，谢天谢地谢学生；讲砸了，诚惶诚恐难成眠。顶三五载虚浮名，挣七八吊养老钱。终归零落成泥，随风散去。学生终归要毕业，不复念旧师。看在曾教大家少许知识，能否值回些人间温暖？谢谢！

此外，还有网友仿朱自清的散文《春》而作的《春·加薪》，对加薪传闻甚嚣尘上却雷声大雨点小的现象进行了戏谑。其中，有这样一些段落：

盼望着，盼望着，文件来了，加薪的脚步近了。一切都像刚睡醒的样子，欣欣然张开了眼。物价涨起来了，房价涨起来了，职工的工资也要涨起来了，大家都高兴地欢呼起来了。标准悄悄地从官员口里漏出来，嫩嫩的，绿绿的。网络上，电视里，瞧去，一大沓满是钞票。人事、教育、财政，你不让我，我不让你，都齐声吆喝着赶趟儿。标准高的吓死人，标准低的也死吓人，标准没准儿的更是吓死人。言辞里总带着点猫腻味儿，闭上眼，我们仿佛已是全中国最幸福的人、最有钱的人、最NB的人！成千成百的职工嗡嗡地闹着，大小的精英争来吵去。加薪的标准遍地都这样儿的，那样儿的，散在全国各地，像眼睛，像星星，还眨呀眨的……

加薪像小姑娘，花枝招展的，笑着，走着。

2015年6月中旬，沪深两市开始大跌，尤其是6月19日沪深两市近千股跌停。网络上立马出现许多段子。如：

"请问你所在地区的绿化率达到多少？""80%～90%。""这么多，请问你是哪个市的？""股市。"

"沪市！沪市！我是深市！我方伤亡惨重！几乎全军覆没！你方损失如何？""深市！深市！我是沪市！我军已全部阵亡！这是录音，不用回复！"

股市对联：上联是"上午张柏芝（涨百只）"，下联是"下午谢霆锋（泄停疯）"，横批是"王菲（枉费）"。

股市版《泡沫》（歌词）：股市里的泡沫是制造的，刚刚开户的我是幸福的，不管买对买错，不惧风险，先满仓了再说。股市的泡沫，突然一下熄火，万点的承诺，全部都是托！股市像泡沫，股票全部下跌，股民好难过。股票像个妖魔，一买就跌，刚卖却又涨停，不胜折磨；不多的本金，都被股票套着；本想吃火锅，没钱只能吃泡馍；股市有泡沫，怪我没有看破，一个人难过。买点的把握，做空还是做多，把握还是长线，要耐得住寂寞。

又如，对各类广告语的研究。无论是电视中的高端广告，还是各种街头小贴，其用语都有自己的特色。所以，可以关注中外各种红酒的广告词，各种品牌的矿泉水的广告词，以及各型各款汽车的广告词，等等，加以归纳、整理，并从语法、语用等角度进行研究。

又如，对网络热词的研究。有些网络词汇将特殊用法泛化为普遍用法，使之包含象征意义或普遍含义，如"蛮拼的""任性""抓狂""逗比""萝莉"等。有些网络词汇源于谐音，如"童鞋"（同学）、"压力山大"（亚历山大）、"菇凉"（姑娘）等。网络词汇的生造特点之一是缩词，如"不明觉厉"（不明白，但觉得很厉害）、"十动然拒"（十分动心，然后拒绝）、"然并卵"（然而并没有什么卵用）、"注孤生"（注定孤独一生）等。这些词汇往往破坏了传统的语法关系和词汇含义。更有甚者是将读音压缩，如"造"（知道）、"票"（朋友）、"表"（不要）、"酱紫"（这样子）等。这些带有恶搞性质的生造词汇的做法往往弊大于利。

2015 年 6 月 2 日，由人民网舆情监测室发布的《网络低俗语言调查报告》显示，中国网络低俗语言存在"三宗罪"。现在网络语言低俗化现象日益突出，一些生活中的脏话经由网络得到广泛传播，如"草泥马""尼玛"等词；英文发音的中文化、方言发音的文字化也使网络低俗语言不断翻新，如"碧池"（bitch）、"逼格"（bigger）等。此外，网民自创的自我矮化、讽刺挖苦的词语近年来也有所增多，如"屌丝""土肥圆""绿茶婊"等。报告称，网络低俗语言的使用主要存在三种不良现象。一是以情绪发泄为目的的网络谩骂，即部分网民在不了解事实的情况下在网络空间谩骂，致使流言裹胁公众义愤。官员、城管、专家、医生、警察成为所谓的互联网"黑五类"，在历次公共事件中成为口诛笔伐的对象。二是以恶意中伤为手段的语言暴力。有网民将自己的现实压力和不满情绪转化为恶意中伤，对网络语言空间产生严重毁伤。三是以粗鄙低俗为个性的网民表达。如论坛、微博、微信中被广泛使用的"撕逼""装逼"等词。网络语言低俗，不仅扰乱了善意的交流，也对社会整体情绪产生负面影响。

7 文化研究对文学研究的启迪（二）：
问题的发掘

除了拓展自身的研究领域之外，受文化研究的启发，文学研究还可以致力于挖掘某些文学现象背后的美学、哲学、社会学、人类学甚至政治学内涵，提炼出新的话题或主题。本章集中讨论文学研究在这些方面的突破。

7.1 关于流行文学的特点等问题的思考

对于流行文学或通俗文学，历来的文学研究者多持忽视甚至轻视的态度。文化研究则提示，属于大众文化有机组成部分的流行文学或通俗文学有着自己明确的价值取向和独特的艺术风格，同严肃文学或纯文学一样，它也会在日常生活中发挥自己应有的作用。因此，关于流行文学的性质、价值与定位等问题的思考，就必然会成为文学研究的题中之义。比如，不能不思考诸如此类的问题：流行文学是否可以参照传统文学的标准展开研究？纯文学与通俗文学的关系怎样？或者文学的严肃性与流行性的关系如何？

中国出版科学研究所主持的第 5 次国民阅读调查中，被调查的对象涉及 29 省市区的 20800 人，结果显示，从 2000 年起，"最受欢迎的作者"前 10 位依次是：金庸、鲁迅、琼瑶、韩寒、郭敬明、贾平凹、余秋雨、巴金、老舍、古龙。从金庸超越鲁迅而跃居第 1 位，以及琼瑶、韩寒、郭敬明和古龙等人进入前 10 位的事实可以看出，青春文学、武侠小说、言情小说等类型文学或通俗文学在中国的读者中很有市场。

同样，通过对中国作家富豪榜的追踪研究也可以看出，流行文学或通俗文学作品越来越受到读者的关注，它们在读者心目中的地位甚至超过了严肃文学或纯文学。中国作家富豪榜是持续追踪、记录中国作家财富变化，反映中国全民阅读潮流走向的文化榜单品牌。自吴怀尧 2006 年创立至今，一年一度的中国作家富豪榜已成为当今中国关注度最高、话题性最强、影响力最大的热门文化事件。下文列出从 2006 年至 2014 年各届中国作家富豪榜前 10 名的作家。

　　2006 年第 1 届中国作家富豪榜前 10 名依次是：第 1 名，余秋雨，1400 万元；第 2 名，二月河，1200 万元；第 3 名，韩寒，950 万元；第 4 名，苏童，900 万元；第 5 名，郭敬明，850 万元；第 6 名，唐浩明，820 万元；第 7 名，易中天，800 万元；第 8 名，郑渊洁，780 万元；第 9 名，杨红樱，750 万元；第 10 名，姜戎，720 万元。

　　2007 年第 2 届中国作家富豪榜前 10 名依次是：第 1 名，郭敬明，1100 万元；第 2 名，于丹，1060 万元；第 3 名，易中天，680 万元；第 4 名，郑渊洁，570 万元；第 5 名，饶雪漫，520 万元；第 6 名，王朔，500 万元；第 7 名，杨红樱，480 万元；第 8 名，曹文轩，450 万元；第 9 名，王跃文，435 万元；第 10 名，余秋雨，430 万元。

　　2008 年第 3 届中国作家富豪榜前 10 名依次是：第 1 名，郭敬明，1300 万元；第 2 名，郑渊洁，1100 万元；第 3 名，杨红樱，980 万元；第 4 名，饶雪漫，800 万元；第 5 名，马未都，745 万元；第 6 名，郭妮，550 万元；第 7 名，于丹，500 万元；第 8 名，何马，440 万元；第 9 名，石康，360 万元；第 10 名，沧月，355 万元。

　　2009 年第 4 届中国作家富豪榜前 10 名依次是：第 1 名，郑渊洁，2000 万元；第 2 名，郭敬明，1700 万元；第 3 名，杨红樱，

1200 万元；第 4 名，当年明月，1000 万元；第 5 名，吴晓波，750 万元；第 6 名，饶雪漫，600 万元；第 7 名，钱文忠，500 万元；第 8 名，韩寒，380 万元；第 9 名，李可，350 万元；第 10 名，石康，300 万元。

2010 年第 5 届中国作家富豪榜前 10 名依次是：第 1 名：杨红樱，2500 万元；第 2 名：郭敬明，2300 万元；第 3 名：郑渊洁，1950 万元；第 4 名：当年明月，950 万元；第 5 名：曾仕强，780 万元；第 6 名：郎咸平，600 万元；第 7 名：李可，580 万元；第 8 名：韩寒，460 万元；第 9 名：尹建莉，448 万元；第 10 名：天下霸唱，420 万元。

2011 年第 6 届中国作家富豪榜前 10 名依次是：第 1 名：郭敬明，2450 万元；第 2 名：南派三叔，1580 万元；第 3 名：郑渊洁，1200 万元；第 4 名：杨红樱，1100 万元；第 5 名：安妮宝贝，940 万元；第 6 名：江南，790 万元；第 7 名：韩寒，600 万元；第 8 名：当年明月，575 万元；第 9 名：郎咸平，485 万元；第 10 名：蔡康永，450 万元。

2012 年第 7 届中国作家富豪榜前 10 名依次是：第 1 名：郑渊洁，2600 万元；第 2 名：莫言，2150 万元；第 3 名：杨红樱，2000 万元；第 4 名：郭敬明，1400 万元；第 5 名：江南，1005 万元；第 6 名：于丹，1000 万元；第 7 名：韩寒，980 万元；第 8 名：安东尼，900 万元；第 9 名：南派三叔，850 万元；第 10 名：当年明月，700 万元。

2013 年第 8 届中国作家富豪榜前 10 名依次是：第 1 名：江南，2550 万元；第 2 名：莫言，2400 万元；第 3 名：郑渊洁，1800 万元；第 4 名：雷欧幻像，1780 万元；第 5 名：杨红樱，1750 万元；第 6 名：张小娴，1400 万元；第 7 名：沈石溪，1350 万元；第 8 名：郭敬明，1300 万元；第 9 名：韩寒 1200 万元；第 10 名：柴静，1150 万元。

2014 年第 9 届中国作家富豪榜前 10 名依次是：第 1 名：张嘉佳，1950 万元；第 2 名：郑渊洁，1900 万元；第 3 名：杨红樱，1850 万元；第 4 名：刘同，1800 万元；第 5 名：江南，1700 万元；第 6 名：韩寒，1500 万元；第 7 名：郭敬明，1300 万元；第 8 名：沈石溪，1000 万元；第 9 名：伍美珍，760 万元；第 10 名：曹文轩，730 万元。

从这几份榜单来看，除了 2006 年第 1 届排行榜占据首席的是散文作家余秋雨之外，其他几届的首席都是由通俗文学和儿童文学作家摘取，2007 年第 2 届、2008 年第 3 届、2011 年第 6 届的榜首都是由青春文学作家郭敬明摘取，2009 年第 4 届、2012 年第 7 届的榜首都是由儿童文学作家郑渊洁摘取，2010 年第 5 届的榜首是儿童文学作家杨红樱，而 2013 年第 8 届的榜首作家江南、2014 年第 9 届的榜首作家张嘉佳都是网络文学作家。这就表明，通俗文学或流行文学、网络文学等在读者中很受欢迎。当然，余秋雨、莫言、贾平凹、苏童、余华、王跃文、唐浩明等文坛实力干将的上榜，也说明了严肃的纯文学作品并不是与畅销无缘。特别值得一提的是，2014 年，杨绛进入前 30 名榜单，这除了让人肃然起敬之外，更让研究者看到了当下图书市场的多样性。

有不少专家和批评家对流行文学/通俗文学的媚俗、煽情现象进行了伦理学评价。《小说月刊》2010 年第 6 期卷首语"第三只眼看文坛"一文集中讨论了这一问题。有批评家这样评说中国古典小说与中国当代小说的区别："在古典小说里，年轻男女接吻一般出现在一百五十页以后；在当代小说里，第二页便开始介绍他们的私生子。"作家王朔认为，当今影视作品追求娱乐至上，"上世纪九十年代的大众娱乐，发生一件感人肺腑的事儿，全国人民都跟着哭；现在电视上动不动就哭，却一件感人肺腑的事儿都没有。"作家王蒙则一针见血地指出："现在的作家不是在创作，而是在做宣传。他们一旦成功了以后就可以不动了，大量的工作都是在做一些销售的工作。这个时代是消费者和销售者的时代，创作者是靠边站的。"资深出版人李孝国说："一个只图虚无的轻松的阅读享受，而刻意回避历史的民族，是可悲的。"作家梁晓声高调宣布了自己的文学理想主义，称"即使理想主义让我遍体鳞伤、七窍流血也不后悔"。

青春文学或"80后作家""90后作家"的创作热衷于抒写成长的困惑、迷惘、浪漫的爱情故事或想象中奇妙而梦幻的世界，加上瑰丽华美的辞藻、细腻而淡淡的忧伤风格，吸引着大量的年轻读者群。中国青春文学的兴起，同20世纪90年代以后国外传来的"跨掉派反英雄热"和日本作家村上春树"青春小说热"密切相关。美国作家塞林格的《麦田的守望者》在当时的中国几乎同时出现几个中译本，村上春树的《挪威的森林》等作品更是广受关注。不过，正面的深入思考的缺失，或者对形而上的思考干脆而彻底的舍弃，也使得青春文学常常昙花一现。韩寒主编的刊物《独唱团》曾经多么吸人眼球，但又迅速流产，虽然个中缘由比较复杂，但正能量的相对贫乏肯定是一个重要因素。韩寒曾经这样为自己作品中不务正业、年轻漂亮的男主人公做辩解："我的小说主人公基本上没干什么事，就那么混混沌沌地过着。因为这就是生活，为什么一定要高于生活？"（《小说月刊》2010年第6期卷首语"第三只眼看文坛"）以这样的原则和标准去指导自己的创作，其主题自然难言深刻，其格调自然难言高亢。

当然，同为青春文学作家，也有人敢于解剖自己。其中，女作家张悦然的反思是最有代表性的。作为"80后作家"的她，坦承"80后文学""没有任何沉淀"。她在《我们能够带着理想走多远》一文的开头开宗明义地指出："我们这一代人，也就是所谓的'80后'，从发出声音到现在，已经有10年的时间了。可是，这10年中我们其实并没有说出什么。如果说有没有什么新的思潮的话，也只能是只有潮而没有思。10年来，我们如此热衷地表达自己的观点，可是在这种此起彼伏的热闹中，我们却早已丧失了思考的能力。事实上，我们并没有带来什么新的文学式样或是文学思想。整个'80后'文学看起来很热闹，可其实并没有任何沉淀。"张悦然对"80后"作家群共同体的解剖是十分诚恳的。

何以会如此？"80后"作家们受到当今时代的商业文化大潮的冲击太猛，受到西方文化思潮尤其是后现代主义思潮的冲击过烈，他们在稍稍懂事以后，就在自己的内心深处删除了"集体""经典""传统""责任""使命"等一直以来文学传统奉若神明的东西，转而彻底地回到了"自我""个人""自由"等范畴里去了。他们生于中国社会从传统向现代转型的20世纪80年代，成长于中国全面建立市场经济体系的20世纪90年代，在整体上有着优越于以往任何时代的生活环境，从而在价值观念、行为准则、生活方式、社会参与意识等方面都与以前数代人形成了巨大的差异。他们是一代打开个体基本欲念囚笼将之解放出来乃至极端发展的特殊人群。相比于其他年龄层的中国当代作家群体对"宏大叙事"的热衷与坚守，"80后作家"更注重自我、个体、感觉、精神等方面的表达与书写，更多的是对个体、自我的心声和情绪的率意传达，即所谓的另类、叛逆以及青春的疼痛。有论者认为，"80后作家"应该"赓续50后、60后、70后作家群体的薪火"，"正视并传承20世纪中国现代文学的优良传统"。

2011年度中国长篇小说最高奖茅盾文学奖的评审曾经引发争议，这场争议的导火索就是众多读者喜爱的、写秦朝兴亡的长篇历史小说《大秦帝国》（6卷11册，500万字，作者孙皓晖）进42强时被淘汰，而且20部提名作品中没有网络文学和流行文学的身影。最终获奖的5部作品是：张炜的《你在高原》（10册，450万字），刘醒龙的《天行者》，毕飞宇的《推拿》，莫言的《蛙》，刘震云的《一句顶一万句》。《你在高原》系列讲述了一段行走的故事；刘醒龙的《天行者》讲述了民办教师艰苦卓绝而充满希望的故事；莫言的《蛙》讲述了从事妇产科工作的乡村女医生的人生经历；毕飞宇的《推拿》讲述了一群盲人推拿师内心深处的黑暗与光明；刘震云的《一句顶一万句》教人如何说得上话，说好话。

这里实际上就牵涉茅盾文学奖的评定标准问题。茅盾文学奖的宗旨与意义在于弘扬文学精神。在消费主义盛行的时代，一个社会、一个民族的整体文明不能缺乏典雅的文学精神。作家们通过自己的创作，对人类精神进行严肃思考，对精神价值不懈追求，用文学的方式回应了"五四"以来的启蒙传统。《大秦帝国》是一部描述秦朝兴亡生灭过程的历史小说。秦帝国崛起于铁血竞争的群雄列强之际，建立了一个强大统一的帝国。但它只有 15 年生命，像流星一闪，轰鸣而逝。秦帝国崇尚法制、彻底变革、努力建设、统一政令，历经 160 余年 6 代领袖坚定不移的努力追求，才完成了一场最伟大的帝国革命，建立起一个强大统一的帝国，开创了一个全新的铁器文明时代，使中国农业文明完成了伟大的历史转型。为什么这部当年呼声甚高的历史小说最终败北？评委之一、作家麦家指出："这部小说的主题思想出了严重问题，他的整个小说都在美化暴秦、贬低儒家，与现在的社会价值体系相悖，它如果最后获奖的话肯定会引起读者的炮轰。"

7.2 关于文学与亚文化关系的研究

古今中外，不少文学流派、思潮或创作风格同一定时段、一定地点的亚文化现象联系紧密。要研究透彻这些文学现象，必须将它们同其背后的亚文化背景联系起来考察。

20 世纪外国文坛有两个典型的例子，一是 20 世纪 50 年代至 60 年代美国"跨掉的一代"文学思潮、团体与同时期美国青年亚文化嬉皮士运动的关系；二是二战后英国"愤怒的青年"文学团体与二战后英国特殊的文化、教育政策培养的青年亚文化之间的关系。这两个例子都特别值得研究。

20世纪50年代初，美国正处于麦卡锡主义甚嚣尘上的时代，统治集团对内对外的反动政策，以及对进步人士的迫害，似乎很如意地培养出驯顺而沉默的下一代。然而蓄久必发，到20世纪50年代中期，这"沉默的一代"开始发出惊人的喧闹声。1955年，在旧金山活动的一批青年诗人在该市六号画廊举行朗诵会，艾伦·金斯伯格（Allen Ginsberg，1926—1997）风格奇异、内容惊人的《嚎叫》使整个美国诗评界不知所措，接着法院审理《嚎叫》淫猥罪，反而给它做了广告，所谓"垮掉的一代"（The Beat Generation）正式诞生。金斯伯格凭借次年出版的诗集《嚎叫及其它诗》（1956）确立了自己在垮掉的一代中的领袖诗人地位，并从此被奉为"垮掉的一代"之父。就身份来讲，他集诗人、文学运动领袖、激进的无政府主义者、旅行家、预言家和宗教徒于一身。"垮掉派"的另一位核心人物是小说家杰克·凯鲁亚克（Jack Kerouac，1922—1969）。他的主要作品有自传体小说《在路上》（1957）、《达摩流浪者》（1958）等。他以离经叛道、惊世骇俗的生活方式与文学主张，震撼了20世纪五六十年代美国主流文化的价值观与社会观。凯鲁亚克在小说中创造了一种全新的自动写作手法，即"狂野散文"，他的"生活实录"小说带有一种漫无情节的随意性和挑衅性，颠覆了传统的写作风格。

"垮掉"是英语beat一词的翻译，这个词意义很复杂。垮掉派小说家凯鲁亚克坚持说这个词指神秘的极乐境界（beatfire）；此词又指他们的诗歌朗诵时那种强烈的节奏，因此海外华人书刊往往译之为"敲打派""节拍代"；另外，这个词的基本意义是"疲乏""厌倦"。垮掉派本身只维持了几年时间，到20世纪50年代末就结束了。垮掉派的诗人和小说家们认为，只要写下的是真切感受到的、想到的东西，无论有没有诗意，照直写下，照直吼出，都是好诗；写之前不要构思，写之后不要修改，反对任何形式的追求。作为一个诗派，他们最大的成绩是重新发扬了 19 世纪美国诗人惠特曼开创的自由诗传统，把诗歌从讲堂和教科书里拉回街头，由美国诗人桑德堡等人开始的朗诵传统被他们发展成一种重要的诗歌表现手段。不过在文学史上，作为一个文学流派，垮掉派诗人和小说家的成绩是有限的。

垮掉派对美国资本主义社会采取一种虚无主义的嘲世态度，他们抗议垄断资本统治下人性遭到摧残，人被剥夺了一切有意义的东西。对于这糟透了的社会，他们表示强烈反感。然而表现这种反感的方式，便是做以及书写为这个社会的"正人君子"所不齿或不敢做的事：无论是吸毒、纵欲、流浪生活，还是佛理，似乎只要走入极端，就能脱离这个叫人腻烦的社会，进入神秘的超脱境界。

垮掉派文学与 20 世纪 50 年代的美国尚处于萌芽状态而到 60 年代则处于流行状态的青年亚文化嬉皮士运动有密切关系。嬉皮士（Hippie）本被用来描写美国 20 世纪 60 年代和 70 年代反抗习俗和当时政治的年轻人。嬉皮士最初是在美国东海岸的格林威治村的一些年轻的反文化者，他们自称"hips"。后来，许多来自纽约市区的失望的年轻人聚集在那个村中，他们穿着他们最旧的衣服，用公社式的和流浪的生活方式来反映他们对民族主义和越南战争的反对，他们提倡非传统的宗教文化，批评西方国家中层阶级的价值观，批评政府对公民的权益的限制、传统道德的狭窄和战争的非人道。"垮掉的一代"本身就是嬉皮士的成员。他们常常参与吸毒、纵欲、暴力等活动，也参与少数民族权利斗争、反战运动、环境保护运动等。金斯伯格后来参与了 20 世纪 60 年代的"嬉皮士"运动，他一度宣扬使用毒品的自由。在越南战争期间，他是一名主要的反战激进分子。凯鲁亚克疏狂漫游、沉思顿悟的人生堪称"垮掉的一代"的理想。

愤怒的青年（angry young men）是指 20 世纪 50 年代在作品中

表现出愤世疾俗的英国青年作家和评论家。"愤怒的青年"这一概念源自英国作家莱斯利·保罗1951年出版的自传书名。自学完成大学教育的青年剧作家约翰·奥斯本（John Osborne，1929—1994）引申此词语，写作了剧本《愤怒的回顾》（1956）上演，通过剧中主角对社会进行了全面攻击。其作品主题是揭露和批评社会对人的不公，与人的隔离和对个性的禁锢，以及社会给予人的毁灭性打击。在小说方面，这一派的代表作有约翰·韦恩（John Wain，1925—1994）的《每况愈下》（1954）、金斯利·艾米斯（Kingsley William Amis，1922—1995）的《幸运儿吉姆》（1954）、约翰·布莱恩（John Braine，1922—1986）的《向上爬》（1957）等。戏剧方面的代表作除了奥斯本的《愤怒的回顾》，名作还有工人出身的剧作家阿诺德·威斯克（Arnold Wesker）的《鸡汤加大麦》（1958）。这些作家大多出身于下层社会，并不属于某一具体文学组织，甚至互不相识，只是在反映下层社会、攻击精神生活沉闷乏味和上流社会庸俗虚伪方面同声呼应。在艺术技巧上，他们也都一反英国中产阶级温文尔雅的传统，表现出粗犷强劲的风格。

　　"愤怒的青年"这一文学思潮与二战后英国社会尤其是青年群体的生活状况密切相关。为了迎合人民普遍要求进行社会改革的心理，1945年大选后登台组织政府的英国工党政府打着"福利国家""国民收入再分配"等旗号，推行了一系列"仁政"。其中有一条是所谓"改革大学制度"，即让少数出身于中下层阶级的青年在通过若干考试和复杂程序后得以进入历来只向贵族子弟开放的名牌大学学习。他们之中有不少人自称信奉马克思主义，实际上信奉的还是工党的社会改良主义，工党领导层原来也确有从中选拔、培养理论骨干的想法。这些青年大都具有一定的能力和学识，因而又被称为"才能贵族"。他们原先都有一些献身于社会改革的想法，准备出了学校大干一番，但在大学毕业以后，工党政府已于 1951 年下台，执政的保守党瞧不起这批人，不肯予以重用，而他们也自视甚高，不屑屈居闲职，同时他们中也的确有一些人富有正义感。当看到社会上依然充斥着非正义、积弊并未消除、国计民生还是陷在死胡同里的时候，他们感到愤慨和幻灭，于是拿起笔来，通过文学创作对资本主义社会进行了猛烈的抨击。主要以这些青年为中坚力量的"愤怒的青年"运动就这样形成了。这些人对当时英国社会的种种现象感到不满，进而进行了批判。相对于社会主流而言，他们的言论相当极端，带有无政府主义倾向。他们常常以通过小说和剧本表达人民特别是青年对社会的不满为主要特征。这是当时英国中下层社会对执政工党政治改革的希望落空在文学上的反映。

国内文坛上，涉及文学与亚文化现象的相关个案也不少。笔者认为，特别值得考察和研究的典型个案有：王朔、徐星等所代表的"痞子文学"或"顽主文学"与北京都市文化、"文革"文化的关系，卫慧、棉棉等"新新人类"的创作与上海都市文化的关系，中国台湾地区作家张大春的创作与台北都市文化的关系。

王朔（1958— ），中学毕业后任北海舰队卫生员，退伍后进入北京医药公司任业务员，1978 年开始创作，先后发表《空中小姐》《浮出海面》《一半是火焰，一半是海水》《玩主》《千万别把我当人》《橡皮人》《玩的就是心跳》《我是你爸爸》《看上去很美》等中长篇小说，后来又进入影视业，电视剧《渴望》和《编辑部的故事》都大获成功。王朔的小说形成了一种独特的风格，常常写一群文化痞子，以游戏、颓废为精神特征，人物对白通俗化而又充满活力，叙述语言以戏谑、反讽为主，对权威话语和知识分子的精英立场常有嘲讽。王朔笔下人物的"我是痞子我怕谁"和他自己"我是码字的"的宣言一样，成为一部分青年人的精神象征。1993 年，王蒙在《读书》杂志上发表《躲避崇高》一文，确认了其在所谓正统文学批评领域获得的特有现象："他和他的伙伴们的'玩文学'恰恰是对横眉立目、高踞人上的救世文学的一种反动。""他撕破了一些伪崇高的假面。而且他的语言鲜活上口，绝对地大白话，绝对地没有洋八股党八股与书生气。"德国当代汉学家顾彬则认为："王朔惯于使用街头粗话，特别是青少年的口头习语。他的语言故乡是北京，以及同普通话有所区别的北京方言。那些替代了当时还习以为常的豪迈激情的粗话的泛滥，也不是无缘无故的。作者追求一种深层意味。这种意味只有在历史和政治的背景下才能被发掘。"❶"他在文本的潜在结构中，却毋宁说是在愤懑地探讨毛泽东时代和他之后的中国社会问题。……为此他利用了《毛选》语言和"文革"历史。通过把语言表达和历史事实错置于不适当的地方，他达到了一种陌生化效果：曾经一度被当成信条的东西，现在成了堕落的事情。"❷

　　徐星（1956—　　），1977—1981年当兵，复员半年后到北京全聚德烤鸭店工作。他创作的小说《无主题变奏》1985年由《人民文学》刊发，被视为中国当代文学由传统转入现代的标志性作品之一。1989年，徐星赴德国西柏林艺术大学讲学，1992年赴德国海德堡大学读博士学位，后放弃。他唯一一部长篇小说《剩下的都属于你》（2003）在法国和德国出版后成为畅销书，意大利语和西班牙语译本于2004年出版。国内版一问世，迅即有人洽谈影视版权。作品描写了两个堂·吉诃德式理想主义的中国漂泊者——两个梦多钱少的青年流浪汉，他们希望可以在世界各地寻找到生活的真谛。他们为了生计，在电影里跑龙套；在公共汽车上见义勇为，反遭痛打；拿财钱碰运气赌博，却输光了路费；游历西藏时不知不觉中卷进人贩子团伙，在蛮荒之地刻骨铭心地体验了心理

----

❶〔德〕顾彬：《二十世纪中国文学史》，范劲等译，华东师范大学出版社2008年版，第363页。

❷〔德〕顾彬《二十世纪中国文学史》，范劲等译，华东师范大学出版社，2008年，第365页。

死亡；漫游欧洲时遭遇一群令人瞠目结舌的奇人异士；为谋生当洋劳工，饱尝艰辛；青楼寻芳，反被洋人大敲竹杠；等等。最后，他们什么也没找到，却发现时时尴尬、处处碰壁，一切都已经被他人占有，"剩下的"却"都属于你"。

卫慧（1973—　）、棉棉（1970—　）同为 20 世纪 70 年代出生的女作家，因其文学思想和写作风格有某种程度上的相似性，因而在文学界又并称为"新新人类文学双璧"。随着《上海宝贝》《糖》等作品的陆续出版，以卫慧、棉棉为代表的一批"美女作家""新新人类"的"另类写作"一度被媒体炒得沸沸扬扬，引起人们的广泛关注，产生了巨大的社会反响。她们的作品不仅拥有一定的读者，还被译成数种文字，在多国广为传播。但与此同时，她们以及她们的创作在国内也招来众多非议。有人说她们是不分青红皂白的反叛，走麦当娜路线，以脱衣为本色；有人说她们绝对否定理性、崇高；也有人说她们是对美国 20 世纪 60 年代"跨掉的一代"的拙劣模仿；等等。今天，与之有所不同但又有一定内在联系的"煽情""滥情"之风，在文学创作中、影视屏幕上依然长盛不衰。

的确，"新新人类"的另类写作充斥着性爱和欲望，但文本中包含的时尚一代的生活哲学和美学、女性私人化写作的一些特征和倾向，又给 20 世纪 90 年代的中国文学增添了一道新的风景线。在他们生长的年代里，中国社会的主流意识发生了巨大的变化，由极端压抑人的本能欲望的政治乌托邦理想逐步过渡到人的欲望被释放、追逐。这种变化起先是伴随着经济政策开放、建设现代化大都市、与国际接轨等一系列现代化话语而悄然生长的。他们的创作以另类姿态出现，以现实的或虚拟的"另类生活"为描写对象，有弥散在迪厅、酒吧里的喧嚣奔放，有蚀人心髓的孤独忧伤，有中产阶级式的无所事事的、颓废至极的奢豪消费，主人公常常生活在疯狂的肉欲恣肆、物欲横流之中。他们常常通过表现出叛逆、反主流、追赶时尚等行为而张扬自己的独特性。

实际上，"新新人类"的创作与"新新人类"的生活方式、思维方式紧密相连。"新新人类"起初是 20 世纪 80 年代末期至 90 年代初期的中国台湾地区流行语，有"新潮""年轻""不同于旧时代的人们"的意思，主要泛指国中生、高中生；"新新人类"这一词汇引入中国大陆之后，一般是指出生在 20 世纪 80 年代以后的青年人。他们生活在物质及文化丰富的新时代，追求一切新生事物，喜欢刺激与冒险，倡导新生活，常常特立独行，崇尚自我。他们的服饰、发型往往给人震撼的感觉，或冷酷或活泼，具有强烈的色彩与个性的标志，具有强烈的艺术气息。他们的语言特别，常常是哲理与无厘头相结合。总之，他们的思想、行为等都不同于前人，喜欢我行我素，喜欢特立独行，喜欢标新立异，喜欢追求刺激。新新人类在上海以及广州、北京等城市活动。

张大春（1957—），是中国台湾地区当代作家，也是华人中最优秀的小说家之一。其作品曾获联合报小说奖、时报文学奖、吴三连文艺奖等荣誉，2011 年还获得华语文学奖、2010 年度最高奖"杰出作家"提名。20 世纪 80 年代以来，张大春以目无余子的写作姿态、耍痞嘲弄的叙事风格创作了《将军碑》《四喜忧国》，后又创作了以文字颠覆政治的新闻写作系列、为武侠开创新局的巨作《城邦暴力团》。他的创作往往以中国台湾地区尤其是台北的都市生活、风尚和文化息息相关。

一般而言，研究某一文学现象与其背后的亚文化之间的关联，有助于了解该文学现象如思潮、流派兴起或代表性作家作品出现的原因及其性质特征。研究上述中外文学团体和作家等文学现象与亚文化的关系，同样可以实现这些目标。

7.3　文学经典建构问题研究

文化研究理论与思潮致力于揭示看似中立的文化（包括文学）与话语权力之间的内在关联，落实到文学经典的建构问题上来，文

下篇　文化研究视域中的文学研究

化研究可以启发和推动文学研究者去反思文学经典的建构、重构与文学史的重写等问题。

具体来说，受文化研究的启发，从事文学研究的学者可以思考如下一些问题，如文学的经典化与边缘化背后所包含的权力问题；边缘性文学如女性文学、少数民族或族裔文学、第三世界文学、有色人种文学，以及非正统文学如隐性书写、民间书写等如何逐渐进入经典行列的现象等。引入文化社会学的角度，对文学与权力关系的关注与研究，对传统的文学经典的建构、解构与重构的关注与研究，可以形成诸如亚文学研究、族裔文学研究、女性文学研究、后现代文学批评等领域。

首先，受文化研究启发，文学研究者可以关注各种文学经典的解构行为。如，关注各种对传统经典、红色经典的解构行为，揭示其背后的话语权力支撑。这里仅以《大话西游》《戏说乾隆》等戏说类型电影及其剧本对文学经典或史传文学经典的解构为例，加以说明。

《大话西游》由《月光宝盒》和《大圣娶亲》两部组成，讲述了一个跨越时空的爱情故事。《月光宝盒》开始是观音菩萨要除掉孙悟空，因为孙悟空要伙同牛魔王杀害师父唐三藏，并偷走月光宝盒。唐三藏慈悲为怀，愿自杀以换悟空重生。500 年后，孙悟空投胎为强盗头子至尊宝，不巧撞见预谋吃唐僧肉的妖怪姐妹——蜘蛛精春三十娘和白骨精白晶晶。原来，500 年前孙悟空和白晶晶曾经有过一段恋情，现在白晶晶与至尊宝便一见钟情。此时，菩提老祖将二人的妖怪身份告诉至尊宝，并同强盗们一起与二妖展开周旋。白晶晶为了救至尊宝，打伤了春三十娘，自己却中毒受伤。至尊宝为了白晶晶来找春三十娘，却遭白晶晶误会，后者绝望自杀。至尊宝用月光宝盒使时光倒流，时间倒流回 500 年前。《大圣娶亲》的故事发生在《大话西游》上一集《月光宝盒》之前 500 年。至尊宝被月光宝盒带回到 500 年前，恰巧遇到紫霞仙子。紫霞仙子曾有一个誓言，只要谁能拔出她手中的紫青宝剑，谁就是她的意中人。不想宝剑被至尊宝拔出，紫霞决定以身相许，却遭至尊宝拒绝。紫霞迷失在沙漠，为牛魔王所救。牛魔王逼紫霞与之成婚。关键时刻，至尊宝转世成为齐天大圣孙悟空，踏着五彩祥云来救紫霞。打斗中，悟空为救师父而放弃了紫霞，紫霞为牛魔王所杀。

从以上对其故事情节的大致介绍中可知，《大话西游》对中国古典名著《西游记》做了颠覆性修改，由一个历经九九八十一难去西天取经的故事活生生地变成了一个爱恨情仇的题材。主题方面最重要的区别是，其将《西游记》中基本上避而不谈的爱情放大成了中心主题。其中，这段台词已经成为表白爱情的经典："曾经有一份真诚的爱情放在我面前，我没有珍惜，等我失去的时候我才后悔莫及，人世间最痛苦的事莫过于此。……如果上天能够给我一个再来一次的机会，我会对那个女孩子说三个字：我爱你。如果非要在这份爱上加上一个期限，我希望是……一万年！"

《戏说乾隆》由《江南除霸》《西滇风云》《宫帏惊变》3 部组成。全剧通过乾隆 3 次微服出巡，描述了在探访民情、整治贪顽的过程中风流皇帝邂逅 3 位民间女子的爱情传奇故事。《江南除霸》（又名《扫黑记》）的主要情节是：乾隆借上朝之机，巧妙洞悉了朝廷的贪赃腐败，决计以"四爷"身份微服私访下江南。途中，偶遇目无王法的官霸，欲法办之却寡不敌众，危难之际得盐帮帮主程淮秀相助。渔家女小鱼儿驾船送他们直下苏州。在苏州，四爷砸了盐漕总督索拉旺开的"红袖招"，索拉旺借机挑起盐漕纷争。最后，乾隆化解盐漕矛盾，生擒索拉旺。程淮秀却在这时决然而去。然而程淮秀对"四爷"心存思念，忍不住上京去看望他。但她进宫后方才明白，乾隆并不是她的"四爷"，她再次决然离去，唯留乾隆在街上失魂落魄地呼喊。《西滇风云》（又名《西游记》）的主要情节如下：乾隆再次以"四爷"身份前往承德避暑山庄，散心之余秘密调查苗族刺客的来历。途中，邂逅被朝廷赐死的前督抚之女、侠客沈芳。

沈芳本欲向乾隆讨还血债,却与"四爷"一行人结下深厚感情。与此同时,怒江大法师隋昙派出3个杀手意欲刺杀乾隆。乾隆从中了解到云南怒族官逼民反的情况,于是远赴云南。一番恶战,肃清了策反朝廷的喇嘛头目隋昙,却也让沈芳知道了他的真实身份。沈芳放弃了报仇,但也斩断了情缘,绝尘而去。《宫闱惊变》(又名《失妾记》)的情节梗概是:乾隆圣寿将至,江南敬献上等刺绣,却遭太行山绿林好汉岑九盗劫,并赠于江南刺绣女金无箴。与此同时,狄恒高招安岑九未果,欲利用钦妃迷惑皇上。春喜无意中发现贡品下落,告知乾隆,金无箴被打入天牢,乾隆却为金无箴所动。岑九为救金无箴而掳走春喜。乾隆决定以金无箴与岑九交换春喜。春喜回宫,金无箴却只从天牢转到皇帝书房"藻云轩",最后岑九归顺朝廷,被拿下天牢,春喜帮助岑九和金无箴逃出皇宫,乾隆完全知情,却也没有阻止他们。金无箴在太行山生下乾隆的孩子,美好回忆长留心间。

显然,《戏说乾隆》系列电影的标题"戏说"二字,就再明白不过地预示和默许了对历史人物和事件的篡改和颠覆。它所讲述的故事完全是稗官野史、民间流传的内容,而非官方史传著作强调的统一口径。

其次,研究者也可以关注和研究"杜甫很忙"等网络涂鸦,以及对刘胡兰、董存瑞等先烈故事的改编等典型个案。这些个案,或者是对文学史上著名人物形象的改写,或者是对红色英烈故事的戏谑。其中对名人和先烈的不尊重自不待言,但改编者更可能是出于一种游戏心态,追求的是娱乐至死的效果,所以不宜过分地上纲上线。

在"杜甫很忙"等系列涂鸦里,杜甫因忧国忧民而端坐沉思的经典画像被好事者改变成各种形象,以致杜甫"开完摩托骑白马,打完机枪卖西瓜",然后又变身为海盗路飞、宠物小精灵、火影忍者、高达战士等各种动漫形象,最后,这个1300岁的诗圣穿越到现代，成了网络里最红的男主角。后来，又冒出一张"杜甫是个高富帅"的涂鸦，杜甫西装革履，领带飘飞。涂鸦杜甫到底是一种颠覆先贤形象的恶搞，还是新鲜的动漫创意，一时成为人们热议的话题。而刘胡兰英勇就义的故事则被好事的网友改造成"娃是个好娃，就是反应慢了点"的噱头，董存瑞舍身炸碉堡的故事也被改造成因为受河南籍班长的欺骗不得已而为之的无奈之举。这类颠覆、恶搞之举，的确存在对英雄烈士和河南人的抹黑，不过也应该承认其中暗含着草根们的智慧，以及他们试图发出自己的声音的冲动。

最后，也许是最重要的，研究者可以从理论上探讨研究文学经典或者典律的特点、建构、重构等相关问题。

中文语境中的"经典"，由"经"和"典"两个词组成。"经"的本义是织物的纵线，后指传输根本道理和行动指南的典籍（主要是儒家典籍）。刘勰说："'经'也者，恒久之至道，不刊之鸿教也。"（《文心雕龙·宗经》）周振甫解释说："讲天地人经久不变的道理的，这种书叫做'经'。'经'是讲永久不变的根本道理，不可改动的大教训。"❶ "典"本是记载帝王言行的史书，后来引申为"常道""法则""规范"。《尚书·舜典》（后并于《尧典》）载："慎徽五典，五典克从。"汉儒孔安国传曰："五典，五常之教：父义、母慈、兄友、弟恭、子孝。"❷ 这里的"典"，都是指常道、法则或规范。"典"最后用以指传输常道、法则和规范的书籍。唐孔颖达在《尚书序》中就说："伏羲、神农、黄帝之书，谓之三坟，言大道也；少昊、颛顼、高辛、唐、虞之书，谓之五典，言常道也。"❸ "经"和"典"最终殊途同归，都指的是以儒家著述为核心

❶ 周振甫：《文心雕龙今译》，中华书局1986年版，第27页。
❷ 《十三经注疏》（阮元校刻），上海古籍出版社（影印本）1997年版，第125页。
❸ 《十三经注疏》（阮元校刻），上海古籍出版社（影印本）1997年版，第113页。

的重要著作。现代汉语将"经""典"合二为一，用来指"传统的具有权威性的著作"，或"泛指各宗教宣扬教义的根本性著作"。❶

　　英语词汇"canon"的含义也有一个迁移的过程。按照美国文论家艾布拉姆斯（M. H. Abrams）的说法，"canon"源于希腊词"kanon"，最先指"测杆或尺子"，然后指"表格或目录册"，再后来"逐渐用来指为教会权威们定为真正的圣文的希伯来圣经和新约之类的书卷或作品"，最后"被用于文学领域，意指被专家认定归某个特定作家创作的世俗性作品"。而文学领域的"经典"又有两层含义：一指"作品经典"（the canon of literature），即伟大作品、杰作；二指"作家经典"（literary canon），即"那些根据批评家、学者和教师累积的共识而被广泛承认为'主要的'和创作了经常被视为经典作品的作家"❷。与汉语"经典"不同的是，西语"canon"特别强调它与宗教尤其是《圣经》的密切关系以及著作、著作者的真实性或原创性。

　　经典有两大特征，一是权威性，二是稳定性。首先，经典的权威性源于它背后隐藏的权力。一方面，经典因为承载普适性的价值观念、道德观念或美学观念而俨然成为"真理"的化身，因而拥有学术或思想霸权；另一方面，经典是凭依某种权力或权威建构起来的，它与权力或权威的共谋关系确保了它的权威性。中国学者葛兆光这样揭示了经典的奥秘："无论在东方还是在西方，所谓'经典'，其权威性建筑在对'真理'的独占上，它依靠'真理'的权力保护着它的历史记载、哲理思考、文学表现的绝对合理性。"❸ 法

---

　　❶ 中国社会科学院语言研究所词典编辑室编：《现代汉语词典》，商务印书馆 1986 年版，第 598 页。

　　❷ M. H. Abrams：《*A Glossary of Literary Terms*》，外语教学与研究出版社（影印本）2004 年版，第 28～29 页。

　　❸ 葛兆光：《中国思想史》（第 1 册），复旦大学出版社 2001 年版，第 116 页。

国思想家福柯（M. Foucault）则一针见血地指出权力和知识（包括经典）之间的共谋关系："权力制造知识；权力和知识是直接相互连带的；不相应地建构一种知识领域就不可能有权力关系，不同时预设和建构权力关系就不会有任何知识。"❶

其次，经典的稳定性与经典的权威性密切相关。经典因承载普泛和深刻的内容而深入人心，又因得到权力的支撑而日趋坚挺。艾布拉姆斯认为："一个作家一旦被牢固地确立（为经典），他就会显示出相当大的抵抗力，以抵御被反面责难和变化不定的文学偏好的颠覆。"他举例说，尽管新批评理论家极力攻击英国诗人雪莱（Shelley），但这种批评反而扩大了学界对他的关注，从而进一步维护了他的经典地位。❷ 的确，经典一旦被确立，单凭惯性也会生存许久。

20 世纪 80 年代兴起的"经典"热将经典建构（canon formation）问题推到前台。经典建构与经典的开放性特征密切相关。经典的开放性至少表现在如下 3 个方面。第一，经典常常受时空的限制而裹挟不同的内涵。不同时代有不同的经典，中国当代的经典就不同于中国古代的经典；不同的民族、国家和文化体系有不同的经典，英国人的经典就不同于法国人的经典，伊斯兰教文化的经典就不同于基督教文化的经典。第二，经典常常因阐释主体的差异而呈现出不同的意义和价值。不同的阐释视角、批评方法，会引导阐释者和接受者进入经典的不同层面，解读出不同的意义，最终导致对经典的不同评价。第三，经典是动态的和变化的。经典有恒态、绝对和神圣化的一面，也有动态、相对和世俗化的一面。经典指涉的对象可以是动态的和变化的。例如，中国儒家经典就经历了漫长的变迁过程：汉代立《诗》《书》《礼》《易》《春秋》于学官，定为"五

---

❶ ［法］福柯：《规训与惩罚》，刘北成、杨远婴译，生活·读书·新知三联书店 2003 年版，第 29~30 页。

❷ M. H. Abrams：《A Glossary of Literary Terms》，外语教学与研究出版社（影印本），2004 年版，第 30 页。

经"；唐以"三礼"（《礼记》《周礼》《仪礼》）、"三传"（《春秋左传》《春秋公羊传》《春秋谷梁传》）以及《诗》《书》《易》，为"九经"，后又加《孝经》《论语》《尔雅》，为"十二经"；至宋，列《孟子》于经部，始为"十三经"。同时，经典的秩序也可以是变动的。经典秩序的变动可以表现为过去不在经典之列的作品和作家后来成为经典，或原属经典的作品和作家被从这一序列中剔除，也可能表现为同一经典作家的不同作品在次序、位置上的改变。艾布拉姆斯就曾指出："作品经典"的界限是"宽松的"，"它包含的对象或内容总是倾向于变化"；"作家经典"也是"不确定的"，"某个长期处于经典边缘甚至在经典之外的早期作家也会迁移到卓绝的地位"，如早先默默无闻的英国玄学派诗人约翰·多恩（John Donne）在 20 世纪一跃而为经典。❶

经典建构问题包括经典建构和经典重构两个方面。关于经典建构，学界讨论最多的是经典建构的动力问题。建构经典的"权力"与通常意义上的政治权力并不完全等同，它包括上层（官方，统治者）、中层（精英，知识分子）和下层（民间，普通大众）3 个维度或方向的"权力"。上层权力由政治机构或宗教组织掌控，通过意识形态宣传、舆论导向甚至强力手段来实施。统治集团常常通过经典的建构来确保自己的话语权和价值取向对社会的支配地位。上层权力建构经典的手段主要有：一是将某一或某些作品作为建立思想准则和社会规范的资源。例如，《圣经》本是一部描写以色列人的历史变迁和日常生活的史书，基督教会将其变成基督和基督徒"对世人发出的关于他们信仰的有效保证书"，从而使它成为"书中之王"。❷中国古代帝王将《易》《诗》《尚书》《春

❶ M. H. Abrams：《A Glossary of Literary Terms》，外语教学与研究出版社（影印本）2004 年版，第 29 页。

❷ ［德］维尔纳·克勒尔：《圣经：一部历史》，林纪焘等译，生活读书新知三联书店 1998 年版，第 6 页、第 8 页。

秋》、《礼记》等史书或文学作品所记述和阐发的故事、道理作为世人安身立命的根据和参考，从而确立了其经典地位。二是将某些作品作为学校教育和御用学术研究的对象。如中国古代帝王通过"学在官府"、官师合一的教育形式以及立经学、设五经博士等学术手段，使对某些儒家著述的教学、传授和研究普遍化、体制化，从而使它们跻身于教化经典、政治经典之列。中国在 20 世纪五六十年代，也通过建立权威性的文学理论体系、监管文学书籍出版、干预批评和阐释以及确定学校课程等手段来确立和推行自己的文学经典。❶ 三是将某些作品作为评估和选拔人才的依据。例如，中国封建社会就以"四书五经""十三经"作为科举考试和擢升官员的根据，那些儒家作品自然迟早会成为士子学人的生命线和顶礼膜拜的经典。建构经典的中层权力主要来自被称为社会精英或学术权威的知识分子。他们控制着相当分量的知识资源与学术话语，有能力充当一个民族或国家的知识引路人和灵魂工程师。知识分子将普通作品"提拔"为经典的方式主要有：对其施以密集的关注与阐释，将其频频选入某些选本，将其引入教材或课堂而由教师向学生灌输，等等。中国儒家作品经典化就离不开学术权威的称引和传述，其中孔丘、董仲舒、朱熹就功不可没。奥古斯丁和托马斯·阿奎那等神学家与经院哲学家的学术研究则最终保证了《圣经》的至尊地位。参与经典建构的下层或民间权力不同于官方权力与精英权力，其缺乏强制性，但在民主意识、商品化意识和消费主义观念与日俱增的环境里，每个阶层、每种思潮都会产生建构自己的经典的冲动。中国武侠小说家金庸及其作品就是被数目庞大的通俗文学爱好者推定为"大师"和"经典"的。

关于经典重构问题，学界关注最多的是它的起因。经典重构起

---

❶ 洪子诚："中国当代的'文学经典'问题"，载《中国比较文学》2003 年第 3 期。

因于它的生存危机，而经典的生存危机主要源于时代主题的变迁与知识体系的膨胀。

一方面，时代更替会改变社会的价值观和思想主题，导致昔日的经典与当下社会的不适与龃龉，从而引发新一轮的经典调整与更新。正如荷兰学者佛克玛所说："如果在经典流传下来的知识和所需知识及非经典性文本中可得知识之间存在着巨大的差异，那么对经典的调整必然就会发生。不能满足社会和个人需要的经典一方和迎合了这些需要的非经典性文本一方之间的鸿沟从长远来看将不可避免地导致对经典的变革和调整，以达到把那些讨论相关主题的文本包容到新的经典中去的目的。"❶ 他认为，历史意识的每次变化都会引发新的问题和答案，都会诞生新的经典，因此，经典的构成史就是经典的危机史：西方由中世纪向文艺复兴过渡时期、由古典主义向浪漫主义过渡时期，中国由儒家中国向现代中国过渡时期，都发生过此类危机，都不约而同地引发过经典的调整与更新。❷ 艾布拉姆斯指出，20 世纪 60 年代之后勃兴的解构主义、女权主义、新马克思主义、后殖民理论和新历史主义纷纷责难"标准经典"（the standard canon）是"根据意识形态、政治利益和以白人、男性和欧洲人为代表的精英阶层的价值观来建构的"，它们"传达和维护种族主义、父权制和帝国主义的观念"，将黑人、西班牙裔美洲人和其他少数族群如妇女、工人阶级和同性恋者的利益以及大众文化、非欧洲文明的成果边缘化或排除在外，因此极力主张"开放经典"，使那些"代表妇女的、种族的、非异性恋的和其他群体的关切"的作品以及"好莱坞电影、电视连续剧、通俗歌曲和畅销小说之类的文化产品"也能跻身于经典

---

❶ ［荷兰］佛克玛、蚁布思：《文学研究与文化参与》，俞国强译，北京大学出版社 1996 年版，第 49 页。

❷ ［荷兰］佛克玛、蚁布思：《文学研究与文化参与》，俞国强译，北京大学出版社 1996 年版，第 39 页。

之列。❶ 美国非裔批评家韦斯特（C. West）则认为，当第三世界的非殖民化和白人男性特权文化的瓦解变成现实时，有色美国人（Americans of color）、美国妇女和新左派的白人男子对"男性欧美文化精英"表示了"激进而彻底的质疑"，他们不满"文明、礼貌和忠诚的流行形式以及与之密切相关的文化和经典（canonicity）的观念的局限性、盲视性和排他性"，因而强烈要求重构经典。❷

另一方面，知识的膨胀与刷新、学科门类的细化与增多也会导致经典的拓展与扩充。不同的知识领域、不同的学科门类都会希望拥有自己的"代表作"和"领头羊"，经典就充当了这一角色。随之而来的，便是"经典"成倍地增加，各式"经典"如雨后春笋般不断涌现。佛克玛形象地描绘了西方文学经典随着知识膨胀而扩充的历程：中世纪行将结束时，由拉丁语作家所构成的经典受到了喷涌而出的方言作品的挑战，不久，方言文学经典出现；文艺复兴推动了小说经典的兴起；随着古典主义向浪漫主义的演变，自由酣畅的浪漫主义诗歌又步入经典行列。❸ 中国古代的文学经典几乎都是附经、载道之作，严格依照文学特质确立文学经典在古代中国始终未成气候。直至 20 世纪初期的"五四"文学革命，中国才迎来再造新的文学经典的机会。文学革命的先驱者剥离了文学与经学，打破了文以载道之陈规，致力于提高小说、戏剧以及白话文学、民间文学的地位，使其从边缘走向中心、由"小道"跃入经典。

---

❶ M. H. Abrams：《*A Glossary of Literary Terms*》，外语教学与研究出版社（影印本）2004 年版，第 30～31 页。

❷ C. West. "Minority discourse and the pitfalls of canon formation". in Jessica Munns and Gita Rajan（eds）*A Cultural Studies Reader*：*History*，*Theory*，*Practice*. London and New York：Longman Group Ltd. ，1995，p. 415.

❸ ［荷兰］佛克马、蚁布思：《文学研究与文化参与》，俞国强译，北京大学出版社 1996 年版，第 40～44 页。

　　"世界经典"的建构是经典建构问题域里的特殊议题。此前讨论的是一个民族、一个国家乃至一种文化体系中的经典建构问题。"世界经典"或"世界名著"的建构，似乎被蒙上了一层神秘的面纱，但深究下去就会发现，前边提及的经典与权力的共谋关系原理在此依然有效。试想，当"欧洲中心主义"甚嚣尘上时，所谓的"世界经典"有几部不是欧洲作品？而当"美国中心主义"渐成气候时，"世界名著"则大量吸纳了美国作品。谁掌控了话语权，谁就掌控了"世界经典"的确立标准。当然，这种西方标准并非简单的政治、经济或军事标准，它们往往是多种因素的综合或几种力量的合成。所以，后殖民理论的首席发言人赛义德（E. W. Said）也承认，"东方学"虽然是"西方用以控制、重建和君临东方的一种方式"，但"这一话语与粗俗的政治权力绝没有直接的对应关系"，而是"政治权力、学术权力、文化权力、道德权力"等多种形式的权力综合作用的结果。❶ 因此，西方是否给东方作品作家发放"世界经典"准入证也是基于多种力量的合成。也许某些非西方权威出于民族义愤而自行确立了"世界经典"，但他们的"世界经典"很可能长期被边缘化。同样，"世界经典"也有一个重构的问题。当解构主义思潮出现时，传统的世界经典会受到质疑；当女权主义运动兴起时，一批女性文学经典就可能产生；当多元文化主义理论流行时，东方文学、黑人文学等就可能进入"世界经典"。

　　时至今日，经典将宿命地由神圣化逐步走向世俗化。就像它曾经由宗教领域向世俗领域开放一样，经典也必然由绝对经典走向相对经典，由唯一经典走向多元经典。佛克玛发现：文艺复兴牵引的世俗化进程和 19 世纪民主政治的尝试，既"为一类更具多样

---

　　❶ ［美］爱德华·W. 萨义德《东方学》，王宇根译，生活读书、新知三联书店 1999 年版，第 4 页、第 16 页。

性的经典创造了空间",使"经典的进一步多样化和扩充以及一种较不严格的关于经典化的概念具有了可能",又毫不留情地导致了经典的迅速贬值和去神圣化倾向。对此,他精辟而又感伤地指出:"只有当一政治或宗教机构决定对文学的社会作用较少表示担忧时,它才会在经典的构成方面允许某种自由。但如果这种自由被给予了的话,那么结果有可能是文学(和作家)将会失去它们在政治和社会上的某些重要意义。"❶ 也许经典的神圣性和重要性的丧失才刚刚开始。对此,可以预见,经典在未来日子里会频频受到质疑和挑战。挑战经典的力量将主要来自3种观念。一是民主化意识。当下社会里与日俱增的民主化、多元化意识将矛头直指权威、中心和等级制,因而径直挑战以权威自居的经典。所以,佛克马就感叹道:"世俗化进程的完成(或近于完成)和民主协商对君权的取代使得文学经典有可能成为一种遗物……在实行民主政治的国家中再也不存在能够强行颁定一部经典的宗教或政治势力了。"❷ 二是商品化意识和消费主义心态。商品化意识将使人们急切关注对象的"使用价值",消费主义观念将导向享乐和游戏心态,它们的共有功能就是去神圣化,就是消解神圣与权威。今天,消费和调侃传统经典的现象已屡见不鲜。《白话聊斋志异》《大话西游》《一分钟世界名著》的出笼似乎在宣告对经典的虔诚与仰视已成过去时。三是解构主义和后现代思潮。解构主义和后现代理论的拿手好戏就是质疑"元叙事"与"中心论",就是崇尚差异与断裂,就是去中心化。这就等于挖掉了经典的根基,因为经典的建构和推广无法离开中心机制和中心信仰这个基础。解构主义和后现代思潮似乎想为经典唱一曲挽歌。此外,随着现代社会或后

---

❶ 〔荷兰〕佛克马、蚁布思:《文学研究与文化参与》,俞国强译,北京大学出版社1996年版,第47页。

❷ 〔荷兰〕佛克马、蚁布思:《文学研究与文化参与》,俞国强译,北京大学出版社1996年版,第48页。

工业社会的到来，"当代文化正在变成一种视觉文化"❶。当电影、电视、时尚杂志、画册、影集等媒介使视觉文化愈来愈流行时，以语言文字为载体的传统经典必然会受到冲击。

7.4 文学新主题的挖掘

在文化研究理论与思潮的影响之下，从事文学研究的学者可以从文学作品中发现和开掘出更多的带有哲学、伦理学、社会学、人类学、心理学、政治学等学科内涵的主题。笔者在此仅仅列举近年来颇受关注的几个文学主题或话题，并进行扼要讨论。

第一个是对近年来多个国家的作家在作品中涉及的"慢"现象与"慢"主题的讨论。对这一主题或话题的讨论，可以联系中外相关哲学家、作家的言论与看法来展开。

英国小说家、散文家阿兰·德波顿（Alain de Botton，1969—）在散文集《拥抱似水年华》（1997）里尽情表现并讴歌了"慢生活"。后来，法籍捷克裔作家米兰·昆德拉（Milan Kundera，1929—）创作了长篇小说《慢》（2001），南非作家库切（John Maxwell Coetzee，1940— ）创作了长篇小说《慢人》（2005），都表现了对缓慢、悠闲的生活节奏的赞美与向往。

"慢"意味着悠闲、宁静，意味着有充分的时间享受、体味和思考，这是人生的终极价值与意义。与之相对，"快"是追求速度、数量，追求物质、金钱的代名词。中外哲学家、作家都从不同角度讨论过"慢"以及与"慢"接近的"静"的看法。举其大者，提及这一话题的论者有：中国儒释道对"静"的标举，中国现代作家林语堂的"半半哲学"和"悠闲"观，中国台湾地区美学家蒋勋的乡村美和"不急"论，德国哲学家尼采的反"勤劳"主张，美国作家安

---

❶ ［美］丹尼尔·贝尔：《资本主义文化矛盾》，赵一凡等译，生活·读书·新知三联书店1989年版，第156页。

妮·莫罗·林德伯格的"简单生活"原则，等等。

儒家、佛家、道家都认为"静能生慧""静能开悟""静能正道"。静能生慧，指在平静安逸之中增长智慧。佛家语："灵台清静，静能生慧，慧能生智。"道家说："静能生定，定能生慧。"儒家也认同"静能生慧"。《昭德新编》："水静极则形象明，心静极则智慧生。"《延乎答问录》："盖心下热闹，如何看得道路出？须是静，方看得出。所谓静坐，只是打叠得心下无事，则道理始出。道理即出则心下愈明静矣。"佛陀把智慧分为 3 种——"闻慧、思慧、修慧"，最关键的是修慧，即通过修习内观可以获得智慧。戒、定、慧是佛陀留给众生的教诲，也是引向顿悟的一条捷径。要拒绝引诱，不再过份专注于外物，心才会达到静定，这就是戒的意义。心清静，意清静，智慧即会涌现。后来，有人把"静能生慧，宁静致远"合为一句，强调修身养性的必要性。

林语堂在《生活的艺术》一书中，专辟"悠闲的重要"一章，集中阐述了自己的生活哲学。总体上，林语堂标举一种温和、中庸与静态的人生观，他服膺中国诗人李密庵《半半歌》中所宣扬的"半半哲学"与子思的"中庸"思想。林语堂明确地说："我以为半玩世者是最优越的玩世者。生活的最高典型终究应属子思所倡导的中庸生活。"❶ 他这样描述自己的理想人生："最快乐的人还是那个中等阶级者，所赚的钱足以维持独立的生活，曾替人群做过一点点事情，可是不多；在社会上稍具名誉，可是不太显著。只有在这种环境之下，名字半隐半显，经济适度宽裕，生活逍遥自在，而不完全无忧无虑的那个时候，人类的精神才是最为快乐的，才是最成功的。"❷ 因此，林语堂的人生哲学强调人类生命与

---

❶ 林语堂："生活的艺术"，载《林语堂名著全集》（第 21 卷），越裔汉译，东北师范大学出版社 1994 年版，第 117 页。

❷ 林语堂："生活的艺术"，载《林语堂名著全集》（第 21 卷），越裔汉译，东北师范大学出版社 1994 年版，第 119 页。

生活的原生态，显得平淡、朴实，他所期盼的生活节奏是缓慢而悠闲的。

中国台湾地区东海大学美术系主任蒋勋则从传统产业慢工出细活的特点出发，凸显了"慢"与"美"的深刻关联。他说："传统的产业在发展的过程当中，因为处在某一个缓慢的历史发展过程当中，它会慢慢熟悉材料，慢慢熟悉环境，真的像一棵大榕树一样，是从土地里慢慢生长起来的。在这种不急的状况里，很少有不美的东西。可是一旦面临急迫的时候，一忙的时候，那个美常常就会乱掉，因为没有心情去整理这些东西之间的关系到底是什么。"因为"面临急迫"和"忙"，就"没有心情"去整理各种事物之间的关系，就会失去许多发现"美"的机会，所以蒋勋不禁感叹："二十世纪七十年代的时候，自己在台北工作，可是很明显的感觉是，一到放假的时候，往往要往这些乡镇跑。因为感觉到乡镇里面有一种非常稳定的力量，一个很厚实的力量，而同时好像感觉害怕都市的东西像魔掌一样很快打过去，可是它真的就过去了。"❶

19世纪中后期，德国哲学家尼采则对现代人的"勤劳""忙碌"等美德大加抨击。他认为过去的人慢慢悠悠、关心永恒，现代人则追求速度和数量、勤勉不息，所以，他称现代人为"工作动物"和"市场的苍蝇"。尼采发现，自己所处的时代的最大特点就是匆忙，大家都在匆匆忙忙过日子，却不再沉思了，不能安静；说这个时代最受尊重的品质是勤劳，大家都在勤劳地赚钱，但勤劳使得这个时代的人们完全没有信仰。尼采无可奈何地感叹："时下，人们多以休息为耻，长时间的沉思简直要受良心的谴责了，思考时，手里要拿着表；午膳时，眼睛要盯着证券报。过日子就好比总在'耽误'事一般。'随便干什么，总比闲着好'，这原则

---

❶ 蒋勋：《美，看不见的竞争力》，中信出版社2011年版，第8页。

成了一条勒死人性修养和高尚情趣的绳索。"❶ "我常常看到，盲目地一味勤奋，的确导致名利双收，但也夺去肌体器官的敏锐与灵巧；它使人享受名利，也是抗御无聊和情欲的主要手段，但同时使感官迟钝，使心灵面对新的刺激而失控。在所有时代中，我们这个时代最为忙碌，它知道以现有的勤奋和财力将无所进展，故而只能更加勤奋，获取更多的金钱；同样，许多天才人物也是付出多，收获少！我们的孙子辈也将会是这样！"❷ 他特别不满意商人，大声呵斥道："……勤于商务但却荒于思想，对于你自己的可悲处境心满意足，并把这种心满意足掩盖在责任的外衣下！"❸

近些年来，欧美出现一种对抗消费主义生活的新趋势，这就是"极简单生活主义"。这种生活态度的源头出自美国女作家安妮·林德伯格（A. M. Lindbergh, 1906—2001）的"简单生活"原则。安妮·林德伯格是美国第一位女飞行员，她写过 20 多本书。散文集《北飞东亚》（1935）和《听啊！风》（1938）记述了她和丈夫在加拿大、阿拉斯加、日本、中国及大西洋探索空中航线的冒险经历。奠定她的文学声望的书是散文集《大海的礼物》（1955），这是一部充满个人经验和智慧的哲学沉思录，它从女性的角度关注爱情、婚姻和人生，是作者海滨度假、远离尘嚣的产物。安妮·林德伯格在散文集《大海的礼物》中写下了这么一段话："大海不会馈赠那些急功近利的人。为功利而来不仅透露了来者的焦躁与贪婪，还有他信仰的缺失。耐心，耐心，耐心，这是大海教给我们的。人应如海滩一样，倒空自己，虚怀无欲，等待大海的礼物。"宁静、舒缓，以及虚怀，是获取更大收获、明了人生终极

---

❶ ［德］尼采：《快乐的科学》，黄明嘉译，华东师范大学出版社 2007 年版，第 302～303 页。

❷ ［德］尼采：《快乐的科学》，黄明嘉译，华东师范大学出版社 2007 年版，第 96 页。

❸ ［德］尼采：《曙光》，田立年译，漓江出版社 2000 年版，第 147 页。

意义的必备条件。

第二个是对文学作品中的"身份"和"文化身份认同"问题的研究。研究者可以联系文化研究的身份和文化身份认同理论，揭示相关文学作品中涉及的民族、种族、文化等各种身份问题。

笔者认为，在这一问题上，值得关注的热门作品有米兰·昆德拉的小说《身份》（2002）、德波顿的散文《身份的焦虑》（2004）等。这两部作品的标题就直白地揭示了它们关注的重点。当然，特别值得关注的作家有2001年诺贝尔文学奖获得者、英籍印裔作家奈保尔等。

维·苏·奈保尔（Vidiadhar Surajprasad Naipaul，1932—   ），本人的身份和文化背景就特别复杂。他出生于加勒比海地区的英属殖民地特立尼达和多巴哥的一个印度婆罗门家庭；1950年获奖学金赴英国牛津大学留学，毕业后为自由撰稿人，为BBC做"西印度之声"广播员并为《新政治家》杂志做书评；1955年在英国结婚并定居。20世纪60年代中期，他曾在世界各地广泛游历。奈保尔是印度裔，但生活中没有什么印度文化传统。他的出生地是中美洲的特立尼达和多巴哥，这个先为西班牙殖民地后为英国殖民地的岛国，没有什么流传下来的文化与历史；他出身的印度移民家庭虽是印度高等的婆罗门种姓，却非常穷；他自小接受的是英国式教育，但对英国人来说他永远是一个"局外人"。像奈保尔这种看起来哪里都能扯上关系，但实际上哪里都不是真正的归属的作家，往往会产生一种身份的分裂和身份认同的焦虑。

第三个是对文学作品中叙事空间的政治性和社会学内涵的挖掘。

前面提到，从法国后现代哲学家和历史学家福柯（Michel Foucault）开始，后现代社会学家特别关注空间的政治学与社会学内涵。20世纪末叶后现代文化地理学兴起，促使文化研究经历了"空间转向"，不少学者开始关注人文生活中的"空间性"，注意挖掘空间所包含的权力、意识形态内涵。其中，最有代表性的学者和观点有：法国区域社会学、城市社会学奠基人列斐伏尔（Henri Lefebvre）在《空间生产》（1974）中提出"三元空间"理论，美国后现代地理学家爱德华·索亚（Edward W. Soje）在"空间3部曲"《后现代地理学》（1991）、《第三空间》（1996）和《后大都市》（2000）等著作里提出"第三空间"这一概念，美国新马克思主义学派城市社会学旗手曼纽尔·卡斯特尔（Manuel Castells）在《信息时代》3部曲《网络社会的兴起》（1996）、《身份的权力》（1997）和《千年的终结》（1998）里集中讨论了互联网这一当代空间新形式。

在用文学作品表现或者阐释空间政治方面，特别值得关注的作家首推2006年诺贝尔文学奖获得者、土耳其作家帕慕克。帕慕克（Orhan Pamuk，1952—   ），被认为是"亚洲最聪明的小说家"。他的代表作是《我的名字叫红》（1998），其他名篇有《白色城堡》（1985）、《黑书》（1990）、《雪》（2002）、《伊斯坦布尔》（2005）等。他获得诺贝尔文学奖的理由是"在追求他故乡忧郁的灵魂时发现了文明之间的冲突和交错的新象征"。换言之，古代土耳其的奥斯曼文明与近现代的西方文明之间的纠缠与冲突一直是他作品的重要主题。他常常在自己的作品中介绍城市的设计、历史演变等情况，因此，完全可以结合文化研究的空间理论揭示其作品中地域、空间的政治内涵。陆建德先生的杂文《一位土耳其作家的荣耀》（载《击中痛处》，上海书店出版社2013年版）就谈及了帕慕克对土耳其民族和文化与西方人和文化的不同态度。近年来，也出现了《帕慕克对伊斯坦布尔"呼愁"的文化反思》这样的硕士论文，集中讨论了伊斯坦布尔城市建设方面"传统奥斯曼文化空间与现代西方文化空间的混乱"问题。

8 文化研究与比较文学研究的关系

比较文学研究是文学研究的分支。本章着重讨论文化研究与文学研究的分支——比较文学研究之间的关系，并探讨受文化研究影响的当下比较文学研究的热点话题。

文化研究到底是比较文学研究的最佳出路，还是导致比较文学研究生存出现危机甚至使其走向衰落的死胡同的天敌？笔者认为，文化研究对比较文学研究固然有冲击，但更有推动作用。事实上，两者完全可以相辅相成、互相促进，比较文学研究未来的发展领域不仅不会被文化研究完全吞并，反而可以借力文化研究来拓展自己的发展空间。

8.1 文化研究对比较文学研究的冲击

毋庸讳言，20 世纪 80 年代在国际学术界尤其是英美学术界盛行的文化研究，对 19 世纪七八十年代就已问世因而有自己固定的一亩三分地的比较文学研究构成了一定的冲击。在笔者看来，这些冲击主要体现在如下几个方面。

首先，文化研究对比较文学研究的最大冲击就是导致了后者的泛文化化倾向。

如前所述，文化研究不仅提倡跨学科、超学科甚至反学科，而且力图消解传统的精英文化与非精英文化之间的区别与界线，将"文化"视为一种生活方式，突出文化的连续性与整体性。文学是含义广泛的文化的组成部分，历来被视为精英文化的代表，在文化研究理论与思潮的观念熏陶之下，文学研究者特别是比较文学研究者往往会忽视甚至无视"文学"与"文化"之间的界限，热衷于在从事比较文学研究的时候，从宏观的文化背景入手，突出文学的文化内涵，从而使比较文学研究染上浓郁的泛文化色彩。按照美国文学批评家、比较文学家乔纳森·卡勒（Jonathan D. Culler）的描述，比较文学研究确实已经出现了"泛文化化"倾向，比较文学研究除了跨文化语境的文化比较之外，还常常涉及文学与文学以外的哲学、精神分析学、政治学等其他学科话语的比较研究。

早在 20 世纪 90 年代，美国比较文学界就围绕时任美国比较文学学会会长伯恩海默（Charles Bernheimer）1993 年所做的关于美国比较文学 10 年发展报告《多元文化主义时代的比较文学》展开了激烈的争论。该报告批判了美国比较文学研究传统的欧洲中心主义视角，并把它归咎于比较文学对民族身份、语言身份的聚焦，"比较文学研究欲图强化民族国家——以本民族语言作为其自然基础的想象的社区——的身份认同"❶。该报告的核心诉求是提倡在多元文化主义时代扩展比较文学研究的空间，提倡对文学进行语境化（contextualizing）研究，即把文学置于被扩展了的话语、文化、意识形态、种族、性别等诸领域。总体来看，伯恩海默报告明确提出，比较文学要抛弃欧洲中心主义，坚持环球多元文化主义；比较文学不应只聚焦于文学作品，要扩展到对其他文化文本的研究。这一主张遭到一些学者的反对，他们认为比较文学研究和文学研究不应该转向研究文化文本，因为文化研究从外部处理文学的方法实质上是使审美价值政治化、意识形态化，从而导致美学领域的特殊性和文学固有的文学性的丧失。他们认为不能放弃比较文学一贯秉持的对文学的独特关注及其精英立场，比较文

---

❶ Charles Bernheimer, ed. , *Comparative Literature in the Age of Multiculturalism*. Baltimore & London: The Johns Hopkins University Press, 1995, p. 40

学的基础仍旧是研究"文学性",精英文学仍然是大学教育的根基。文化研究的前提是将各种文化语境视为文本,对之进行分析批评,但如果没有接触过文学经典,缺乏文学文本细读和分析的训练,又如何判断和分析复杂纷繁的文化文本呢?

同样是在 1993 年,英国著名比较文学学者、华威大学副校长苏姗·巴丝奈特(Susan Bassnett)在《比较文学批评导论》(1993)一书中断言,比较文学将为文化研究所取代,并成为翻译研究的一个分支。她说:"今天,比较文学在一定意义上已经死亡。二元差异的狭隘性,去历史研究的无济于事,以及视文学为普世文明化力量的研究的自满与短视都促成它的死亡。但是它以其他的伪装/变相形式存在着:以目前世界许多地方正在展开的对西方文化模式的激进的再确认的形式存在,以通过性属研究或文化研究提供的新方法论洞见而发生的跨越学科界限的形式存在,以对发生在翻译研究领域中的跨文化转换进程的审视的形式存在。"❶

美国比较文学元老雷马克对比较文学研究在美国学术界受到文化研究的挤压因而日益被边缘化的现象大为不满。在 1999 年 8 月中国成都召开的中国比较文学学会第 6 届年会暨国际学术研讨会上,雷马克受邀做了题为《比较文学:再次面临选择》的发言。他对包括文化研究在内的各种理论思潮予以抨击,对比较文学的未来表示忧虑。雷马克感叹:"我当时(指 1961 年——引者)并未预想到北美学术界所从事的过去被公认的文学研究会变成一种扩散的、名为'文化'的大熔炉的一部分,而且成为常常与其难以区分的一部分。"❷"我不曾估计到各种理论的猛烈冲击,这些理论包括符号学、解构主义、新弗洛伊德理论、性别和性别取向研

---

❶ Susan Bassnett, *Comparative Literature*: *A Critical Introduction*, Oxford & Cambridge: Blackwell Publishers Ltd. , 1993, p. 48.

❷ [美] 雷马克:"比较文学:再次面临选择",载《中国比较文学》2000 年第 1 期,第 21~22 页。

究、时间编码论（chronotope）、巴赫金的对话讨论模式、类型批评、女权主义、新阐释学、互为文本理论、新马克思主义理论、套上法国外衣的德国现象学、人类学、接受理论及接受史研究、交流学、视国家为想象社区的民族观、宗教主义、种族论、人种观念、阶级观念、后殖民主义和新殖民主义、少数民族文化的全面考察、社会决定论的语义学、后现代主义、安纳尔斯学派（Annales School，即年鉴学派，起源于法国——引者）、新历史主义、作为小说的史料编纂，以及视科学为一系列变化范式等。我未曾意识到即将涌来的是众多到处机械使用的空泛术语：权力，压抑，边缘化，倾覆性，日程和谈判等。"❶ "比较文学在变化发展中，它是不同文化比较研究的组成部分。然而比较文学在这个更大的领域内必须扮演自身明确的角色。只有这样，比较文学才能不仅充分证明自身存在的必要性，而且赋予文化研究这个尚未定型的学术氛围实质性的信誉。"❷

　　进入 21 世纪，比较文学界对文化研究对比较文学的渗透力度看得更加清楚。美国文学理论家、文化批评家、比较文学学者斯皮瓦克（Gayatri C. Spivak）在《学科之死》（2003）一书中认为，美国的比较文学学科为了避免"死亡"的命运，除了要提倡"星球化"（与实质为美国化的全球化不同）之外，还要借鉴甚至转向跨学科的"区域研究"，而区域研究正是美国的文化研究的重要组成部分。美国时任比较文学学会会长苏源熙（Haun Saussy）主编的美国比较文学学会报告《全球化时代的比较文学》（*Comparative Literature in an Age of Globalization*，2006）指出，比较文学的"泛文化"倾向与全球化对文化和文学的作用有直接关系，是无法避

---

❶ ［美］雷马克："比较文学：再次面临选择"，载《中国比较文学》2000 年第 1 期，第 22 页。

❷ ［美］雷马克："比较文学：再次面临选择"，载《中国比较文学》2000 年第 1 期，第 32 页。

免的发展趋势。面对比较文学学科界限越来越宽泛、文化研究大有取代比较文学研究之势的情形，乔纳森·卡勒呼吁，应该"把文学当作其他话语中的一种似乎是有效的和值得期待称道的策略"，因为"比较文学归根结底比较的是'文学'"。❶

其次，受文化研究的影响，比较文学研究的选题正面临越来越多的挑战，尤其是来自长期被压抑的边缘文化与大众文化的挑战。

无论是在西方还是在中国，当今比较文学专业的学生中，中规中矩的比较文学选题日益呈现出减少的趋势，而以影视文化和大众文化为论题撰写硕士和博士论文的则屡见不鲜。其中，部分研究生甚至热衷于研究发型、服装、广告、时尚、动漫以及同性恋等各种日常生活审美现象和亚文化现象，他们似乎忘记了自己的"本行"。

8.2 文化研究对比较文学研究的推动

当然，文化研究对比较文学研究不只是冲击和挤压，事实上，它对比较文学研究也产生了正面的启迪与推动作用。法国文学理论家和批评家、美国哥伦比亚大学法国系主任米歇尔·里法泰尔（Michael Riffaterre）在论文《论比较文学与文化研究的互补性》（1995）里就指出："我认为本学科（指比较文学——引者）的未来不在于部分地或全部地与文化研究相融合，而在于对它们各自研究任务的重新分配，并且把两种研究方法定义为互补的而不是两极对立的。"❷ 法国比较文学学者谢夫莱尔（Yves Chevrel）也认

---

❶ Jonathan Culler, "Comparative Literature, at last!" in Charles Berheimer ed., *Compa rative Literature in The Age of Multiculturalism*, Baltimore: The Johns Hopkins University Press, 1995, p. 117.

❷ Michael Riffaterre, "On The Complementarity of Comparative Literature and Cultural Studies", in Charles Berheimer ed., *Comparative Literature in The Age of Multiculturalism*, The Johns Hopkins University Press, 1995, p. 67.

为，文化研究并不代表着比较研究的未来路线，特别不是一种排他性的路线，它肯定能让比较文学研究受益匪浅。●

具体说来，文化研究对比较文学研究的推动大致表现在如下几个方面。

首先，文化研究提倡的大"文化"概念对比较文学研究的视角具有明显的启发意义。

文化研究认为文化包括物质、精神等整个生活方式，文化研究的宏观性和整体性研究方式为比较文学提供了一种独特的视角或策略的启发，即尝试将比较文学研究置于一个广阔的文化语境，对文学现象包括文学文本进行文化透视或文化阐释。随着精英文化和大众文化的界限日渐模糊，东方和第三世界的文化纷纷从边缘向中心运动，传统的文学研究的当代倾向和非精英倾向日益显露。文化研究从文化视角对文学展开研究，与比较文学研究相关的文化研究主要是对文学现象和其他话语关系的文化学研究，比如对文学文本的社会生产语境和市场流通机制展开研究。文学也是一种历史的建构，从与性别、族裔、阶级等其他话语的关系中研究文学，可以弥补传统文学研究的盲点。同时，由于文化研究关注当代活跃多变的大众文化现象，这一研究取向有助于启发比较文学研究在高雅文学的传统之外，把那些未曾受到注意但实际上很有意义的研究对象引入自己的研究领域。不过，比较文学研究也不能由此走到另外一个极端，即完全抹杀传统的文学经典的价值。受文化研究的启发，比较文学可能会放弃部分的文学研究自主性，但必须始终优先考虑文学性。

其次，文化研究的跨文化性对比较文学研究也富有启发意义。

文化研究的跨文化性不仅表现为跨越民族文化的界线，而且表

● ［法］谢夫莱尔："比较文学方法论及新世纪发展前景"，载《中国比较文学》2000 年第 4 期，第 120 页。

现为打通文化体系的区隔。这里所说的文化体系，是指中国学者季羡林先生所说的四大文化体系，即儒家文化体系、佛教文化体系、基督教文化体系和伊斯兰教文化体系；或者指美国哈佛大学政治学教授亨廷顿（Samuel P. Huntington）所说的七大文明，即儒家文明、日本文明、佛教文明、基督教文明、非洲文明、拉美文明和伊斯兰教文明。比较文学发展史上，以法国学派为中心的阶段强调影响研究，以美国学派为中心的阶段强调平行研究，但两者的研究领域都没有突破欧美或者西方的范围，即没有突破基督教文化体系或基督教文明之外。而文化研究的连续性和整体性取向，不仅突破了精英文化和通俗文化的界限，也突破了民族文化或国家文化、文化体系之间的界限。文化研究的这一取向，有利于促使比较文学研究关注各种跨文化现象，比较文学研究不仅关注不同民族、国家和不同文化体系的作家，而且可以关注同一作家身上的跨文化体系的现象。

再次，文化研究的跨学科性不仅会促使比较文学品格的提升，而且有利于解决比较文学研究不断提出的各种问题。

文化研究所运用的多学科、多维度的方法可以启发跨学科的比较文学研究。文化研究本质上是跨学科、超学科甚至反学科的，它使得原有的学科界限被打破。就文学研究领域而言，时至今日，始自新批评的形式结构分析已经逐渐让位于更为广阔的文化学分析和理论阐释。近年来，比较文学研究甚至整个文学研究领域都出现了"人类学转向"，这就表明，一种新的注重社会文化分析的批评方法已经占据当代文学批评的主导地位。受此影响，传统的比较文学开始从研究两种或多种语言、民族文学的相互影响，从研究文学的内在审美规律或者平行关系，逐步发展为跨学科、跨文化的比较研究。事实上，跨学科、跨文化的比较研究也正是比较文学研究的新阶段，或者更高级的形态。

最后，文化研究会给比较文学研究提出新的研究课题，甚至推进比较文学发展新的研究分支。在笔者看来，文化研究至少对中西文学比较研究和译介学研究产生了明显的推动作用。

在全球化大背景下，中国比较文学有了一个新课题，即全球化与本土化语境下中西比较文学重点的转移。随着西方尤其是美国在世界学术中的强势地位的确立，中国知识分子普遍担心民族文化被"全球化""殖民化"或"趋同化"。但实际上，全球化不只是使文化"趋同化"，它同样也会带来不同文化的"多元化"。从事比较文学研究的学者，既需要避免一种帝国主义霸气的全球主义策略，同时也要克服狭隘的民族主义情绪，力求以开放的胸襟面对全球化的影响。就中国的比较文学学者而言，一方面，面对中外文化与文学交流中的"逆差"（即推出的少于引进的）问题，我们应该进行适当的反拨，即更加注重将中国文化和文学向国外介绍。后殖民理论与后殖民地文学研究加速了东方和第三世界国家的"非/去殖民化"进程，对传统的以西方文学为中心的经典构成进行质疑和重构，使得东方文化、文学逐步从边缘步入中心，进而打破西方中心的神话，使世界真正进入多元共生、对话而非对峙的时代。另一方面，当下存在无法回避的英语霸权问题。据统计，国际互联网上80%以上的信息是通过英语传播的，大多数列入艺术与人文科学论文索引（A&HCI）的理论刊物都是用英文出版的；20世纪初和20世纪80年代西方文学对中国文学的影响大多是通过英语媒介来促成的。中国有些学者担忧这一现象可能损害中国人的民族和文化身份，甚至使中国文学批评话语被"殖民化"。有学者提出，针对英语霸权的担忧，正确的看法也许是，说英语、谈本土话题决不意味着文化和学术被殖民化，相反，完全可以利用英语帮助和推动本国学者将自己的观点传播到全世界，使本国文化与学术在国际上更有影响。中国学者尤其是从事比较文学研究的学者，可以利用全球化的机会传播中国文化，使中国文化和文学的精髓为世人所分享。

　　文化研究对比较文学研究具有推动作用的另外一个重要表现就是促进了译介学的诞生与发展。发生在 20 世纪 80 年代的翻译研究的"文化转向",与文化研究不断扩张自己的领域有关。美国比较文学学者雷马克 1999 年就指出:"翻译活动是文化交流活动中最基本的货真价实的东西,并处在比较文学的核心部位。"❶ 翻译首先是一个文化问题,属于不同语言和文化背景的文学作品必须经过翻译者的选择,因此,翻译者的鉴赏力和意识形态背景就起到重要的作用。翻译研究实际上是一种文化研究,因为它必然涉及两种文化的互动关系和比较研究。文化研究对译介学的影响,首先表现在改变了后者的学科归属。在学科分布上,翻译研究长期归属于对比语言学,文化研究揭示出语言转换背后的文化因素之后,译介学或翻译研究逐渐转变成为比较文学的分支。文化研究对译介学的影响,其次表现在为后者提供了新视角与新方法。传统的翻译研究常常执着于关注语言文字转换技巧方面的成败得失,引入文化研究的理论与方法之后,翻译研究者会站得更高、看得更远一些,得出的结论更具普遍意义和理论价值,同时也有助于揭示语言文化中的霸权主义,消除一系列人为的二元对立和等级,打破中西文学翻译活动中的"逆差"现象(即译出的少、译进的多)。《中国比较文学》2014 年第 1 期曾经设置"中国文学走出去"专题,对中国文学向外翻译和传播的问题进行了系统和深刻的讨论。

　　在此,笔者想特别谈谈文化研究的政治性取向对比较文学研究的政治化取向的影响问题。概括来说,受文化研究的政治性取向的影响,比较文学研究可以更坦诚地而不再是遮遮掩掩地关注这些问题,如文学背后潜在的政治力量与话语霸权、世界文学经典建构与重构背后的权力支撑与角逐、世界文学蕴含的性别权力较

---

❶ [美]雷马克:"比较文学:再次面临选择",载《中国比较文学》2000 年第 1 期,第 28 页。

量，离散文学蕴含的文化政治等。

文化研究非常关注"表征"和"话语"这两个概念，文学研究以及比较文学研究也不例外。英文词汇 representation 通常中译为表征、再现。表征除了具有语言编码功能，即通过文字符号或视觉符号形式对经验世界和思想加以再现之外，更重要的是，"在表征符码的背后，表征内含了支配和被支配的关系或政治含义，即通过体制性机构和资本市场的控制，对政治群体的利益加以再现或强化；或与再现已经形成的文化惯例合二为一……于是，在习以为常的方式下，在社会已经取得了大众赞同并形成思维与审美定式的前提下，社会支配性群体的意志会巧妙地通过艺术形式悄然再现，而一些群体或性别就可能被刻板地再现，二者均可在受众中形成或建构起固定的观念，形成广泛的社会文化惯例及文化标准。因此，表征的特征就是观念系统的再现、对身份的表现或建构一种有误的再现。显然这样一种表现或建构与意识形态和权力密切相关，同时也与表现这些形象的话语形式密切相关"[1]。英国文化研究学者霍尔（Stuart Hall）也指出："各种'事物'、概念和符号间的关系是语言中意义生产的实质之所在。而将这三个要素联结起来的过程就是我们称之为'表征'的东西。"[2] "意义是被表征的实践和'运作'产生出来的。它经由意指（也就是意义的生产）实践而得以建构。"[3] 文学发展史和文化发展史告诉我们，"从文本生产的总体过程来看，每一历史时段中拥有资本和支配权力的社会阶层掌握了文艺生产、市场、传播的方式，通过体制和

---

① 王晓路等著：《文化批评关键词研究》，北京大学出版社 2007 年版，第 168 页。

② ［英］斯图亚特·霍尔：《表征：文化表象与意指实践》，徐亮、陆兴华译，商务印书馆 2003 年版，第 19 页。

③ ［英］斯图亚特·霍尔：《表征：文化表象与意指实践》，徐亮、陆兴华译，商务印书馆 2003 年版，第 28 页。

媒体影响受众，形成自身意识形态所需要的观念系统，并可以决定表征的形式和内容，因而社会表征诸种形态中所隐含的权力话语、种族意识、社会性别观念等，均是权力通过社会文化表征系统的再现。而内化在艺术和文学作品中的所谓'普遍常识'和'客观真理'则通过人们已经认可的符号和观念逐渐得到深化"❶。但是，文学或者文化地接受者并不只是被动地接受，"被支配群体和边缘群体也可以利用受众接受的表征形式进行反表征。……大多数处于被再现或被表征系统笼罩的边缘群体包括族裔和性别群体，若要获得文化上的平等权利，就必须采取非主流的方式对支配性表征系统包括现存的美学系统进行抵抗或颠覆，在清理主流经典遗产、纠正其中的曲解和误读的同时，用更贴近真实的再现，并以自己有效的表征系统进行自身的文化诉求、证实自己的文化身份、表明自己的文化立场和阐释自身的美学价值，以此取代或颠覆主流表征系统中对自身的忽略、歪曲和负面误读"❷。20世纪后半期以来，少数族裔书写、亚文化再现、性别文化抗争以及第三世界批评等都具有了鲜明的反表征特点。文学领域出现的大量族裔书写、性别书写、散居书写、身份书写等，正是人们破除固有观念形态所必然出现的现象。如非洲裔美国文学及其理论的发展，华裔欧洲作家，华裔美国作家和批评家，尤其是女性作家和批评家通过对文化身份和性别意识的再现，以卓有成效的文本生产与理论探讨进入学术领域之中。上述这些文学现象或者文学问题，都是特别值得当下的比较文学去研究和积极参与的。

话语（discourse），在广义上是指口头的或书面的一切有意义的陈述，在狭义上是指个人或群体在历史时段中或某一领域的特

---

❶　王晓路等著：《文化批评关键词研究》，北京大学出版社2007年版，第173页。

❷　王晓路等著：《文化批评关键词研究》，北京大学出版社2007年版，第173~174页。

定表述。按照美国文化研究学者费斯克的观点，"话语这个概念开始取代当下通行的这种无力而含糊的'语言'概念。与'语言'不同，话语本身兼有名词和动词的属性。所以，它更易保持话语作为一种行为的意义，而名词性的'语言'往往好像仅仅指涉一种事物。……话语是社会化、历史化及制度化构形的产物，而意义就是有这些制度化的话语所产生的"❶。这即是说，话语与意识形态、真理、性别、种族、殖民和后殖民等政治性问题联系得最为紧密。话语不是一种词语和意义的静态的、理想化的、总体的一致性，而是一种利益、争斗、张力和冲突的动态领域。话语理论专家迪林（G. L. Dillion）指出："话语并非是一套形式化的、确定的结构，而是一种社会行为。因而话语理论对言语行为理论将重心置于个体言语行为，而忽略其社会决定性因素，或制约因素的方式持批评态度。"❷ 鉴于话语理论对社会因素的关注，这一理论往往将自己的重心置于人们得以做出判断、做出陈述的条件之上。迪林认为，话语理论从3种主要的知识传统中获取了资源，即阐释学、社会学和民族志学、政治左派的权力分析。阐释学强调前理解，认为没有一种话语是完全自足的。社会学、民族志学提供了符号作用或社会建构的文化实践。以马克思主义和新马克思主义为代表的政治左派都强调话语是权力的样式。❸ 受话语理论的启迪，比较文学研究将会更加关注原来看似中性、客观的世界文学场域中的政治性内涵。

---

❶ ［美］约翰·费斯克等：《关键概念：传播与文化研究辞典》，李彬译注，新华出版社2004年版，第85页。

❷ G. L. Dillion, "Discourse: 2. Discourse Theory", in Michael Groden and Martin Kreiswirth, eds. *The Johns Hopkins Guide to Literary Theory & Criticism*. Baltimore and London: The Johns Hopkins University Press, 2005, p. 211.

❸ G. L. Dillion, "Discourse: 2. Discourse Theory", in Michael Groden and Martin Kreiswirth, eds. *The Johns Hopkins Guide to Literary Theory & Criticism*. Baltimore and London: The Johns Hopkins University Press, 2005, p. 211.

下篇 文化研究视域中的文学研究

9 文化研究视阈中的比较文学研究

前面一章笼统地讨论了文化研究与比较文学研究的关系，也特别谈及了文化研究对比较文学研究的推动和启发。本章将具体而深入地探讨文化研究对当下比较文学研究的对象或范畴等方面的影响。

笔者认为，受文化研究的启示，当代比较文学研究至少有如下3 个领域的文学现象特别值得关注，即前殖民地文学研究、流散文学研究和海外华文文学。通常认为，高层次的比较文学研究是跨文化研究与跨学科研究，而对上述 3 种文学现象或 3 个领域的研究正是典型的跨文化研究。

9.1 前殖民地文学研究

本书所说的前殖民地，是指曾经是西方国家的殖民地或半殖民地而现在已经获得政治上的独立的国家和地区。从地理分布来说，这些国家和地区大多在亚洲、非洲和拉丁美洲。笔者认为，需要比较文学学者特别关注的前殖民地的文学主要包括两类，一是西方国家的作家所书写的以前殖民地为背景或题材的作品，二是前殖民地国家和地区的作家创作的作品。其中，后者是主体。研究这些作家作品，可以有效地揭示其中所隐藏的文化身份认同或权力问题。需要指出的是，比较文学学者研究这些文学现象，在借助文化研究的理论与方法的同时，也可以借鉴后殖民批评理论与方法。

具体来说，比较文学学者对前殖民地文学的研究可以从两方面展开。

首先,重新研读文学史上以前殖民地为背景或以前殖民地的人物和故事为题材的作品。这类作品中特别值得关注的,有英国作家吉卜林、康拉德、福斯特等人的作品,以及美国作家赛珍珠等人的作品。考察这些作家作品,可以挖掘其中潜存的作家的双重或多重文化聚焦与身份问题。

吉卜林(J. R. Kipling, 1865—1936),是出生于印度孟买的英国诗人、小说家,短篇小说大师,一生共创作 8 部诗集、4 部长篇小说、21 部短篇小说集和历史故事集,以及大量散文、随笔、游记等。诗集《营房谣》(1892)、《七海》(1896)以豪迈风趣的笔调讴歌了英国军队在异国的征战,为吉卜林赢得"帝国诗人"的称号。其在小说方面,有著名的短篇小说集《生命的阻力》(1891)和最引人入胜的动物故事《丛林之书》(1894—1895),长篇小说有《消失的光芒》(1891)和《基姆》(1901)等。吉卜林于 1907 年获得诺贝尔文学奖。他在《丛林之书》等作品中演绎的"丛林法则"影响深远。《基姆》是作家的最后一部以印度为题材的作品,被批评家公认为是吉卜林最出色的长篇小说。英国学术界公认吉卜林描写了多个不同的印度,而《基姆》中的印度是最复杂的一个。作品的大致情节如下:基姆是个英国白人小孩,却生于印度长于印度。他的父亲是爱尔兰小牛团队的旗手,流落到英国的殖民地印度,在基姆 3 岁时因抽鸦片而死去,死前把孩子留给一个欧亚混血的穷女人。这位穷愁潦倒的父亲坚信,有一天会有骑骏马率领世界最精锐部队的英国上校来迎接基姆,会有 900 个奉绿地红牛为神的健儿吹响号角欢迎基姆。父亲的预言遂像咒语般被封存在基姆脖子上所挂的护身符里。年幼的基姆成长于印度的贫穷大街之上,生存技能无一不精,被街坊称为"世界之友"。一天,基姆意外结识了一名来自北方雪山的西藏老喇嘛,莫名其妙地成为喇嘛的徒弟。这位道行崇高的肃仁寺住持德秀喇嘛有个悲愿，他打算走遍印度，寻找一条传说中的河，一条可涤尽人世罪恶的河，相传是释迦牟尼还身为王子时射出一箭所涌现出来的河。从此，德秀喇嘛和基姆这奇怪的一老一少、一黄一白便由此结伴而行，在广阔无边的印度找寻神灵对自己的召唤。吉卜林借基姆这个人物写出了自己对英帝国和印度的矛盾情感。基姆是印度教圣人的门徒，同时又是英国政府的间谍；他既是土著，又是殖民者；他是爱尔兰人，同时也是印度人。通过刻画人世的无常和基姆多变的性格，吉卜林鲜活地描绘出大英帝国和印度的复杂性与多面性。小说饱含同情地揭示了东方式的忍耐服从和神秘主义，这些特点在那些喇嘛身上得以具体化，对于西方军国主义及行为方式而言，那是与之相反的一种感召力。有学者认为，《基姆》这本书表明了吉卜林肯定文化和知识多元化的好处，主张从不同的角度来观察事物的权利，并呼吁艺术家敢于固守自己的精神守护神。所以，比较文学研究者可以关注和挖掘生于印度长于印度的英国作家吉卜林对印度文化和英国文化的复杂态度。

康拉德（J. J. T. Conrad，1857—1924），原籍波兰，父亲是爱国贵族，因参加波兰民族独立运动曾被沙俄政府流放。他在父母死去后由母舅抚养，1874 年前往法国的马赛学习航海，后在英国商船上担任水手、船长，在海上生活达 20 年之久，曾到过南美、非洲、东南亚等地。康拉德初到英国时，对英语几乎一窍不通，通过自学，最后却用英语熟练地写作。从 1895 年出版第一部长篇小说《阿尔迈耶的愚蠢》开始，康拉德共出版了 13 部长篇小说、28 部短篇小说。他的作品根据题材可分为航海小说、丛林小说和社会政治小说。航海小说的代表作《白水仙号上的黑家伙》（1897）出色地传达了海洋上狂风暴雨的气氛，以及水手们艰苦的航海生活和深刻细微的心理活动。丛林小说以《黑暗的心》（1899）、《吉姆爷》（1900）为代表，探讨了道德与人的灵魂问题，包含有深刻的社会历史内容。社会政治小说《诺斯特罗莫》

（1904）、《特务》（1907）及《在西方的眼睛下》（1911）等则表现了对殖民主义的憎恶。《黑暗的心》和《吉姆爷》是康拉德的代表作。在《黑暗的心》中，海员马洛讲述了自己早年在非洲刚果河流域行船时的一段经历。故事的核心是一个名叫库尔茨的白人殖民者的故事，一个矢志将"文明进步"带入"野蛮落后"的非洲的理想主义者如何堕落成贪婪的殖民者的故事。在接近库尔茨的过程中，作者借马洛之口向我们描述了一幅令人感到压抑的非洲大陆腹地的图景。在《吉姆爷》中，年轻有为的"帕特纳号"大副相信自己在任何时候都能够为了海员的职责和荣誉献出生命，然而在一次真的海难中，他的这份坚持和自信却在确认客船马上即将沉没的那一刻被本能打败，他最终选择逃命自保，纵身跳进了他所鄙视的同事们准备好的小船。背负这个道德重负，他顶着"吉姆"这个假名字沿着海岸线流浪。一个偶然的机会，他来到一个几乎与世隔绝的马来人的居住地，凭借自己超人式的才干被当地土著尊称为"吉姆爷"。然而关于荣誉和责任的难题并没有放过他，他忍受不住良心和道德的拷问，最终选择离开他如鱼得水的生活环境，把自己的生命供在了祭台上。康拉德本来出生在饱受俄国沙皇践踏的波兰，作为本来属于被殖民地子民的他，尽管后来加入了英国国籍，但他对英国殖民者的态度自然是复杂的，因此，比较文学研究者通过对康拉德的研究，会很容易看到康拉德的双重文化身份认同与纠结。

福斯特（E. M. Forster，1879—1970），英国小说家、散文家。他生于伦敦，1912年和1922年先后两次游历印度。1924年《印度之行》的出版，为福斯特赢得詹姆斯·泰特·布莱克纪念奖。他一共著有6部小说，最主要的小说是《霍华兹庄园》（1910）和《印度之行》（1924）。后者是作者最后一部也是最重要的一部小说。小说巧妙地展现了大英帝国企图控制的外域文化——印度文化。其大致内容是：20世纪初，英国人穆尔夫人和阿德拉小姐前

下
篇

文化研究视域中的文学研究

往印度，一个看望在那里任殖民官的儿子，另一个则是去看望未婚夫。印度穆斯林医生阿齐兹出于热情和友谊，组织不少人陪同两位客人前往当地名胜马拉巴山洞游览。在幽暗的山洞里，阿德拉小姐突然感觉似乎有人侮辱了她，怀疑是阿齐兹等印度人所为，于是掀起一场轩然大波。1984 年，英国著名导演大卫·里恩将《印度之行》搬上银幕。福斯特通过这个故事，力图表达各民族不应该互相误解、冲突，而应该"联结起来"的思想。比较文学研究除了揭示福斯特的文化认同焦虑，还可以进一步挖掘他的各种文化相互认同、包容的主张。

赛珍珠（Pearl S. Buck，1892—1973），美国女作家，1938 年以其小说《大地》（*The Good Earth*）荣获诺贝尔文学奖。她是以中文为母语之一的美国作家，也是作品流传语种最多的美国作家。赛珍珠出生于美国弗吉尼亚州，4 个月后随传教士父母赛兆祥和卡洛琳来到中国，先后在江苏镇江、苏州、南京以及江西庐山等地生活和工作近 40 年，其中在镇江生活 18 年，她称镇江是她的"中国故乡"。1921 年至 1935 年，她与丈夫布克长期居住在金陵大学，期间创作了《大地》3 部曲——《大地》（1931）、《儿子们》（1932）、《分家》（1935）等小说，并最早将《水浒传》翻译成英文在西方出版。她还创作了《母亲》（1934）、《西太后》（1956）等描写中国女性的作品。通观赛珍珠的作品，很容易看出其中美文化的双重聚焦。比较文学研究者对其作品展开研究，可以揭示隐含其中的基督教文化与儒家文化元素及其相互的纠缠、碰撞与融合。

其次，比较文学学者可以考察前殖民地国家和地区，如亚洲、非洲国家、加勒比地区的国家以及加拿大、澳大利亚等国家的文学文本，挖掘其中的宗主国影响、殖民地抵制及其"混杂性"特征。对此，可以重点关注 20 世纪末期 21 世纪初叶获得诺贝尔文学奖的前殖民地的作家，如索因卡、沃尔科特、奈保尔、戈迪默、库切等，他们常常有着双重或多重文化身份。

尼日利亚黑人戏剧家以及诗人、小说家、评论家索因卡（Wole Soyinka，1934— ），1986 年获得诺贝尔文学奖，成为首位获此殊荣的非洲人。他获奖的理由是："他以广博的文化视野创作了富有诗意的关于人生的戏剧。"索因卡 18 岁时考入伊巴丹大学，1954 年获奖学金赴英国利兹大学攻读文学，研究古希腊戏剧理论，并广泛涉猎莎士比亚、布莱希特和贝克特等戏剧大师的作品。毕业后，他在伦敦的英国皇家宫廷剧院担任剧本编审。1960 年，索因卡回国，创建国家剧院，探索融合非洲传统戏剧和西方戏剧的方法。他的代表作是戏剧《路》（1965）、《疯子和专家》（1970），以及长篇小说《解释者》（1965）。索因卡的戏剧深深植根于非洲世界和非洲文化之中，但他也通晓西方戏剧，从希腊悲剧到贝克特和布莱希特。索因卡对非洲的神话素材和欧洲的文学训练的使用是非常独立的，他把他的广泛涉猎和文学意识称为一种"有选择的折中主义"，即有目的的独立的选择。研究索因卡的创作，可以挖掘其中的西方文化、道德、习俗与非洲文化、传统之间的冲突与融合情况。

圣卢西亚诗人、剧作家沃尔科特（Derek Walcott，1930— ），出版过戏剧集和多种诗集，主要诗歌有《星星苹果王国》（1979）、《幸运的旅行者》（1984）等。他被美国诗人布罗茨基誉为"今日英语文学中最好的诗人"。沃尔科特的诗作大多是表现西印度群岛特有的风俗文化，描写个人的孤独、与当地生活习俗的不协调，揭示多种族社会的矛盾，并表达了反殖民主义精神。1992 年，他由于"他的诗歌集不同文化之大成，包罗了西印度群岛、非洲和欧洲诸种文化"而荣获诺贝尔文学奖。的确，沃尔科特的诗是非洲文化、欧洲文化、加勒比文化以及东方文化等多元文化交融产生的硕果。研究他的创作，可以揭示其中蕴藏的不同种族与民族文化元素的纠缠与汇合。

英国作家奈保尔（V. S. Naipaul，1932—　），出生于加勒比地区特立尼达岛的一个印度婆罗门家庭，但他小时对印度的印象完全来自英国作家毛姆等人的描述。他认为自己的文学成就源自他始终是一个"漂泊者""外来人"，精神上的无所归依给了他无穷的创作激情。1990年，奈保尔被英国女王封为爵士；2001年，他荣获诺贝尔文学奖。奈保尔的主要作品有《米格尔大街》《河湾》《在一个自由的国家里》《半生》等。1962年、1975年、1988年，奈保尔3次赴印度，写下了有关印度的3本游记：《印度：受伤的文明》《幽黯国度：记忆与现实交错的印度》《印度：百万人大反抗》。印度对于这个从小生长在英属特里尼达岛上的印度移民之子，究竟是怎样一种魂牵梦系的感觉？奈保尔说："印度于我是个难以表述的国家。它不是我的家，也不可能成为我的家；而我对它却不能拒斥或漠视；我的游历不能仅仅是看风景。一下子，我离它那么近又那么远。我的祖先百年前从恒河平原迁出，在世界另一边的特里尼达，他们和其他人建立了印度人的社区，我在那里长大——印度，这个我1962年第一次探访的国度，对我来说是一块十分陌生的土地。100年的时间足以洗净我许多印度式的宗教态度。我不具备这样的态度，对印度的悲苦几乎就无法承受——过去如此，现在如此。"对于家乡特立尼达与祖籍地印度，奈保尔是一个过客；对于立足的文明世界英国，他又是一个"异乡人"。他不断地在探索外部世界，也就是在探索自己的内心。研究奈保尔及其创作，不仅可以看到他内心的永无宁日，而且可以看到他的自我与外部世界的冲突、传统与现代的冲突。

南非白人女作家纳丁·戈迪默（Nadine Gordimer，1923—　），于1991年获得诺贝尔文学奖。她的父亲是立陶宛犹太移民，母亲是英国人。戈迪默用英语创作，至今已著有20多部长篇小说和短篇小说集以及160余篇杂文和评论。她曾到过非洲、欧洲和北美许多地方，并在美国哈佛大学和普林斯顿大学讲授现代非洲文学。

她猛烈抨击了南非的种族隔离制度，其作品被多次列为禁书。其长篇小说《陌生人的世界》描写了一个从英国来到南非的外地人的所见所闻和感受，揭示了白人和黑人生活在贫富悬殊而且难以沟通的世界里。其长篇小说《恋爱时节》揭露了南非种族政策禁止不同肤色成员间的恋爱、结婚造成男女主人公的悲惨命运。其长篇小说《大自然的运动》以一位名叫希来拉的白人女性自幼离开南非到世界各地、最后又回到南非嫁给一位黑人将军的人生道路为主线，描述了南非消灭种族隔离制度、建立黑人政权的伟大历史进程，为废除种族隔离后的南非提供了一种模式和美好前景，突出了"南非是全体南非人的南非，而不是少数白人的南非"这一公正的人道主义立场。

南非荷兰裔白人作家库切（John Maxwell Coetzee，1940—　），于 2003 年获得诺贝尔文学奖。他出生在南非的开普敦市，20 世纪 60 年代移居英国，1969 年在美国得克萨斯大学获得英语和语言学博士学位，曾在纽约州立大学教书。1984 年，他回到南非任开普顿大学英语文学教授。2002 年，库切移居澳大利亚，在阿德莱德大学教书。他的主要作品有《迈克尔·K 的生活和时代》（1983）、《耻》（1999）、《等待野蛮人》（1980）等。《耻》写了 52 岁的大学教授戴维·卢里一段不太光彩的人生经历：先是每周与应召女郎苟且，接着勾引自己的女学生而被逐出学校，最后目睹女儿在自己的农场被黑人强奸。整个故事反映的是殖民主义消退所造成的影响，这个影响已经不单单是殖民者给被殖民者造成的政治、经济、文化、道德上的损害，这些损害也作用于殖民者身上。当殖民主义势力消退后，殖民者的后裔要为他们的父辈所做的事情承担后果。《等待野蛮人》描述了一个在边境小镇上负责地方治安的老行政长官从帝国的"走狗"转变为帝国的"叛徒"的心路历程，表现了南非的种族歧视的罪恶以及野蛮与文明的争执。边境小镇本来平静无事，年老的行政长官爱好挖掘废墟遗址，平时负责收一下税款，一周主持两次法庭审理，很满足地吃吃睡睡或与讨好自己的女人们调情。但首都传来的"北部和西部的野蛮人可能已经联合起来了"的消息以及国防部第三局官员的到来，使小镇的人们开始进入恐慌的生活。老行政的官对帝国派来的第三局官员捕捉、囚禁、审判"野蛮人"的行为表示怀疑，并对老人、小孩、捕鱼人以及残疾的蛮族姑娘表示悲悯之心，甚至出于良心埋葬了因审讯致死的老人，遣送了被捉来的一群捕鱼人。老行政长官还收留了蛮族姑娘，对这个身残的年轻姑娘表现出无以明之的痴迷，后来又把她送回到"她自己人"那里，并因此而被帝国的人加上"通敌叛国"的罪名，遭受非人的折磨。当帝国军队与城镇的居民因"野蛮人"反攻而四处逃窜时，老行政长官留了下来，领着人们艰难地恢复生产，再一次充当行政官员的作用。作品标题中的"野蛮"本指当地土著的愚昧、落后、不开化，但实际上指的是"文明人"乔尔上校们施行的文明迫害，这些迫害方式充满真正的兽性的野蛮，也意味着"文明"所包含的理性、优越感（实际上是一种偏见——笔者）、科技发明（如种种先进的酷刑机械与心理战术——笔者）是真正的"野蛮"。库切当年荣获诺贝尔文学奖的理由是："在人类反对野蛮愚昧的历史中，库切通过写作表达了对脆弱个人斗争经验的坚定支持"，以及"精准地刻画了众多假面具下的人性本质"。换言之，库切着眼的是人类，关注的是人性，两者都是超越种族和民族文化的局限的，因此，研究库切的创作可以使研究者真正地形成世界胸怀和国际眼光。

需要指出的是，上面提到的几位作家仅仅是前殖民地文学的部分代表而已，因而远远不是此类文学的全部。有志于从事此类研究的学者完全可以站得更高，看得更远，根据自己的兴趣和所精通语言的具体情况，选择适合自己的研究领域和作家作品。不过，万变不离其宗，前殖民地文学始终不变的突出特点是两种或者多种文化之间不断的、激烈的碰撞、纠结与交融。研究者也要特别关注和挖掘相关作品之中的这一元素。

9.2　流散文学研究

"流散"（diaspora），又译"离散""散居""流亡"等。对流散现象的研究始于后殖民批评。随着全球化时代的来临，新的移民潮更为频繁地涌现，流散现象越来越常见，流散和流散文学研究已经成为一个热门课题。需要指出的是，现在所说的"流散"通常有两种含义，一是被动放逐，二是主动流散。

"流散作家"（diasporic writers），曾经被译为"流亡作家"。然而"流亡作家"（writers of exile）主要指由于持不同政见或持超前的先锋意识而与本国政治思想、文化传统格格不入，因而被迫离开祖国、流落他乡的作家。如19世纪英国诗人拜伦、雪莱，19世纪后期挪威戏剧家易卜生，20世纪初期爱尔兰小说家乔伊斯，20世纪英美诗人艾略特，美国小说家贝娄，以及苏联的小说家索尔仁尼琴、诗人布罗茨基等。因此，用"流亡作家"指称那些主动移居海外、仍然具有祖国文化背景并与之有着千丝万缕联系的作家并不确切。事实上，今天学界所说的"流散作家"包括两种情况：一是被动流散的作家，相当于传统意义上的流亡作家；二是主动流散的作家。在全球化时代，后者将会越来越多。

流散文学，又称"流散写作"（diasporic writing）。流散文学常常传达出作者难以言表的矛盾心理：一方面，他们出于对自己祖国的不满甚至愤恨，希望在异国他乡找到心灵的寄托；另一方面，由于早年扎下的民族文化根基难以动摇，他们又很难完全同新的民族文化和社会习俗融合，纠结、痛苦之余，心灵深处对祖国文化的记忆时时被召唤出来。因此，出现在流散作家作品中的往往是一种充满混杂成分的"第三种经历"。这第三种经历正体现了文化全球化所带来的文化多样性与复杂性，值得从跨文化角度进行深入的研究。

下篇　文化研究视域中的文学研究

美籍巴勒斯坦裔理论家、后殖民批评主要创始人赛义德（Edward Said）在收录于论文集《流亡的反思及其他论文》（2000）的《流亡的反思》一文中，集中表述了对流散或流亡的深刻体会，即流散的双重性。文章开篇即指出："流亡令人不可思议地使你不得不想到它，但经历起来又是十分可怕的。它是强加于个人与故乡以及自我与其真正的家园之间的不可弥合的裂痕：它那极大的哀伤是永远也无法克服的。虽然文学和历史包括流亡生活中的种种英雄的、浪漫的、光荣的甚至胜利的故事，但这些充其量只是旨在克服与亲友隔离所导致的巨大悲伤的一部分努力。流亡的成果将永远因为所留下的某种丧失而变得黯然失色。"❶ 赛义德还引用了 12 世纪法国著名僧侣雨果的名言来界定一个人的归属："只会品味家乡甜蜜的人还是孱弱的孩子，能以四海为家的人才能成为体格强健的成人，而能把整个世界都看成异乡的人才是真正完美无缺的智者。孱弱的人只将自己的爱附着在世界的一点上，强健之人能将自己的爱延伸到海角天涯，而完美之人已经摈弃了所有的爱与恨。"❷ 显然，一方面，赛义德并不否认流亡给个人生活带来的巨大不幸；但另一方面，他又认为流亡是一种特权和优势。换言之，流散者常常会觉得"生活在别处"，从而向往"天边外"。赛义德曾自称，《文化与帝国主义》就是一本"流亡者""边缘人"的书。

因此，当下的比较文学研究可以重点关注这些流散作家。他们往往有两重甚至多重国籍或民族文化身份，如英籍波兰裔作家康拉德，美籍俄国犹太裔作家纳博科夫、布罗茨基，法籍爱尔兰作家贝克特，英籍特立尼达裔作家奈保尔，英籍印度裔作家拉什迪，

---

❶ Edward Said, *Reflections on Exile and Other Essays*, Cambridge, Mass: Harvard University Press, 2000, p. 173.

❷ Edward Said, *Reflections on Exile and Other Essays*, Cambridge, Mass: Harvard University Press, 2000, p. 185.

法籍捷克裔作家米兰·昆德拉，以及美籍华人作家韩素音、北岛，法籍华人作家高行健等。笔者认为，比较文学研究者可以特别关注那些获得诺贝尔文学奖的流散作家，如美籍波兰诗人米沃什、英籍保加利亚犹太裔作家卡内蒂、美籍俄国犹太裔诗人布罗茨基、德籍罗马尼亚裔女作家赫塔—穆勒、法籍华人作家高行健等。此外，像米兰·昆德拉、北岛等小说家、诗人也值得重点关注。

切斯拉夫·米沃什 Czesiaw Miiosz，1911—2004），美籍波兰诗人和翻译家，1980 年获得诺贝尔文学奖，其获奖原因是"以毫不妥协的敏锐洞察力，描述了人类在剧烈冲突世界中的赤裸状态"。其主要作品有：诗集《冰封的日子》（1933）、《三个季节》（1936）、《冬日钟声》（1974）、《白昼之光》（1953）、《日出日落之处》（1973），政治社会学论著《被奴役的心灵》（1953），小说《夺权》（1955）等。米沃什在二战后曾任波兰驻美使馆和驻法使馆的文化参赞。波兰当局的一系列政策使他非常失望，特别在文艺政策上使他无法忍受。他认为政府当局要求艺术家在他们的作品中为"革命"服务，这就侵犯了作家特有的职责。于是，米沃什在 1951 年年初要求在法国政治避难。米沃什在法国流亡了 10 年，1960 年移居美国，1970 年加入美国籍，在加利福尼亚大学伯克利分校任斯拉夫语言文学系教授。尽管一生漂泊不定并精通好几种语言，米沃什仍然把波兰视为祖国，并坚持用波兰语写作。1989 年后，诗人结束了近 30 年的流亡生活，回到波兰。米沃什在多年流亡生活中，过的"是一种与城市大众隔离的生活"。他自称是"一个孤独的人，过着隐居的生活"；他还说："流亡是一切不幸中最不幸的事。我简直坠入了深渊。"

英籍保加利亚犹太裔作家埃利阿斯·卡内蒂（Elias Canetti，1905—1994），出生于保加利亚，父亲是奥地利籍犹太商人，母亲是西班牙籍犹太人。全家后来迁居奥地利，但 1938 年纳粹德国并吞了奥地利，卡内蒂被迫流亡法国，在巴黎住了一年，然后定居英国伦敦，最后加入英国国籍。他的代表作是《迷惘》（1935），主要凭此作获得1981年的诺贝尔文学奖。二战后在英国，卡内蒂停止了文学创作，着手写作论文集《群众与权力》，分析了当年法西斯在德国取得权力、获得群众支持的原因。卡内蒂是一个很另类的英国作家，他生于保加利亚，后又移居奥地利和英国，但一生都用德语写作，而且还是用那种偏僻的德国方言写作。所以，卡内蒂也自称"流亡的世界主义作家"。

美籍俄国犹太裔诗人、散文家约瑟夫·布罗茨基（Joseph Brodsky，1940—1996），1987年荣获诺贝尔文学奖，原因是他的作品"超越时空限制，无论在文学上及敏感问题方面，都充分显示出他广阔的思想和浓郁的诗意"。他生于列宁格勒，自小酷爱自由，因不满学校刻板教育而于15岁时退学，先后当过火车司炉工、医院陈尸房工人、地质勘探队杂务工等。布罗茨基很早就开始写诗，发表在苏联地下刊物上；1964年受当局审讯，被法庭以"社会寄生虫"罪判处5年徒刑；1972年被放逐后移居美国，接受美国密执安大学邀请担任住校诗人；1977年加入美国国籍。他的主要作品有诗集《诗选》（1973）、《言语的一部分》（1980）和《二十世纪史》（1986），以及散文集《小于一》（1986）等。布罗茨基的作品有两个重要意象：故土与分离。他的诗充满俄罗斯风味，特别是在流亡国外之后，怀乡更成为他的重要诗歌主题之一。他认为诺贝尔文学奖是对他这一代人重建与充实被集权主义恐怖所摧残的文学文化的认可。

德籍罗马尼亚裔女作家赫塔—穆勒（Herta Muller，1953—），2009年获得诺贝尔文学奖，评奖委员会称其创作"兼具诗歌的凝练和散文的率直，描写了一无所有、无所寄托者的境况"。1973年到1976年，穆勒在罗马尼亚蒂米什瓦拉一所大学学习罗马尼亚和德国文学。在大学学习期间，她加入了巴纳特行动小组；该行动小组是一个讲德语的青年作家组织，反对当时罗马尼亚领导人奇奥塞斯库的统治，寻求言论自由。大学学业后，缪勒在一家机器工厂当了3年翻译，由于拒绝充当秘密警察的线人，她被工厂解雇，并受到秘密部门的骚扰。穆勒于1982年发表了处女作、短篇小说集《低地》，遭到罗马尼亚当局的审查和删减。由于担心秘密警察的侵扰，她于1987年和小说家丈夫移民德国。她的代表作品有《沉重的探戈》（1984）、《心兽》（1994）、《护照》（1989）等。总体来说，穆勒以写作罗马尼亚裔德国人在苏俄控制时代的遭遇著称。她的作品总能从内心出发，并带着较为浓重的政治色彩。她表示自己虽然生活在德国，但并不能抹去过去的经历。

法籍华人作家高行健（1940—   ），2000年因"其作品的普遍价值，刻骨铭心的洞察力和语言的丰富机智，为中文小说和艺术戏剧开辟了新的道路"而荣获诺贝尔文学奖，成为首位获得该奖的华语作家。他生于江西赣州，1962年毕业于北京外国语大学法语系，1987年移居法国，10年后取得法国国籍。高行健的主要作品有小说《灵山》（1990）、《一个人的圣经》（1999），以及戏剧《绝对信号》（1982）、《车站》（1983）等。2010年9月26日，高行健在东京国际笔会全球大会开幕式上做了题为《环境与文学——今天我们写什么》的演讲。面对人与自然和人与社会这两重困境，自然生态环境日趋恶化，人类生存的社会环境遭遇到政治的干扰和市场经济的全面侵入，高行健认为，文学改造不了也拯救不了这个世界，唯一可行的是在这种困境中坚持超功利的立场，抵抗各种压力和诱惑，守持精神的独立不移，用文学的方式描述人类生存处境，让文学成为人的生存条件的见证。有论者认为，这是当下世界文学思想的制高点。有论者指出，高行健的作品和思想既传承了历史悠久的中国文化传统，又超越民族文化而具有普世的价值。他的写作不局限于中国社会，而且面向世界，也毫不回避当今时代人类面临的种种困境，提出的疑问与思考都十分透彻，具有思想家的高度和深度。诸如他提出尽可能贴近真实，没有主义，超越政治和意识形态；告别现代性和后现代，摆脱 20 世纪泛马克思主义的阴影，消解革命的神话，从抽象的人性和人权的空谈回到脆弱的真实的个人处境，以及对自我的观审，凡此种种，都发人深省，不仅对文学艺术创作与研究而言，对思想界也是切中当今时代脉搏的重要命题，都值得深入探讨。

法籍捷克裔作家米兰·昆德拉（Milan Kundera，1929—　），生于捷克布尔诺市，1948 年到首都布拉格读大学。1967 年，他的第一部长篇小说《玩笑》在捷克出版，作品竭力讽刺了共产主义的极权统治，获得巨大成功。昆德拉参加了 1968 年"布拉格之春"的改革运动。由于这场运动最终被苏联军队镇压，他于 1975 年移居法国，1981 年加入法国国籍。1979 年，昆德拉在法国完成《笑忘录》，讲述了在苏联人占领之下的普通捷克人的生活。这部小说奠定了昆德拉流亡时期创作的基调。1984 年，昆德拉发表《生命中不能承受之轻》，小说以编年史的风格描述了捷克人在"布拉格之春"改革运动期间及被苏军占领时期适应生活和人际关系的种种困境。昆德拉的主要作品有《笑忘录》（1978）、《生命中不能承受之轻》（1984）、《不朽》（1990）等，均是用捷克语创作的。昆德拉后期尝试用法语写作，作品有"遗忘 3 部曲"——《慢》（1995）、《身份》（1997）、《无知》（2000）。昆德拉自认生长于一个小国是一种优势，因为身处小国，"要么做一个可怜的、眼光狭窄的人，要么成为一个广闻博识的世界性的人"。他始终坚持认为自己只是一个普通的小说家，而非一个政治作家或流亡作家。事实上，从《笑忘录》开始，昆德拉小说的政治性因素就一直在减少，直至消失。昆德拉总是在广阔的哲学语境中思考政治问题。比较文学研究者可以关注昆德拉的流亡书写与身份认同问题。

中国诗人北岛（1949—　），原名赵振开，从 1986 起就开始了至今未归的"流亡"生涯。他中学毕业后当过建筑工人，做过翻译和编辑等工作。1978年，北岛同诗人芒克创办了民间诗歌刊物《今天》。20世纪80年代中期，他移居国外，先后在德国、挪威、瑞典、丹麦、荷兰、法国等国居住，1990年旅居美国，任教于加利福尼亚州戴维斯大学，被选为美国艺术文学院终身荣誉院士；2007年成为中国香港中文大学讲座教授。北岛影响最大的诗篇是《回答》（1976），其中的"卑鄙是卑鄙者的通行证，高尚是高尚者的墓志铭"，已经成为中国新诗名句。他的主要诗集有《陌生的海滩》（1978）、《北岛诗选》（1986）、《在天涯》（1993）、《午夜歌手》（1995）、《零度以上的风景线》（1996）、《开锁》（1999），散文集有《失败之书》（2004）、《青灯》（2008）等。北岛多次获诺贝尔文学奖提名。2003年，他曾在回答记者唐晓渡的提问中感叹："我们这些作家当年被批判也好被赞扬也好，反正一夜成名，备受瞩目。突然有一天醒来，发现自己甚么也不是。这种巨大的反差，会特别受不了。那是我生命中的一大关。慢慢的，心变得平静了，一切从头开始——做一个普通人，学会自己生活，学会在异国他乡用自己的母语写作。那是重新修行的过程，通过写作来修行并重新认识生活，认识自己。"❶北岛在诗歌《创造》中自说自话："一个被国家辞退的人/穿过昏热的午睡/来到海滩，潜入水底。"流亡异域的北岛常常真切感受到母语的悬浮状态。长期在异域漂泊，客观的距离使他同母语的关系变得更密切、更实在了。他说："对于一个在他乡用汉语写作的人来说，母语是唯一的现实。"❷

对这些流散作家的研究，可以从他们对语言的选择入手，首先考察他们对母语和后来日常生活和创作时使用的语言的态度，然

---

❶ 唐晓渡："热爱自由与平静——北岛答记者问"，载《中国诗人》2003年第2期。

❷ 唐晓渡："传统像血缘的召唤——北岛访谈录"，载《诗潮》2004年第3期。

后可以通过具体的作品，进一步考察他们对祖居地民族和国家的文化和现居地国家和民族的文化的吸取、剥离的情况，从而得以了解其文化身份认同的危机和焦虑。

9.3　海外华文文学研究

海外华文文学或国外华裔文学属于广义的流散文学。本书特别将海外华文文学分开来讨论。需要说明的是，前面提及的高行健、北岛等人，其实也属于海外华文文学之列，本书为了强调两人因为超前的先锋意识而流散他乡的特点，所以将他们放在流散文学的行列加以论述。

流散文学现象涉及两种或多种文化背景和传统，有些还涉及两种不同语言的写作，它们自然也属于比较文学研究的范畴。海外华文文学目前是比较文学研究乃至文学研究的热门话题。暨南大学饶芃子教授的"百年海外华文文学研究"获批 2011 年度国家社科基金重大招标项目，这也表明海外华文文学研究获得了更高层面的肯定与支持。目前中国重要的华文文学研究刊物有两份。一是汕头大学于 1985 年 9 月创办的《华文文学》。2002 年，中国世界华文文学学会正式成立，《华文文学》随之成为该会会刊，并由季刊改成双月刊。二是《世界华文文学论坛》。这是江苏省社科院、江苏省台港暨海外华文文学研究会于 1995 年主办的季刊，也是中国作家协会台港澳暨海外华文文学联络委员会会刊。

笔者发现，近年来中国比较文学界特别关注的海外华文文学作家主要有：美籍华裔作家汤婷婷、谭恩美，美籍华人作家哈金、严歌苓，英籍华人作家潘翎，加拿大华裔作家张翎。

汤婷婷（马克辛·金斯敦，Maxine Hong Kingston，1940—），祖籍广东新会，生于美国加利福尼亚州蒙士得顿市；1958 年进入加州大学伯克利分校，先念工程学系，后转念英国文学；1970 年开始，先后在夏威夷大学、东部密歇根大学、加州大学伯克利分校任英国文学教授；2001 年起，担任 *The Literature of California* 杂志主编。她从小从母亲所讲的故事中听到许多有关中国的神话传说、戏剧情节、风俗习惯及有关她的祖先们飘洋过海的传奇经历，根据这些内容，汤婷婷创作了 3 部传记性长篇小说：《女勇士：一段鬼影憧憧下的少女回忆》（或译《女斗士》，*The Woman Warrior: memoirs of a girlhood among ghosts*，1976）、《中国佬》（或译《金山华人》《金山勇士》，*China Men*，1980）和《孙行者》（或译《西游记》，*Tripmaster monkey : his fake book*，1989）。《女勇士》表现了华裔母女两代人由于生活道路和文化教养的歧异而产生的矛盾冲突。《中国佬》描写了先辈与同辈在美国的传奇性苦难经历，他们为修筑美国四通八达的铁路网立下不可磨灭的功劳。《孙行者》描述了美国华裔青年惠特曼·阿新的生活奇遇。汤婷婷说她的第一语言是汉语，她能感受到汉语的节奏和力量；在她的英文小说里，她总是实验性地加入汉语，以使她的英语更加完美。她说，她常常翻译人们的日常中文谈话。汤婷婷说："作为美籍华人，我认为写作是一种新的权利——力量资源，一种扮演社会勇士的新方法。权利源于了解你自己（民族）的历史；权利源于接受古老的故事和歌曲。在一个人讲故事和唱歌之中，另外的人就会获得这种力量。其实，不仅仅是书的内容，而且作为艺术的写作对社会都有影响。作家的责任就是在自身和他人之间架起一座桥梁，帮助他人去了解人类的自身和社会。"在美国以及中国，以她创作的故事内容、描述方式、写作技巧为讨论主题的专著、论文很多，研究她的硕士、博士等学位论文也有多种。

谭恩美（艾米·谭，Amy Tan，1952—　），当代美国著名华裔女作家，1952 年出生于美国加州奥克兰。她的主要作品有长篇小说《喜福会》（*The Joy Luck Club*，1989）、《灶神之妻》（又译《灶君娘娘》，*The Kitchen God's Wife*，1991）和《接骨师之女》（*The Bonesetter's Daughter*，2001）等。《喜福会》以 4 对母女的故事为经纬，生动地描写了母女之间微妙的感情。《灶神之妻》取材于作者的母亲离开虐待她的丈夫及 3 个女儿而于 1949 年离开上海来到美国的故事。谭恩美擅长描写母女之间的感情纠葛，身为第二代华裔的谭恩美，比起其他作家多了一层文化挣扎。她常以在美国出生的华裔女性为主角，这群华裔女性不但面对种族认同的问题，还必须面对和处理来自父母尤其是母亲的压力。母亲们来自战乱频繁的中国，通常有一段不堪回首的过去，来到新大陆之后，把所有的希望寄托在女儿身上，常用传统方式管教女儿。传统的中国父母不习惯赞美小孩，而且要求子女绝对服从。女儿们眼见美国父母"民主式"教育方式，再看到自己连英文都说不好的母亲，心里更是愤愤不平。母女并非不爱彼此，但由于文化与年龄的隔阂，不知如何表达关爱，或者表达错了意思，结果两个最亲密的人往往对对方造成最严重的伤害。1999 年 11 月 21 日，83 岁的母亲（Daisy Tan）逝世。对于谭恩美来说，母亲是她灵感的源泉，《喜福会》就是题献给母亲的。第二天，谭恩美接受旧金山一家媒体的访问时回忆说，母亲 20 年前问过她一个问题："如果我死了，你会记得什么呢？"她说："我明白自己其实并不知道会记得什么，以及什么是重要的。我的第一本书回答了她的这个问题。从某种方面说，她真的是我的缪斯女神。她并不是一位文学中人，她并不读小说，也不读我的绝大多数作品，但她依然是我的缪斯。她在生活中遇到很多问题，但她从不认为有什么事情是不可能做到的——我书中所有的一切，其实就是她对于生活的充满希望的精神质。"

美国华人作家哈金（Ha Jin, 1956— ），本名金雪飞，是第一个获得美国国家图书奖的华人作家。他出生于中国辽宁省，1981 年毕业于黑龙江大学，取得英语学士学位，1984 年取得山东大学英美文学硕士学位，1989 年去美国的布兰代斯大学留学，1992 年取得哲学博士学位后继续待在美国，现任教于麻州波士顿大学。哈金用英文创作的长篇小说有《池塘》（*In the Pond*,

1998）、《等待》（*Waiting*，1999）、《疯狂》（*The Crazed*，2002）、《战争垃圾》（*War Trash*，2004）、《自由生活》（*A Free Life*，2007）、《南京安魂曲》（*Najing Requiem*，2011）等，另有评论集《在他乡写作》（*The Writeras Migrant*，又译《移民作家》，2008）。他的小说多以中国为题材，比较适合美国读者与媒体的价值观和欣赏口味。其中，《等待》和《战争垃圾》分别入围2000年和2005年普利策奖小说类决赛名单。哈金最新的长篇小说《南京安魂曲》讲述了美国女传教士明妮·魏特林在南京大屠杀期间留守金陵女子学院，保护中国1万多名妇女儿童的真实历史故事。魏特林因为受战争创伤，精神崩溃，回到美国疗养时自杀，无论在中国还是美国，她都是几乎被历史淹没的人物。要把她的故事讲述完整，又不能任意创造，哈金虚构了一个讲述者——魏特林的中国助手高安玲。战争爆发时，高安玲的儿子在日本读医学院，被日本当局征召到中国战地医院服务，他总是尽量帮助中国人，但被中国的锄奸队暗杀了，高安玲也不敢与日本的儿媳相认。研究者认为，哈金此作受到美国华裔女作家张纯如的《南京暴行：被遗忘的二战浩劫》（1997）和中国台湾地区胡华玲女士写的魏特林传记的启发，但两者的文化背景和价值取向又有一定的区别。

美籍华人作家严歌苓（1958— ），是海外华人作家中最具影响力的作家之一。他常用中文和英文双语写作，主要作品有《一个女人的史诗》《小姨多鹤》《第九个寡妇》《金陵十三钗》《赴宴者》《陆犯焉识》《白蛇》《妈阁是座城》《老师好美》等。严歌苓的最新长篇小说《妈阁是座城》中的当代赌徒，为中外文学贡献了崭新的人物形象。作品描写了几个赌徒，如天之骄子段凯文、艺术家史奇澜等，其中最大的赌徒是女性梅晓鸥，她用青春赌爱情、她用情感赌人性，赌到血本无归，所有她为之奋斗和追求的都离她而去，金钱没了，房子卖了，爱人离开了。她极端的纵火行为虽遏制了儿子走向赌场的路，但终究留下了母子关系的隐忧。

这样一个飞蛾扑火的决绝的女人却是一个矛盾之集成体。这个在旁观者看来冷酷嗜血的赌场掮客，她的女性与母性一再背离她的职业要求，将赌客与叠码仔之间原本简单的输赢关系搞得错综复杂、是非莫辨。梅晓鸥是迄今为止严歌苓贡献的一个比王葡萄（《第九个寡妇》）、多鹤（《小姨多鹤》）、冯婉喻（《陆犯焉识》）都要复杂、灰色的女性形象。《老师好美》故事的原型是贵阳六中女教师张丽（本名王永丽）引发的师生恋杀人案，45 岁女教师与班上两名男生保持恋情，最终，一名男生杀死了另一名男生。贵阳少年杀人事件呈现的是青春的绝望、沉沦。被称为"翻手为苍凉，覆手为繁华"的严歌苓，小说以刚柔并济、极度的凝练语言，以及高度精密、不乏诙谐幽默的风格为内在依托，与其犀利多变的写作视角和叙事的艺术性成为文学评论家及学者的研究课题。她的作品，无论是对东西方文化魅力的独特阐释，还是对社会底层人物、边缘人物的关怀，以及对历史的重新评价，都折射出人性、哲思和批判意识等。北京大学文学系教授陈晓明指出："我以为中国文坛要非常认真地对待严歌苓的写作，这是汉语写作难得的精彩。她的小说艺术实在炉火纯青，那种内在节奏感控制得如此精湛。她的作品思想丰厚，她笔下的二战，写出战争暴力对人的伤害，生命经历的磨砺被她写得如此深切而又纯净。"电影《归来》的导演张艺谋说："《陆犯焉识》这部小说我很喜欢，严歌苓真的很有才华，很有历史感。"

英国华人女作家潘翎（1945—　），生于上海，20 世纪 50 年代移居中国香港地区、马来西亚，15 岁去英国读书，获剑桥大学心理学硕士，先后做过杂志记者、心理分析师和作家，在伦敦大学和剑桥大学教过书，并加入英国国籍。1995—1997 年，潘翎出任新加坡华裔馆馆长，主编 *The encyclopedia of the Chinese overseas*，1998 年在新加坡出版。她用英文创作了 10 多种著作，题材和主题多偏重于中国社会的人事物，尤其是对上海的人事物的描写、对海外华人故事的描述有独特之处。她的代表作《炎黄子孙：海外华人的故事》（*Sons of the Yellow Emperor*：*The History of Chinese Diaspora*，1990），叙写了 19 世纪到 20 世纪足迹遍布亚欧美各地的海外华人的移民史。世界各地华人的根多在中国内陆的河南、福建、广东等地。华人对当地文化的影响以及当地文化对华人的影响，成为本书重要的主题。荷兰华裔学者洪美恩曾以《中国性的移民》为题写了书评，认为"中国性"（Chineseness）这一概念的核心是语言的能力。

加拿大华人作家张翎（1957—　），生于浙江温州，1983 年毕业于复旦大学外文系，1986 年赴加拿大留学，分别在加拿大的卡尔加利大学及美国的辛辛那提大学获得英国文学硕士和听力康复学硕士学位；现定居于加拿大多伦多市，在一家医院的听力诊所任听力康复师。其于 20 世纪 90 年代中后期开始写作，在《收获》《十月》《人民文学》《钟山》《香港文学》等处发表多部小说。华东师范大学出版社 2009 年推出《张翎小说精选》，共 6 册：《金山》《余震》《邮购新娘》《雁过藻溪》《望月》《交错的彼岸》。张翎的代表作是中篇小说《余震》（载《人民文学》2007 年第 1 期）。主人公王小灯是一名旅居加拿大的华人作家，因严重焦虑失眠，多次企图自杀。她来到一家心理诊所，在医师的引导下，她开始哭诉，尝试与 30 年前的地震遭遇。作品的主体讲述了唐山大年夜地震对 7 岁小女孩王小灯造成的心理冲击和灾难触及她一生的影响。30 年前，王小灯生活在幸福和谐的家庭中，但突如其来的地震改变了一切。妈妈在小灯和弟弟同时被压在废墟里、两个只能救一个的情况下，选择了弟弟而放弃了她。奇迹般地生存下来后，小灯始终无法超脱这场心灵的余震，直到在心理医生的疏导和帮助下，她重回唐山，看到昔日的亲人，心里的苦痛才涣然冰释。这部小说用主人公心灵救赎的故事传达出对家庭、亲情的永世依恋，被文学界认为是"至今写地震写得最好的小说"。该小说后被冯小刚改编成电影《唐山大地震》。

当然，海外华文文学作家远不止这些。这里只是列举了其中很小的一部分。不过，无论是对汤婷婷、谭恩美、哈金、严歌苓、潘翎、张翎等人，还是对其他海外华文作家的创作的研究，其视角和方法都离不开考察这些作家的双重甚至多重文化聚焦，其主要作用都是管窥相关作家的身份认同焦虑与危机，揭示全球化背景下多种文化体系元素的交流、碰撞、纠结与交融的复杂过程。

参考文献

一、专著

1. 中文（以姓氏拼音首字母排序）

[1] ［英］马修·阿诺德. 文化与无政府状态 ［M］. 韩敏中，译. 北京：生活·读书·新知三联书店，2002.

[2] ［加］约翰·奥尼尔. 身体形态——现代社会的五种身体 ［M］. 张旭春，译. 沈阳：春风文艺出版社，1999.

[3] ［美］尼尔·波兹曼. 娱乐至死 ［M］. 章艳，吴燕莛，译. 桂林：广西师范大学出版社，2009.

[4] ［美］丹尼尔·贝尔. 资本主义文化矛盾 ［M］. 赵一凡，等译. 北京：生活·读书·新知三联书店，1989.

[5] 戴锦华. 隐性书写：九十年代的中国文化研究 ［M］. 南京：江苏人民出版社，1999.

[6] ［法］德勒兹，瓜塔里. 游牧思想：吉尔·德勒兹、费利克斯·瓜塔里读本 ［M］. 陈永国，编译. 长春：吉林人民出版社，2003.

[7] ［法］吉尔·德勒兹. 尼采与哲学 ［M］. 周颖，刘玉宇，译. 北京：社会科学文献出版社，2001.

[8] ［法］雅克·德里达. 书写与差异 ［M］. 张宁，译. 北京：生活·读书·新知三联书店，2001.

[9] ［法］雅克·德里达. 论文字学 ［M］. 汪堂家，译. 上海：上海译文出版社，1999.

[10] ［美］约翰·费斯克. 理解大众文化 ［M］. 王晓珏，宋伟杰，译. 北京：中央编译出版社，2001.

[11] ［美］约翰·费斯克，等. 关键概念：传播与文化研究辞典 ［M］. 李

彬，译注. 北京：新华出版社，2004.

[12]［荷兰］佛克马，蚁布思. 文学研究与文化参与［M］. 俞国强，译. 北京：北京大学出版社，1996.

[13]［法］福柯. 规训与惩罚［M］. 刘北成，杨远婴，译. 北京：三联书店，1999.

[14]［德］顾彬. 二十世纪中国文学史［M］. 范劲，等译. 上海：华东师范大学出版社，2008.

[15]［美］塞缪尔·亨廷顿. 文明的冲突与世界秩序的重建［M］. 周琪，等译. 北京：新华出版社，2002.

[16] 黄会林. 当代中国大众文化研究［M］. 北京：北京师范大学出版社，1998.

[17]［英］斯图亚特·霍尔. 表征：文化表象与意指实践［M］. 徐亮，陆兴华，译. 北京：商务印书馆，2003.

[18]［德］霍克海默，阿多尔诺. 启蒙辩证法［M］. 洪佩郁，蔺月峰，译. 重庆：重庆出版社，1990.

[19] 蒋勋. 美，看不见的竞争力［M］. 北京：中信出版社，2011.

[20]［美］马泰·卡林内斯库. 现代性的五副面孔［M］. 顾爱彬，李瑞华，译. 北京：商务印书馆，2002.

[21]［美］道格拉斯·凯尔纳，斯蒂文·贝斯特. 后现代理论：批判性的质疑［M］. 张志斌，译. 北京：中央编译出版社，2004.

[22]［德］维尔纳·克勒尔. 圣经：一部历史［M］. 林纪焘，等译. 北京：生活·读书·新知三联书店，1998.

[23]［法］让—弗朗索瓦·利奥塔尔. 后现代状态：关于知识的报告［M］. 车槿山，译. 北京：生活·读书·新知三联书店，1997.

[24] 林语堂. 生活的艺术［M］. ∥林语堂名著全集. 第21卷. 越裔汉，译. 长春：东北师范大学出版社，1994.

[25] 陆扬，王毅. 大众文化研究［M］. 上海：上海三联书店，2001.

[26] 罗钢，刘象愚. 文化研究读本［M］. 北京：中国社会科学出版社，2000.

[27]［美］理查·罗蒂. 后哲学文化［M］. 黄勇，译. 上海：上海译文出版

社，2009.

[28]［匈］卢卡奇. 历史与阶级意识［M］. 杜章智，等译. 北京：商务印书馆，1992.

[29]［德］马克思，恩格斯. 马克思恩格斯选集［M］. 第1卷. 北京：人民出版社，1972.

[30]［德］马克思，恩格斯. 马克思恩格斯选集［M］. 第2卷. 北京：人民出版社，1972.

[31]［英］伯尼斯·马丁. 当代社会文化流变［M］. 李中泽，译. 成都：四川人民出版社，2000.

[32]［美］希利斯·米勒. 文学死了吗？［M］. 秦立彦，译. 桂林：广西师范大学出版社，2007.

[33] 南帆. 二十世纪中国文学批评99个词［M］. 杭州：浙江文艺出版社，2003.

[34]［德］尼采. 快乐的科学［M］. 黄明嘉，译. 上海：华东师范大学出版社，2007.

[35] 欧阳友权. 网络文学论纲［M］. 北京：人民文学出版社，2003.

[36] 欧阳友权. 网络文学概论［M］. 北京：北京大学出版社，2008.

[37] 欧阳友权. 网络文学发展史［M］. 北京：中国广播电视出版社，2008.

[38] 欧阳友权. 数字媒介下的文艺转型［M］. 北京：中国社会科学出版社 2011.

[39] 潘知常，林玮. 大众传媒与大众文化［M］. 上海：上海人民出版社，2002.

[40]［美］爱德华·W. 萨义德. 文化与帝国主义［M］. 李琨，译. 北京：生活·读书·新知三联书店，2003.

[41]［美］爱德华. W. 萨义德. 东方学［M］. 王宇根，译. 北京：生活·读书·新知三联书店，1999.

[42]［美］苏珊·桑塔格. 论摄影［M］. 黄灿然，译. 长沙：湖南美术出版社，1999.

[43]［瑞士］德·索绪尔. 普通语言学教程［M］. 高名凯，译. 北京：商务印书馆，2002.

参考文献

217

[44] 王晓路，等. 文化批评关键词研究 ［M］. 北京：北京大学出版社，2007.

[45] ［德］韦尔施. 重构美学 ［M］. 陆扬，张岩冰，译. 上海：上海译文出版社，2002.

[46] ［英］雷蒙·威廉斯. 关键词：文化与社会的词汇 ［M］. 刘建基，译. 北京：生活·读书·新知三联书店，2005.

[47] ［美］理查德·沃林. 文化批评的观念 ［M］. 张国清，译. 北京：商务印书馆，2001.

[48] ［德］西美尔. 时尚哲学 ［M］. 费勇，等译. 北京：文化艺术出版社，2001.

[49] ［英］特瑞·伊格尔顿. 文化的观念 ［M］. 方杰，译. 南京：南京大学出版社，2003.

[50] ［英］特里·伊格尔顿. 后现代主义的幻象 ［M］. 华明，译. 北京：商务印书馆，2002.

[51] ［美］詹明信. 晚期资本主义的文化逻辑 ［M］. 陈清侨，等译. 北京：生活·读书·新知三联书店，1997.

2. 外文（以姓氏首字母排序）

[1] Agger, Ben. *Cultural Studies as Critical Theory*, London：The Falmer Press, 1992.

[2] Barnard, Malcolm. *Art*, *Design and Visual Culture*, London：Macmillan, 1998.

[3] Barthes, Roland. *Mythologies*, London：Paladin, 1973.

[4] Bassnett, Susan. *Comparative Literature：A Critical Introduction*, Oxford & Cambridge：Blackwell Publishers Ltd. , 1993.

[5] Bethell, S. L.. *Shakespeare and the Popular Dramatic Tradition*, London：Staples, 1944.

[6] Bernheimer, Charles (ed.). *Comparative Literature in the Age of Multiculturalism.* Baltimore & London：The Johns Hopkins University Press, 1995.

[7] Biocca Frank & Levy, Mark R. (eds.). *Communication in the Age of Virtual Reality*, Hillsdale：Lawrence Erlbaum, 1995.

[8] Butler, Judith. *Gender Trouble：Feminism and the Subversion of Identity*, New

York: Routledge, 1990.

[9] Castells, Manuel. *The Rise od the Network Society*, Oxford: Blackwell Publishers, 2000.

[10] De Certeau, Michel. *The Practice of Everyday Life*, Berkeley: University of California Press, 1988.

[11] O' Connor Alan (ed.). *Raymond Williams on Television: Selected Writings*, New York and London: Routledge, 1989.

[12] Cubitt, Sean. *Digital Aesthetics*, London: Sage Publieadons, 1998.

[13] Der Derian, James (ed.). *The Virilio Reader*, Oxford: Blackwell, 1998.

[14] During Simon (ed.). *The Cultural Studies Reader*, London: Routledge, 1993.

[15] Eagleton, Terry. *The Idea of Culture*. Malden: Blackwell Publishers Inc. , 2000.

[16] Hartley, John. *Popular Reality: Journalism, Modernity, Popular Culture*, London: Arnold, 1996.

[17] Hawkes, Terence. *Shakespeare's Talking Animals: Language and Drama in Society*, London: Edward Arnold, 1973.

[18] Hawthorn, Jerermy. (ed) *A Glossary of Contemporary Literacy Theory* (second edition) . London and New York: Routledge, Chapman and Hall, Inc. 1994.

[19] Hoggart, Richard. *The Use of Literary*, London: Chatto and Windus, 1957.

[20] Lefebvre, Henri. *The Production of Space*, Oxford: Blackwell, 1991.

[21] Levis, F. R.. *Mass Civilization and Minority Culture*, Cambridge: Minority Press, 1930.

[22] Leavis, Q. D.. *Fiction and the Reading Public*, London: Chatto and Windus, 1932.

[23] Meese, Elizabeth and Parker, Alice. (eds) *The Difference Within: Feminism And Critical Theory*. Amsterdam/Philadelphia: John Benjamins Publishing Company, 1989.

[24] Millett, Kate. *Sexual Politics*. London: Virago Press Ltd. , 1977.

[25] Mirzoeff, Nicholas. *An Introduction to Visual Culture*, London: Routledge, 1999.

参考文献

[26] Munns, Jessica. and Rajan, Gita. (eds) *A Cultural Studies Reader: History, Theory, Pratice.* London and New York: Longman Group Limited. 1995.

[27] Said, Edward. *Reflections on Exile and Other Essays,* Cambridge, Mass: Harvard University Press, 2000.

[28] Said, Edward. *Culture and Imperialism*, London: Vintage, 1993.

[29] Showalter, Elaine. *A Literature of Their Own: British Women Novelists from Brontê to Lessing.* 北京: 外语教学与研究出版社影印本, 2004 年.

[30] Soja, Edward W.. *Third Space*, Oxford: Blackwell, 1996.

[31] Storey, John. *An Introduction to Cultural Theory and Popular Culture*, London: Prentice Hall/Harvester Wheatsheaf, 1997.

[32] Sturken Marita & Cartwright, Lisa. *Practices of Looking: An Introduction to Visual Culture*, Oxrord: Oxrord University Press, 2001.

[33] Tylor, E. B.. *The Origins of Culture*, New York: Harper and Row, 1958.

[34] Williams, Raymond. *Culture and Society*, Harmondsworth: Penguin, 1963.

[35] Williams, Raymond. *The Long Revolution*, London: Penguin, 1965.

[36] Williams, R. *Keywords: A Vocabulary of Culture and Society*, New York: Oxford University Press, 1983.

[37] Wolfrey, Julian. *Critical Keywords In Literary and Cultural Theory.* New York: Palgrave Macmillan, 2004.

[38] Wolin, Richard. *The Terms of Cultural Criticism: The Frankfurt School, Existentialism, Poststructuralism.* New York and Oxford: Columbia University Press, 1992.

二、论文

1. 中文（以姓氏拼音首字母排序）

[1] 陈爱敏. 流散与反思——兼谈哈金的写作策略 [J]. 外国文学研究, 2011.

[2] 程亚丽. 郁达夫小说女性身体叙事的思想性论析 [J]. 文学评论, 2014 (2).

[3] 段吉方. 论 20 世纪英国文化研究中的"葛兰西转向" [J]. 文学评论, 2014 (2).

[4] 方珏. 论西方文化理论的困境及出路 [J]. 哲学研究, 2011 (3).

［5］费多益. 从"无身之心"到"寓心于身"——身体哲学的发展战略与当代进路［J］. 哲学研究, 2011 (2).

［6］[德] 海德格尔. 世界图像时代［J］//孙周兴. 海德格尔选集. 上海: 上海三联书店, 1996 年.

［7］郭英剑. 语言的背叛: 移民作家的位置在哪里?——评哈金的《移民作家》［J］. 外国文学研究, 2011 (10).

［8］洪子诚. 中国当代的"文学经典"问题［J］. 中国比较文学, 2003 (3).

［9］[英] 霍尔. 意识形态的再发现: 媒介研究中被压抑者的回归［J］//见奥利弗·博伊德—巴雷特. 媒介研究的进路. 汪凯, 等译. 北京: 新华出版社, 2004.

［10］金元浦. 定义大众文化［N］. 中华读书报, 2001 – 07 – 04.

［11］[美] 雷马克. 比较文学: 再次面临选择［J］. 中国比较文学, 2000 (1).

［12］孟繁华. 文学经典的确立［N］. 光明日报, 1998 – 02 – 03.

［13］[英] 穆尔维. 视觉快感与叙事电影［J］//张红军. 电影与新方法. 北京: 中国广播电视出版社, 1992.

［14］[美] 希利斯·米勒. 文学在当下的"物质性"和重要性［J］. 丁夏林, 编译. 国外文学, 2013 (2).

［15］欧阳谦. "文化唯物主义"辨析［J］. 哲学研究, 2012 (1).

［16］[加] 安·芭·斯尼陶. 大众市场的罗曼司: 女人的色情是不同的［J］//陆扬, 王毅. 大众文化研究. 上海: 上海三联书店, 2001.

［17］陶东风. 日常生活审美化与文化研究的兴起［J］. 浙江社会科学, 2002 (1).

［18］[美] 科内尔·韦斯特. 少数者话语和经典构成中的陷阱［J］//马海良, 赵万鹏, 译. 罗钢, 刘象愚. 文化研究读本. 北京: 中国社会科学出版社, 2000.

［19］杨顺利. 自由的辩证法: 阿多诺论大众文化［J］. 哲学研究, 2012 (4).

［20］盛宁. 走出"文化研究"的困境［J］. 文艺研究, 2011 (7).

［21］唐晓渡. 热爱自由与平静——北岛答记者问［J］. 中国诗人, 2003 (2).

参考文献

［22］唐晓渡. 传统像血缘的召唤——北岛访谈录［J］. 诗潮，2004（3）.

［23］［法］谢夫莱尔. 比较文学方法论及新世纪发展前景［J］. 中国比较文学，2000（4）.

［24］朱光烈. 传统媒介，你别无选择［N］. 中华读书报，2000 - 08 - 16.

2. 外文

［1］Abrams, M. H. "Canon of literature". In *A Glossary of Literary Terms.* 北京：外语教学与研究出版社影印本，2004.

［2］Baldick, Chris. "canon". in *Oxford Literary Terms.* 上海：上海外语教育出版社影印本，2000.

［3］Bennett, Tony. ". Popular Culture and the 'Turn to Gramsci'", in John Storey, *Cultural Theory and Popular Culture*：*A Reader*, Hertfordshire：Prentice Hall, 1998.

［4］Berger, John. *Ways of Seeing*, London：Penguin Books, 1972.

［5］Culler, Jonathan. "Comparative Literature, at last!" in Charles Berheimer ed., *Compa rative Literature in The Age of Multiculturalism*, Baltimore：The Johns Hopkins University Press, 1995.

［6］Gramsci, Antonio. "Hegemony, Intellectuals and the State", John Storey ed., *Cultural and Popular Culture*：*A Reader*, London：Prentice Hall, 1994.

［7］Hall, Stuart. "The Local and Global：Globalization and Ethnicity", Anthony King（ed）., *Culture, Globalization and World-System*, Minneapolis：University of Minnesota Press, 1997.

［8］Haraway, Donna. "The Biopolitics of Postmodern Bodies", in Steven Seidman & Jeffrey C. Alexander eds., *The New Social Theory Reader*, London：Routledge, 2001.

［9］Kolbas, E. Dean. "The Contemporary Canon Debate"［A］//王晓路，等. 当代西方文化批评读本. 成都：四川大学出版社，2004.

［10］Miller, J. Hillis. "Literary and Cultural Studies in the Transnational University", in John Carlos Rowe ed., *"Culture" and the Problem of Disciplines*, New York：Columbia University Press, 1998.

［11］Riffaterre, Michael. "On The Complementarity of Comparative Literature and

Cultural Studies", in Charles Berheimer ed. , *Comparative Literature in The Age of Multiculturalism*, The Johns Hopkins University Press, 1995.

[12] Williams, Raymond. "Culture is Ordinary", Am Gray ed. , *Studying culture: An Introductory*, London: Arnold, 2002, 6.

[13] West, Cornel. "Minority discourse and the pitfalls of canon formation" . in Munns, Jessica. and Rajan, Gita. (eds) *A Cultural Studies Reader: History, Theory, Practice.* London and New York: Longman Group Ltd. , 1995.

参考文献